金融市場

Financial Market

于政長　著

三民書局

國家圖書館出版品預行編目資料

金融市場 / 于政長著. －－初版一刷. －－臺北市：
三民, 2010
　　面；　公分

ISBN 978－957－14－5391－0　(平裝)

1. 金融市場

561.7　　　　　　　　　　　　　　　99017621

© 　金融市場

著 作 人	于政長
責任編輯	王惠民
美術設計	陳健茹
發 行 人	劉振強
著作財產權人	三民書局股份有限公司
發 行 所	三民書局股份有限公司
	地址　臺北市復興北路386號
	電話　(02)25006600
	郵撥帳號　0009998-5
門 市 部	(復北店) 臺北市復興北路386號
	(重南店) 臺北市重慶南路一段61號
出版日期	初版一刷　2010年9月
編　　　號	S 552450

行政院新聞局登記證局版臺業字第○二○○號

有著作權·不准侵害

ISBN　978-957-14-5391-0　(平裝)

http://www.sanmin.com.tw　三民網路書店

推薦序

　　本書作者于政長先生於民國 49 年進入前行政院外匯貿易審議委員會（簡稱外貿會）外匯稽核組工作，外貿會於民國 57 年底因階段性任務已完成而予撤銷，自 58 年 1 月 1 日起經濟部成立國際貿易局接管貿易管理工作、中央銀行成立外匯局接辦外匯管理工作，于政長先生因而隨業務轉入外匯局，迄民國 85 年退休。于政長先生參與外匯管理工作先後共計 36 年，特別是民國 70 年代參與我國外匯管理自由化的工作，貢獻良多。

　　于政長先生任職中央銀行外匯局期間，公務之餘在大專院校教課，講授內容包括國際貿易實務、國際貿易法規、外匯實務、國際金融及國際匯兌等。此外，又在外貿協會人才培訓中心自第 1 期至第 15 期教授國際匯兌及金融市場。

　　于政長先生在著作方面，自民國 58 年起先後發表 67 篇文章，內容包括外匯管理、外匯法規、外匯實務、國貿實務、貿易管理、貨幣市場、存貸市場、外匯市場、期貨市場、選擇權市場及結構型證券市場，此外還有日本的金融市場、韓國的外匯管理等。

　　本書共分九章，前五章介紹傳統金融市場，包括存貸市場、貨幣市場、債券市場、權益證券市場（包括股票市場、存託憑證市場、基金市場及權證市場）、外匯市場及歐洲美元市場；後四章介紹衍生金融市場，包括期貨市場、遠期市場、選擇權市場、金融交換市場及結構型證券市場。

　　由於本人與政長兄在中央銀行共事甚長，深知其對外匯管理及金融實務瞭解甚深，且教學認真、寫作嚴謹，故樂於為之作序。

永豐銀行董事長

邱正雄

民國 99 年 8 月

自 序 *preface*

筆者自幼喜歡讀書，也嚮往教書的工作，在中央銀行的任職期間，於大專院校兼課教學，教授的課程包含國貿實務、外匯管理、國際匯兌、國際金融，以及金融市場，亦於外貿協會貿易人才培訓中心，教授國際匯兌及金融市場。20餘年的授課經驗教學相長，亦使筆者讀書的範圍愈來愈廣，再加上授課及工作上的需要，遂決定在閒暇之餘動筆寫作，先後出版了8本書，並發表了60多篇文章。由於筆者對於金融市場有著深厚的興趣，再加上長年教授這門課的經驗，對其內容相當有心得，近年來便全心投入金融市場的編寫。

金融市場對於教學雙方來說都是門博大精深的學問，內容掌握不易，但卻相當重要，不可不學，綜合原因如下：

1. 範圍太廣：金融市場包括存款市場、放款市場、貨幣市場、債券市場、股票市場、存託憑證市場、基金市場、權證市場、外匯市場、歐洲美元市場、期貨市場、遠期市場、選擇權市場、金融交換市場，以及近年來才興起的信用衍生商品市場及結構型證券市場，其中每個市場的相關知識都可變成一本書，因此內容繁雜不易學習。

2. 名詞太多：每個市場都有許多專有名詞，瞭解這些名詞，才能瞭解金融市場。但金融市場的名詞都是舶來品，由英文翻譯而來。對於一些新創的名詞，中文譯名尚乏共識。此外還有一些名詞兩岸的翻譯均不相同，如 Fed，臺灣稱作聯準會，中國大陸稱作美聯儲；又如 Swap，臺灣稱作交換，中國大陸稱作掉期，兩岸各有所本，也增加了學習的難度。

3. 金融市場與日常生活有關：在商業社會裡，幾乎每個人都參與金融市場活動，如在銀行開立存款帳戶、使用存摺與金融卡、申請信用卡、向銀行貸款、出國旅遊結匯等；若有多餘的錢，則會以購買股票、基金等方式參與投資；又如企業與個人為了避免投資標的價格變動的風險，會買賣期貨、選擇權等衍生金融商品規避風險。總之，多瞭解金融市場對我們的日常生活是有幫助的。

4. 本課程與就業有關：金融業是非常重要的服務業，提供百萬人的工作機會。在政府機構裡有中央銀行、財政部金管會；在民間則有銀行、保險公司等金融機構，以及證券商、票券商、期貨商、證券交易所、期貨交易所等。這些機構的從業人員大多必須擁有相關證照，以及金融市場的相關知識。

5. 金融市場日日創新進步，但也風波不斷、危機頻傳，若不加以關注瞭解，很可能會危及自身。自 1970 年代開始，由於匯市、匯率及商品價格波動劇烈，金融市場相繼創造了期貨、選擇權及金融交換商品，開啟了輝煌的衍生金融市場時代；至 1990 年代，由於一些大企業相繼倒閉，金融市場乃創造了多個以信用為標的的金融避險商品，特別是信用違約交換以及投機用的結構型證券等。然而，由於華爾街不計風險地擴張業務，過度運用衍生金融工具，造成房地產及股市的大泡泡，終於導致 2008 年的金融危機，造成全球經濟衰退，許多家庭的積蓄、投資血本無歸，市場一片哀鴻。

前已述及，金融市場涵蓋的層面相當廣泛，而且其中每一部分皆有相當的深度，加上其變化快速，要僅以一本書介紹其內容，實乃不易，倘若本書有所疏漏錯誤，還望各位讀者、先進不吝指正。由於本書倉促，幸蒙三民書局編輯同仁仔細校閱，使本書更臻於完善。

最後，本書承蒙中央銀行的老長官，前行政院副院長，現任永豐銀行董事長邱正雄先生賜序，十分感激。

于政長

民國 99 年 9 月 9 日於臺北

推薦序
自　序

金融市場
contents

1 CHAPTER

緒 論

第一節　金融市場之意義與類別

 一、金融市場之意義

　　金融為資金融通之簡稱，金融市場 (Financial Market) 則為資金融通之場所。資金有餘裕者（資金供給者）經由金融市場，將資金導入資金不足者（資金需求者）之手中。金融市場是資金輸送的導管，擔負著資金輸送的機能，是現代經濟社會中最重要的一個環節。資金輸送的方式有二：

　　1.由資金供給者直接提供資金給資金需求者，稱為直接金融 (Direct Finance)，通常係由需要資金的借款人發行有價證券 (Security) 售與投資人。有價證券是一種信用工具，即可證明所有權、信用或債務契約存在及其條件之文書。因此，借款人是信用工具的賣方，投資人是信用工具的買方。

　　2.由資金供給者將資金存入金融機構（如銀行、保險公司、共同基金等），再由金融機構將資金貸予資金需求者，稱為間接金融 (Indirect Finance)。金融機構提供的機能，稱為中介 (Intermediation)，其中銀行為最重要的金融機構，構成了存貸市場 (Deposit and Loan Market)。近年來，大企業傾向以發行有價證券的方式募集資金，取代向銀行融資，稱為負債證券化 (Securitization of Debts)。此外，存款人將資金自銀行提出，再直接買進有價證券，稱為逆中介 (Disintermediation)。

　　以上是傳統金融市場的狀況，惟自 1970 年代以後，金融市場的範圍已大幅擴大。除傳統金融市場外，尚包括由傳統金融市場衍生的衍生金融市場，其功能不是資金融通，而是規避匯率、利率、股價、商品價格或借款人信用等風險。所以金融市場的定義，應修正為資金融通及對風險規避的市場。

💲 二、金融市場之類別 ▶▶▶▶

㈠依交易標的分類

金融市場因交易標的的不同，可分為 2 大類：傳統金融市場 (Traditional Financial Market) 與衍生金融市場 (Derivative Financial Market)。傳統金融市場亦稱為標的市場 (Underlying Market) 或基礎市場 (Base Market)，是衍生金融市場交易的標的（參見圖 1–1）。

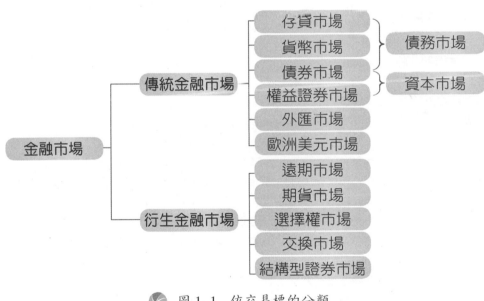

圖 1–1 依交易標的分類

1.傳統金融市場

傳統金融市場可細分為：⑴存貸市場 (Deposit and Loan Market)；⑵貨幣市場 (Money Market)；⑶債券市場 (Bond Market)；⑷權益證券市場 (Equity

Security Market)；(5)外匯市場 (Foreign Exchange Market)；(6)歐洲美元市場 (Eurodollar Market)。

存貸市場有短期，也有長期。由於近年來利率變動快速，而且有時幅度很大，所以超過 1 年期的存款已為數不多。存款是存款銀行的債務，貸款是借款人的債務，貨幣市場工具及債券是證券發行人的債務，所以這 3 個市場又可統稱為債務市場。

貨幣市場為 1 年以下的債務市場，債券市場則為 1 年以上的債務市場。權益證券市場主要為股票市場 (Stock Market)，與債券市場一同提供企業創業或擴充設備所需的長期資金，所以合稱資本市場。

傳統金融市場依照交易地點又可分為國內市場 (Domestic Market) 與國外市場 (Foreign Market)。國際間之投資、借貸或貿易等經濟活動，因為交易地方使用的貨幣不同，所以參與之一方或兩方必須利用外匯市場買入或賣出外國貨幣辦理結算。部分歐盟 (European Union, EU) 會員國使用歐元（Euro，符號為€），構成歐元區 (Euro Area)，所以區內各國間的交易，可以不用外幣結算。

 金融知識

歐洲聯盟的歷史

1. 1950 年 5 月法國外長舒曼 (Robert Schuman) 建議統合德法煤鋼工業。

2. 1951 年 4 月荷蘭、比利時、盧森堡、法國、德國及義大利於巴黎簽訂歐洲煤鋼共同體公約 (European Coal and Steel Community, ECSC)，並於 1952 年 7 月正式生效。

3. 1957 年 3 月前述 6 國簽署羅馬條約 (Treaty of Rome)，成立歐洲經濟共同體 (European Economic Community, EEC)，亦稱共同市場 (Common Market)；同時還成立了歐洲原子能共同體 (European Atomic Energy Community, EAEC)。

4. 1958 年 EEC 及 EAEC 正式實施，1978 年 2 月，3 個共同體合一，稱為歐洲共同體 (European Communities, EC)。

5. 1986 年 EC 的會員國簽署單一歐洲法案 (Single European Act)。

6. 1992 年 2 月會員國間簽署馬斯垂克條約 (Maastricht Treaty)，並於 1993 年 11 月生效，歐洲共同體轉變為具有政治性之歐洲聯盟，簡稱歐盟。會員國包括德國、法國、荷蘭、比利時、盧森堡、丹麥、義大利、英國、愛爾蘭、西班牙、葡萄牙、希臘、瑞典、芬蘭及奧地利共 15 國。

7. 1989 年蘇聯解體，1997 年起東歐多國相繼加入歐洲聯盟。歐盟會員國增加了保加利亞、羅馬尼亞、捷克、斯洛伐克、愛沙尼亞、拉脫維亞、立陶宛、波蘭、匈牙利、斯洛維尼亞、賽普勒斯及馬爾他等 12 國，截至 2010 年 6 月共計 27 國。

金融知識

歐元之產生

1. 1971 年 12 月史密松甯協議 (Smithsonian Agreement) 後，世界各國匯率波動幅度擴大，各國對美元之波動幅度上下共計 4.5%，非美元貨幣間為 9%。歐洲共同市場國家為穩定彼此之間的匯率，自 1972 年起實施波動幅度較狹的歐洲制度 (European System of Narrow Exchange Rate Margin)，將彼此間的波動幅度縮小為 2.25%，並對美元採聯合浮動，形成所謂坑道中的蛇 (Snake in Tunnel)。1973 年 2 月各國對美元之中心匯率停止實施後，聯合浮動成為沒有坑道的蛇 (Snake without Tunnel)。

2. 1979 年 3 月歐洲共同市場實施歐洲貨幣制度 (European Monetary System, EMS)，創造歐洲通貨單位 (European Currency Unit, ECU)，為共同市場記帳單位，實施匯率穩定機能 (Exchange Rate Mechanism, ERM)，參加會員國應訂定其通貨與 ECU 之中心匯率 (Central Rate)，維持匯率波動之上下限各 2.25%。

3. 1992 年 2 月 EC 各國簽訂歐盟條約 (Treaty on European Union)，即馬斯垂克條約，成立歐洲經濟貨幣聯盟 (Economic and Monetary Union, EMU)，進一步統合。1997 年籌設歐洲中央銀行 (European Central Bank, ECB)。1998 年底公布各國貨幣兌換率。1999 年 1 月起建立單一貨幣，定名為歐元，並在外匯市場、金融市場及股票市場同時轉而使用歐元。2002 年 1 月起，歐元紙幣及硬幣開始流通，同年 7 月 1 日起各國貨幣不再流通，為歐元永久取代。截至 2010 年 6 月共有 16 國採用歐元，為德、法、義、荷、比、盧、芬、愛、西、葡、希、奧、馬爾他、賽普勒斯、斯洛伐克及斯洛維尼亞，而愛沙尼亞將於 2011 年 1 月 1 日加入使用歐元的行列。

　　若一國金融市場有眾多的跨國金融交易，且接受外國人的存款，並對外國人放款，該金融市場即成為國際金融市場 (International Financial Market)。

　　若一國金融市場的一部分專門吸收外國人的存款，並對外國人貸放，且不受國內某些金融法規的約束，則這部分稱為境外金融市場 (Offshore Banking Market)，或外在市場 (External Market)。如果存放在這類市場的貨幣為美元，稱為歐洲美元市場 (Eurodollar Market)。歐洲美元市場是一個綜合市場，它包括存貸市場、貨幣市場及債券市場。如果存放的銀行，係在新加坡或香港，稱為亞洲美元市場 (Asiandollar Market)。根據存放的幣別，還可再細分成歐洲英鎊市場、歐洲日圓市場等。不過在實務上，不論交易貨幣為英鎊、日圓、歐元或其他貨幣，皆通稱為歐洲美元市場。

2.衍生金融市場

　　衍生市場可分為 5 類：

⑴遠期市場 (Forward Market)

　　為買賣遠期契約的市場。遠期契約 (Forward Contract) 指買賣雙方於當期約定好，於未來特定日期，以一定價格買賣一定數量之特定商品，或借貸一定金額資金的契約。在約定日期未到前，買賣雙方均不需要交付貨幣或商品。

⑵期貨市場 (Futures Market)

　　為買賣期貨契約的市場。期貨契約 (Futures Contract) 為一特定的遠期契約，和遠期契約比較如下：

⒜遠期契約係在店頭市場交易，期貨契約係在集中市場交易，受集中市場（即期貨交易所）的規定約束。

⒝遠期契約的規格及數量等條件由雙方洽商決定，可量身定做 (Tailor Made)；期貨契約則是標準化 (Standardization)，對於數量、品質及交割時間等均有一定之規定。所以就避險功能而言，遠期契約可做到完全避險 (Perfect Hedging)；期貨契約則因數量、交割時間之基差 (Basis) 關係，很難做到完全避險。

⒞店頭市場係由交易商 (Dealer) 做成，如外匯及利率交易中，銀行為交易商。銀行報價有出價 (Bid) 與要價 (Offer)，兩者的差價 (Spread) 為銀行利潤。集中市場則採用公開喊價或電腦撮合的方式，價格只有 1 個，且價格透明。

⒟店頭市場交易信用由雙方自行負責，銀行通常居於強勢地位，對交易對手訂定信用額度 (Line of Credit)；集中市場交易信用由結算所 (Clearing House) 負責。結算所為所有交易買方的賣方，所有交易賣方的買方。買賣雙方均需繳納保證金 (Margin)，並輔以每日按市價結算 (Daily Mark-to-Market Settlement)，以降低信用風險。

　　遠期契約及期貨契約均可用於避險與投機，但因作法不同，遠期契約較適合需要交割商品的避險人使用，如進出口廠商基於貿易契約需要買賣外幣，因此遠期契約實際交割者約佔總量 95% 以上；反之，期貨契約標準化，而且信用對手為結算所，只要在契約到期前做 1 個相反交易，即可將原訂契約沖銷。對避險人而言，2 個契約價格之差異，可沖銷現貨市場價值之變動（但不一定是百分之百）；對投資人而言，2 個契約價格之差異就是其交易之損益，所以期貨契約較適合投機或投資，在契約到期前以 1 個相反交易沖銷契約者，約佔總量 95% 以上。

⑶選擇權市場 (Option Market)

為買賣選擇權契約的市場。選擇權契約 (Option Contract) 指契約買方於支付一定價格後取得權利，可於未來約定日期或其以前，以一定價格自契約賣方買入，或對其賣出一定數量特定商品的契約。契約買方有權買入的契約，稱為買權 (Call)；有權賣出的契約，稱為賣權 (Put)。選擇權與遠期或期貨性質不同，買賣雙方的權利與義務不對稱。買方取得者為行使的權利，若評估行使不合算則可放棄。如買方選擇行使權利，則賣方有履約賣出或買入的義務。但不論行使與否，買方為取得權利所支付的權利金 (Premium)，亦稱選擇權的價格，是不能退還的。

⑷交換市場 (Swap Market)

為買賣交換契約的市場，Swap 在香港及中國大陸譯作掉期。交換契約 (Swap Contract) 係雙方約定在一定期間內，作一系列付款的交換。交換契約相當於 1 個多期的遠期契約 (Multiple-Period Forward Contracts)，如 1 個為期 3 年、每半年交換 1 次美元與日圓固定利率付息的通貨交換 (Currency Swap)，相當於買賣 6 個遠期外匯契約，其滿期日分別為 6 個月至 3 年不等。

⑸結構型證券市場 (Structured Note Market)

為買賣結構型證券的市場。結構型證券指還本付息與衍生金融商品連結的證券，亦稱連動債。因為結構型證券結構複雜，投資人應審慎從事。

㈡依交易場所分類

金融市場因交易場所的不同，可分為集中市場 (Centralized Market) 與店頭市場 (Over-the-Counter Market)。集中市場目前有 3 類：

1. 證券交易所 (Stock Exchange)：買賣現貨金融商品，如股票、債券及外幣以及股票指數的選擇權。

2. 期貨交易所 (Futures Exchange)：買賣農礦產品、傳統金融商品與其指數的期貨及指數選擇權；此外，還有交換的期貨契約。

3.選擇權交易所 (Option Exchange)：買賣股票個股及股票指數的選擇權。

　　店頭市場係由交易商做成，目前主要有銀行及證券商；前者負責存貸市場、外匯市場及貨幣市場，並買賣債券及選擇權；後者則主要負責買賣上市、上櫃股票及少量債券。在美國，證券商利用電子網路報價系統 (National Association of Securities Dealers Automated Quotation, NASDAQ)，成交量僅次於紐約證券交易所 (New York Stock Exchange, NYSE)。

㈢依銷售時間分類

　　因銷售時間前後的不同，金融市場可分為初級市場 (Primary Market) 與次級市場 (Secondary Market)。前者在股票及債券之交易上亦稱為發行市場 (Issue Market)，指在證券發行時，借款人與投資人間之首次交易；後者亦稱流通市場 (Circulation Market)，為投資人與投資人間之交易市場，證券交易所即為股票及債券的次級市場。

$ 三、金融市場之功能

　　金融市場指資金 (Funds) 與金融服務 (Financial Service) 的交易市場，除了具有將資金由有餘裕者導入不足者之功能外，尚對社會提供下列服務：

　　1.付款服務 (Payment Service)：指顧客購買商品或勞務時，為其提供付款的功能。

　　2.儲蓄服務 (Thrift Service)：指提供適度安全且收益率高的金融工具，以鼓勵個人、企業及政府為將來的財務需要儲蓄。

　　3.保險服務 (Insurance Service)：指對死亡、殘廢等不利情事的發生，提供所得或財務損失的保障。

　　4.信用服務 (Credit Service)：指提供可貸資金以增補現有所得，以便維持當前生活水平。

　　5.避險服務 (Hedging Service)：指對市場價值、利率或信用的不利變動，經由期貨、選擇權及其他避險工具提供保障。

6.代理服務 (Agency Service)：指對顧客之退休基金或其他財務之管理，提供代理的服務。

第二節 金融市場之參與者

一、參與者之類別

金融市場的參與者眾多，包括個人、家庭、企業、金融機構、證券商及政府。參與者依其功能之不同，可分為 4 大類：

㈠最終使用者

最終使用者 (End-User) 包括資金供給者及資金需求者。在高度商業化的社會裡，幾乎可涵蓋所有的個人及團體。

1.資金供給者：指貸款人、投資人、金融工具的買方，以及銀行帳戶的存款人、政府機構未使用的預算，它們都是銀行的資金供給者。企業有多餘的資金，不是存在銀行裡，就是用於投資。發行基金的機構，本身是資金的供給者，也是資金需求者。

2.資金需求者：指銀行的借款人，發行國庫券及公債的政府機關，發行股票、公司債及商業本票的公私企業。

股票在證券交易所上市買賣或在店頭市場上櫃買賣的公司，依照規定必須為股份有限公司，且先經主管機關核准公開發行。所謂公開發行，指依法辦理發行審核程序，將其財務及業務公開發表，或分散部分股權。經核准公開發行的公司，可依規定向臺灣證券交易所申請上市買賣股票，或依規定向證券櫃檯買賣中心申請上櫃買賣。因為股票上市買賣的財務要求標準較高，所以新成立的科技公司通常都會先上櫃買賣。

㈡市場中介者

市場中介者 (Broker) 為金融市場之橋樑，包括經紀商及交易商，提供媒介交易及調節市場供需的功能。

1. 經紀商本身不是資金供給者，也不是資金需求者，只是媒介供需雙方做成交易。在外匯市場，銀行間交易約半數係由經紀商做成。

2. 交易商雖是使用的一方，但不是最終的使用者，只是自資金供給者取得資金，然後再提供給資金需求者；一方面買入金融工具，另一方面再賣出金融工具，為金融市場、店頭市場的造市者 (Market Maker)。

㈢市場服務者

市場服務者 (Service Business) 提供金融交易之場地、設備、資金及各種服務以利交易之進行，包括證券交易所、證券商、金融機構及周邊服務機構。

1.交易所

(1)臺灣證券交易所 (Taiwan Stock Exchange, TWSE)：證券交易所為證券流通或次級交易的集中市場之核心，本身不買賣證券，也不決定證券價格。交易所的組織有 2 種，一為會員制，係由證券商為會員組成，不以營利為目的，費用由會員共同負擔；另一為公司組織，以營利為目的，主要收入為收取證券上市交易的上市費，以及證券交易的經手費。臺灣證券交易所為公司組織，1961 年設立於臺北，買賣的標的為股票、公債、公司債、臺灣存託憑證、基金受益憑證、認購（售）權證等。該交易所編製之臺灣證券交易所發行量加權股價指數 (TWSE Capitalization Weighted Stock Index) 為臺灣股市動態之重要指標。

(2)臺灣期貨交易所 (Taiwan Futures Exchange, TAIFEX)：於 1997 年成立，現交易期貨商品計有：臺股期貨、電子期貨、金融期貨、小型臺指期貨、臺灣 50 期貨指數契約、10 年期政府公債期貨、30 天期利率期貨、MSCI 臺指期貨、黃金期貨、非金電期貨及櫃買期貨等。上市選擇權契約計有：臺指、電子、金融、股票、MSCI 臺指、非金電、黃金及櫃買選擇權等契約。

(3)證券櫃檯買賣中心 (Gre Tai Securities Market, GTSM)：成立於 1994 年 7 月，承辦臺北市證券商業同業公會之證券櫃檯買賣業務。該中心買賣之標的有上櫃股票、公債、公司債、轉換公司債及認購（售）權證等，並編製臺灣櫃檯買賣股票發行量加權股價指數 (OTC Weighted Stock Index)，簡稱櫃買指數，相當於美國的那斯達克股票市場公司 (NASDAQ Stock Market Corp.)。

2. 證券商

證券商包括證券承銷商 (Underwriter)、證券自營商 (Dealer) 及證券經紀商 (Broker)。

(1)證券承銷商：於企業發行股票、公司債及政府發行公債時，負責證券的標售。在證券買賣的交易中，此一階段為證券發行人與投資人間的交易，即初級市場，之後則為投資人與投資人間之交易，即次級市場。

承銷商的報酬一般約 3%，預期售價與包銷價格間的差額，為承銷商的所得 (Underwriter's Spread)。如果發行金額龐大，為降低銷售風險，承銷商可組成承銷團 (Syndicate Group) 共同承銷。

(2)證券自營商：為達成自己的營業利潤目標而買賣有價證券，並配合政府政策調節股價，以加強證券的流動性，並促進股價的穩定。規模較大的證券自營商是造市者。證券自營商得為公司股份之認股人或公司債之應募人。

(3)證券經紀商：為證券市場的中堅，依客戶的要求，於營業處所接受客戶的委託買賣證券，並收取手續費。於接受委託後，利用電腦連線，向交易所申報委託買賣事項，且於成交 2 個營業日後要與交易所完成券與款的交割，並於營業處所完成與委託人的交割。

(4)綜合證券商：需具備前三者之執照方能成立，兼營承銷、自營及經紀業務，可對客戶辦理融資及融券業務。

3. 期貨業

(1)期貨交易商 (Futures Trader)：指在期貨交易所從事期貨交易之期貨業，可兼營期貨自營及經紀業務。其應於每次買賣時，以書面區別其為自營或受託買賣。

(2)槓桿交易商 (Leverage Trader)：指經主管機關核准並發給許可執照，可經營槓桿交易的期貨業（槓桿指以借入資金融通部分投資，以擴大資本報酬率的操作）。

(3)期貨服務事業：指經主管機關核准並發給許可執照之期貨業，包括經營期貨信託事業、期貨經理事業及期貨投資顧問事業等。

4.金融機構

(1)商業銀行 (Commercial Bank) 係整個金融市場的中堅，工商業社會的每日生活都離不開商業銀行的服務，它是存貸市場、貨幣市場及外匯市場的造市者。經主管機關核准辦理外匯業務的商業銀行為指定銀行 (Appointed Bank)，可辦理公債的買賣與股票、公司債及基金等的代銷。

(2)證券金融公司：負責辦理集中市場證券之融資與融券業務。服務對象為專業自營商及在證券經紀商開戶買賣證券之投資人。

(3)票券金融公司：我國有中興、國際及中華 3 家票券金融公司，分別於 1976、1977 及 1978 年成立，為專司短期票券承銷及買賣的專業機構。可經營公債經紀業務、合法交易行為產生之承兌匯票 (C/P)，及票券商經主管機關許可兼營票券金融業務。

4.其他機構

(1)臺灣集中保管結算所 (Taiwan Depository & Clearing Corporation, TDCC)：成立於 2005 年，由臺灣證券集中保管公司與臺灣票券集中保管結算公司合併而成，負責股票、債券、票券及其他權益證券之保管與帳簿劃撥業務，使各筆證券交易的款券交割及結算更為安全有效率。

該公司編製之臺灣短期票券報價利率指標稱為 TAIBIR，係由 21 家金融機構（包括 10 家票券商、8 家本國銀行及 3 家外商銀行）報價，排除高低各 1/5，取剩餘 12 家之平均值，於 2009 年上線，提供各界參考。

(2)證券投資信託事業：指藉發行受益憑證募集證券投資基金，並運用該基金投資證券之事業，又稱為基金經理人。基金成立後，基金投資之資產交由保管銀行保管。

(3)證券投資顧問事業：指藉提供有價證券分析、投資判斷建議等營利的事業。

(4)信用評等公司 (Credit Rating Corp.)：指運用統計方法制訂評等或評分標準，將公司、企業、金融機構以及主權國家客戶之各項主要信用屬性予以量化，以評等或評分之高低，具體而正確的表示客戶信用品質之良窳，供貸款人或投資人提供資金時參考。

經我國金管會認可的信用評等公司計有美國 S&P、Moody's 以及我國之中華信用評等公司。

㈣市場管理者

1.行政院金融監督管理委員會

(1)簡稱金管會，成立於 2004 年，其前身為財政部證券暨期貨委員會。金管會主管金融市場及金融服務業之發展、監督、管理及審查業務。

(2)金管會下設有銀行局、證券交易期貨局、保險局及檢查局等 4 個業務機關，分別掌理市場發展之監督、管理及其政策與法令之擬定、規劃及執行等事項。

(3)金管會依法獨立行使職權，其委員須超出黨派以外，於任職期間不得參加政黨活動。主任委員及副主任委員任期 4 年，任滿得連任 1 次。

2.中央銀行

中央銀行隸屬行政院，為國家銀行，其總裁與副總裁任期為 5 年，期滿得以續加任命。中央銀行的經營目標為促進金融穩定、健全銀行業務、維護我國貨幣幣值之穩定以及協助經濟發展，其下設有發行局、業務局、外匯局、國庫局等 4 個業務單位。

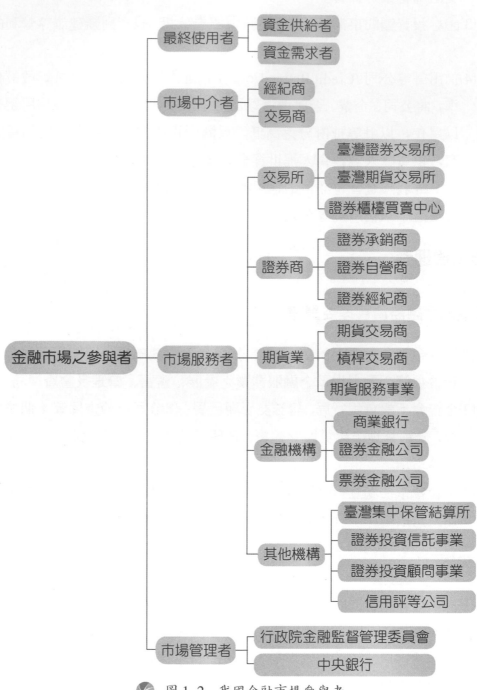

圖 1-2 我國金融市場參與者

$ 二、中央銀行與金融市場

㈠中央銀行之職責

依照《中央銀行法》，中央銀行 (Central Bank of the Republic of China, Taiwan) 之職責為：

1.促進金融穩定：中央銀行發行貨幣（新臺幣），可經由貨幣市場之操作，防止金融市場劇烈變動，並避免發生金融危機。

2.健全銀行業務：中央銀行是銀行業的最後融通者 (Last Resort)，為免銀行經營不善，中央銀行負責監督管理銀行業務。

3.維護新臺幣對內及對外幣值之穩定：對內穩定指避免通貨膨脹、貶低新臺幣的購買力；對外穩定指新臺幣匯率維持在合理的價位。新臺幣幣值不宜高估以免對出口不利；也不宜低估，以免影響物價穩定。

4.在上述目標範圍內，協助經濟發展。

㈡中央銀行可採取之貨幣政策

1.公開市場操作 (Open Market Operation)

指中央銀行可在貨幣市場買進或賣出有價證券，以擴張或收縮銀行體系的存款準備金，以達成藉控制貨幣供給 (Money Supply) 穩定金融之目的。

2.調整重貼現率 (Rediscount Rate)

指存款準備金不足之銀行，需要資金融通，以合格票據向中央銀行申請貼現時，中央銀行所採用的利率。中央銀行利用調整重貼現利率及融通額度，影響貨幣市場利率及資金寬緊。

3.存款及負債準備率政策 (Reserve Requirements Policy)

依《中央銀行法》之規定收管金融機構存款及其他負債準備金，並得於下列最高比率範圍內，隨時調整各種存款及其他負債準備金比率：支票存款與活期存款為 25%，儲蓄存款與定期存款為 15%，其他各種負債亦為 25%（其他各種負債之範圍由中央銀行定之）。又中央銀行於必要時，可不受最高比率之限制，對自一定期日起之支票存款、活期存款及其他各種負債增加額另訂額外準備金比率。中央銀行降低或提高準備金比率，可擴張或收縮銀行體系創造信用的能力，及其貸放資金之成本，控制銀行信用之貨幣供給及利率水準。

4.選擇性信用管制 (Selective Credit Control)

依《中央銀行法》，在必要時，中央銀行可對全體或任何一類金融機構之授信規定最高貸款限額。例如，對不動產授信可提高頭期款 (Down Payment) 的最低比例，縮短還款期限，限制每戶貸款額度或坪數，甚至禁止承做某些房地產抵押貸款。

㈢存款準備金帳戶之簡介

1. 依《中央銀行法》，各商業銀行均要在中央銀行開設存款準備金帳戶，並依規定比例轉存，存款超額者沒有利息，存款不足者會被處以罰鍰，因此形成銀行間拆款市場 (Call Market)，存款超額者將多餘資金貸放給存款不足者的市場。

2. 透過存款準備金帳戶，可辦理銀行間新臺幣資金之結算。其為票據者，係每日集中於各地票據交換所，相互交換付款票據，淨收付金額則利用準備金帳戶轉帳。

3. 自 1995 年中央銀行開辦同業資金調撥結算業務，中央銀行與各銀行電腦連線建立了即時電子資金轉帳系統，各銀行可利用終端機撥轉資金，每筆最低金額為新臺幣 500 萬元。

第三節 ▶ 金融市場之標的──信用工具

$ 一、信用工具之意義

金融市場買賣或借貸的標的為信用工具 (Credit Instrument)，亦稱金融工具 (Financial Instrument)，指可證明所有權、信用或債務契約的存在及其交易條件之文書。能成為金融市場的信用工具，必須具備 2 個條件：

1. 有信用：指發行人及／或其保證人具有償還債務的能力。
2. 易於轉讓：即具有流動性，經由背書 (Endorsement)，即可移轉所有權。

$ 二、信用工具之類別

㈠依期間長短分類

1.短期信用工具

指為期不超過 1 年者，為貨幣市場之主要交易標的，如商業本票 (Commercial Paper, C/P)、銀行承兌匯票 (Banker's Acceptance, B/A)、定存單 (Certificate of Deposit, C/D) 及國庫券 (Treasury Bill, TB)。

小百科

本 票

本 票 (Promissory Note, P/N) 指發票人簽發一定之金額，於指定之到期日，由自己無條件付與受款人或執票人之票據。其由企業或銀行簽發者稱為商業本票。

2.長期信用工具

指為期超過 1 年者，如股票 (Stock) 及債券 (Bond)，為資本市場之交易標的。債券又有中期與長期之分，在美國，其未超過 10 年者為中期債券 (Treasury Note, T-Note)，超過 10 年者為長期債券 (Treasury Bond, T-Bond)。我國之期限區隔為 7 年。

㈡依付款方式分類

1.承諾付款證券 (Promise-to-Pay Security)

指由債務人簽發承諾自己付款的證券，如商業本票、定存單、國庫證券 (Treasury Security) 及公司債 (Corporate Bond)。

2.指示付款證券 (Orders-to-Pay Security)

指由債權人簽發指示債務人付款的票據，如支票 (Check) 及匯票 (Draft/Bill of Exchange)。

㈢依利息支付之方式分類

1.附息證券 (Interest-Bearing Security)

指債務人除了於期滿時依票面金額 (Face Amount) 償付外，並定時支付利息的證券。支付利率有 1 年付息 1 次者，如歐洲美元債券 (Eurodollar Bond)；有每半年付息 1 次者，如美國的國內債券 (Domestic Bond)。支付利息的利率有採固定利率者，也有採浮動利率者，例如浮動利率本票 (Floater/Floating Rate Note, FRN)。

2.貼現證券 (Discount Security)

又稱折扣證券，指發行時以折扣的方式出售，於期滿時按票面金額付款，如國庫券、商業本票、銀行承兌匯票及不付利息而以高折扣方式出售之零息債券 (Zero Coupon Bond, ZCB)。

㈣依標的性質分類

1.權益證券 (Equity Security)

指證明所有權存在之證券，如股票。

2.債務證券 (Debt Security)

指證明債務契約存在之證券，如國庫證券及商業本票等。

㈤依標的功能分類

1.投資證券 (Investment Security)

指購買證券的目的在於取得孳息或增值之報酬，如股票及債券。

2.避險證券 (Hedging Security)

指購買標的的目的為避免價格變動的風險，如期貨契約及選擇權契約。

㈥依標的市場分類

1.標的證券 (Underlying Security)

指標的市場交易的工具，為金融市場融通資金的傳統工具。

2.衍生證券 (Derivative Security)

指衍生金融市場買賣的證券，由傳統工具衍生而來的工具，如期貨、選擇權、交換及其他金融創新 (Financial Innovation)。

㈦依標的與資產價格是否有關分類

1.有關者

在 1940 年代以前即已產生，以利率、匯率或商品價格為標的的證券均是。

2.無關者

如在 1990 年代產生的信用違約交換 (Credit Default Swap) 契約，係以債務人信用為契約標的，如債務人違約，其損失由契約賣方承擔。

第四節 金融市場之指標——利率與收益率

$ 一、利 率

利息 (Interest) 為資金需求者（借款人）使用資金所支付給資金供給者（放款人）的報酬。利息對使用資金的比率稱為利率 (Interest Rate)。利率之高低代表資金市場資金寬緊程度。依照供需法則 (Law of Supply and Demand)，資金供給增加或需求減少，利率將下降；資金需求增加或供給減少，利率將上升，各國中央銀行通常會利用增加或減少貨幣供給，以期透過利率的升降，影響經濟活動。

㈠市場利率與法定利率

利率如由市場決定，稱為市場利率 (Market Rate)；如由政府決定，稱為法定利率 (Official Rate)。政府管制利率時常會規定利率的上限，以照顧某些經濟活動，如對出口及國民住宅貸款訂定優惠利率。

中央銀行調整利率時，常用若干碼表示。一碼等於年率 0.25%、半碼等於年率 0.125%。

美國聯邦準備理事會（Federal Reserve Board，簡稱 FRB、Fed 或聯準會）主要利用聯邦資金 (Federal Funds) 控制市場利率。聯邦資金指美國商業銀行存在聯邦準備銀行 (Federal Reserve Banks) 的存款，為立即可用之資金，最能反映資金市場的寬鬆狀況，聯邦資金利率也最為敏感。

聯邦資金市場是一個銀行間市場，不是中央銀行的貼放市場，但是聯準會有能力影響聯邦資金利率的走向，所以每次調升或調降利率——稱為聯邦資

金目標利率 (Federal Funds Target Rate)──聯邦資金市場的反應就如影隨形，立即到位。

㈡真實利率與名目利率

名目利率 (Nominal Interest Rate) 指存放款表面表示的市場利率。市場利率由資金市場供需決定，但並不能代表資金供給者的真實所得。依照費雪定律 (Law of Fisher)：

$$名目利率 = （1 + 真實利率）\times（1 + 通貨膨脹率）- 1$$

取其近似值：

$$名目利率 = 真實利率 + 通貨膨脹率$$

名目利率減通貨膨脹率後之餘額為真實利率 (Real Interest Rate)。如果通貨膨脹率大於名目利率，則資金供給者的報酬為負利率 (Negative Interest Rate)。

㈢年息、月息與日息

利率按年計算者為年息或年率 (Annual Rate, Per Annual, p.a.)，即年息係按每年百分數計算；按月計算者為月息 (Monthly Rate, Per Month, p.m.)；按日計算者，為日息或日拆 (Daily Rate, Per Diem, p.d.)。國際市場及我國《銀行法》規定應按年率計算，惟我國民間貸借多按月息計算。此外，信用卡也是按月計息。假如本金 100 元，年息 1 分 (10%)，每年利息為 10 元；月息 1 分 (1%)，每月 1 元，每年為 12 元；日息 1 分 (0.1%)，每天 1 角，每年 36.5 元，日息 5 厘 5 毫，即萬分之 5.5 或 0.055%，相當於年息 $0.055\% \times 365 \times 100 = 20.75$ 元。

㈣平利率

利息不管期間長短計算者為平利率 (Flat Rate)。如借款 4 個月，平利率 5%，折算年利率為 $5\% / 4 \times 12 = 15\%$。

㈤基本點

0.01% 稱為 1 個基本點或基點 (Basis Point, bp)，如利率由 7.25% 升至 7.26%，稱為「升 1 個基本點」。一碼則為 25 個基本點，即 25bp。

㈥利息之計算

利息＝本金×利率×期間＝本金×利率×天數／利率基礎

所謂利率基礎是指每年天數 (Days Per Year, dpy)。一般利率以年率計算，但每年有多少天，各國則有不同的算法。

1.每年按實際天數計算，即 365 天，閏年為 366 天。採用者有英國及加拿大等國。

2.每年按 360 天計算。採用者有美國、法國及日本等國。

按第二類計息者，若利率為 10%，則換算為第一類的利率：10% × 365 / 360=10.14%。自 1994 年 7 月起，我國《銀行法》規定：

1.按 1 年 365 天為基礎。

2.放款為 1 年以內者，按日計息。其利息＝總積數（每日放款之和）×年利率／365。中期足月部分，不論大小月，按月計息（2 月 8 日至 3 月 8 日為 1 個月），即月數×年利率／12；不足月者，按日計息。

3.存款：活期按日計息，總積數×年利率／365。

4.定存按月計息，不足月按日計息。

㈦利息支付期間

利息可按月、按季、每半年或每年支付 1 次。每年付息次數不同，其實際報酬並不相同。因為利息收入再投資，還有利息收入。將利息的利息計算在內的報酬率，稱為有效利率 (Effective Interest Rate)，必定高於名目利率。

美國國內債券通常每半年付息 1 次，歐洲美元債券則每年付息 1 次。前者 10% 利率，相當於後者 $(1.05)^2 - 1 = 10.25\%$。銀行對顧客放款，多按季付息，如年率 10%，則其實際有效利率為 $(1.025)^4 - 1 = 10.38\%$。

如利息於期末 1 次支付，稱為期末整付 (Balloon Payment)，銀行間放款期間未超過 1 年者，多採此種方式。

㈧利息先付與後付

利息於借款時預先扣付，稱為貼現基礎 (Discount Basis)，國庫券與商業本票等採用此方式；利息於借款到期時支付，稱收益率基礎 (Yield Basis)，定存單與附買回協議 (Repo) 等採用此方式。

 例一

13 週國庫券 100 萬元，貼現率 10%，則貼現息為 1,000,000 × 10% × 91 / 360 = 25,277.78 元，實際借到可使用的資金為：1,000,000 − 25,277.78 = 974,722.22 元。換算收益率基礎為：25,277.78 / 974,722.22 × 360 / 91 = 10.26%，如再換算為 365 天基礎，則為：10.26 × 365 / 360 = 10.40%。

㈨單利與複利

計算期間超過 1 年者，計算有單利 (Simple Interest Rate) 與複利 (Compound Interest Rate) 之別，複利指將到期利息轉入本金合併計算之利率，如我國儲蓄存款於期末 1 次付息，係採複利計算。其計息公式：

$$FV = PV \times (1 + r)^n$$

上式中 FV 為未來值 (Future Value)，即本利和；PV 為現值 (Present Value)，即本金；r 為年利率，n 為年數。例如本金為 10 萬元，年利率為 10%，存款期為 3 年，則屆期本利和為：$100,000 \times (1 + 10\%)^3 = 133,100$。

如每半年計息 1 次，則 n 年後本利和為：$FV = PV(1 + \frac{r}{2})^{2n}$。

如每季計息 1 次，則 n 年後本利和為：$FV = PV(1 + \frac{r}{4})^{4n}$。

如未來值（本利和）已知，求其現值（本金）之計算式：

$$PV = FV/(1 + r)^n = FV \times (1 + r)^{-n}$$

㈩利率類別

利率依是否固定可分為固定利率、浮動利率與可調整利率：

1.固定利率 (Fixed Rate)：指存放款利率在簽訂契約時已予固定者，盛行於 1970 年代以前。

2.浮動利率 (Floating Rate)：指存放款利率並非固定，而係依照某些指標利率 (Benchmark/Index Rate) 變動，且於 1980 年代起已取代固定利率，最常用的指標利率有：倫敦銀行間放款利率 (LIBOR)、基本利率 (Prime Rate)、商業本票利率及銀行承兌匯票利率等。

3.可調整利率 (Adjustment Rate)：為介於固定與浮動之間、可定期調整的利率。為配合房貸市場的需要，美國於 1982 年實施可選擇房貸交易平等法 (Alternative Mortgage Transaction Parity Act)，規定房貸利率可配合市場利率調整。

$ 二、收益率

收益率亦稱殖利率 (Yield)，主要用於債券市場。債券的價值係以債券面值之百分比表示。債券附有息票 (Coupon)，如市場利率高於息票利率，則債券將以折價 (Discount) 出售；如市場利率低於息票利率，則債券將以溢價 (Premium) 出售。投資人之報酬即債券價值，為債券面值加溢價或減折價，其報酬率 (Rate of Return) 稱為收益率。

1.當期收益率 (Current Yield)

指每年息票收入除以債券價格。如債券面值為 1,000 元，息票利率為 8%，以市價 900 元買入，則當期收益率為 80 / 900 = 8.89% p.a.。

2.滿期收益率 (Yield-to-Maturity, YTM)

指債券持有至滿期所獲得的收益率。

3. 持有期間收益率 (Holding Period Yield)

指債券在中途出售後所算出的持有期間收益率。

4. 債券約當收益率 (Equivalent Bond Yield)

由於國庫券與國庫債券付款方式不同，國庫券採貼現方式，1 年按 360 天計算，國庫債券（最後 1 年可在貨幣市場買賣）則是期末付款，1 年按實際天數 365 天或 366 天計算。將國庫券折成 1 年 365 天，換算出相當於國庫債券之利率稱為債券約當收益率，可用以比較兩者利率高低。

 例二

52 週國庫券，貼現率為 10%，其債券約當收益率為：

$$\frac{10\% \times \frac{364}{360}}{1 - 10\% \times \frac{364}{360}} \times \frac{365}{364} = 11.28\%$$

一、選擇題

( ) 1. 發行股票上市交易的公司,在金融市場中扮演的角色是: (A)資金供給者 (B)資金需求者 (C)資金中介者 (D)市場服務者

( ) 2. 中央政府在金融市場中的地位是: (A)資金供給者 (B)資金需求者 (C)市場管理者 (D)以上皆是

( ) 3. 下列何者屬於傳統金融市場? (A)存貸市場 (B)權益證券市場 (C)歐洲美元市場 (D)以上皆是

( ) 4. 下列何者屬於衍生金融市場? (A)外匯市場 (B)貨幣市場 (C)選擇權市場 (D)資本市場

( ) 5. 下列何者有誤? (A)次級市場是投資人與投資人交易的市場 (B)店頭市場是由銀行與證券商做成 (C)期貨契約大部分是以相反交易沖銷了結 (D)選擇權賣方要支付權利金

( ) 6. 下列何者有誤? (A)科技公司大都會上市賣出股票 (B)在外匯市場銀行間外匯交易,約一半是經由經紀人媒介做成 (C)證券交易所證券經紀人主要任務為接受投資人委託在交易所買賣股票 (D)證券自營商是股票造市者

( ) 7. 下列何者有誤? (A)票券金融公司對投資人進行買賣股票融資 (B)臺灣證券交易所編製臺灣證交所發行量加權股價指數 (C)櫃檯買賣中心編製 OTC Weighted Stock Index (D)以上皆是

( ) 8. 下列何者不是中央銀行的貨幣政策? (A)公開市場操作 (B)調整重貼現率 (C)調整存款準備率 (D)買賣外匯

( ) 9. 下列證券何者不是貨幣市場信用工具? (A) C/P (B) B/A (C) T-Note (D) C/D

( ) 10. 中央銀行調整利率時,一碼等於: (A) 10% p.a (B) 0.5% p.a (C) 0.25% p.a. (D) 0.125% p.a.

( ) 11. 1 個基本點的利率指: (A) 0.01% (B) 0.1% (C) 1% (D) 0.001%

( ) 12. 下列何者不是金融市場的功能? (A)資金融通 (B)避免匯率與利率變動的風險 (C)規避借款人的信用風險 (D)以上皆是

( ) 13. 下列何者有誤? (A)聯邦資金市場是銀行間市場 (B)聯邦資金最能反映資金市場的寬緊狀況 (C)美國聯準會經常直接調整聯邦資金的利率 (D)聯邦資金是商業銀行依法存在聯邦準備銀行的存款

二、名詞解釋

1. Financial Market
2. Intermediation
3. Traditional Market
4. Derivative Market
5. Financial Instrument
6. Discount Security
7. Interest-Bearing Security
8. Hedging Security

9. Basis Point, bp
10. Effective Interest Rate
11. Nominal Interest Rate
12. Open Market Operation
13. Rediscount Rate
14. Reserve Requirement Policy
15. Call Market

 三、問答題

1. 何謂直接金融？何謂間接金融？
2. 傳統金融市場有哪些？衍生金融市場有哪些？
3. 金融市場有哪些功能？
4. 金融市場的參與者包括哪些人及機構？又提供哪些功能？
5. 短期金融工具有哪些？長期金融工具有哪些？金融市場應具備何條件？
6. 試述中央銀行與金融市場之關係。
7. 試述中央銀行可採取的貨幣政策。

四、計算題

投資 100,000 元，求其未來值：

(1)單利 4% p.a.，為期 4 年。
(2)複利 4% p.a.，每年複利 1 次，為期 4 年。
(3)複利 4% p.a.，每半年複利 1 次，為期 4 年。

第一節 存款市場

$ 一、存貸市場

存貸市場是最早形成的金融市場，為一典型的店頭市場，由銀行在營業處所辦理存款與貸款業務。

銀行的資金來源為(1)資本；(2)存款；(3)借款；(4)發行債券及票券；(5)服務及授信業務。其中存款是最重要的來源。

$ 二、存款業務

(一)支票存款 (Check Account)

指銀行依約定憑存款人簽發之支票付款的帳戶。支票是一種特殊匯票，指發票人（Drawer，即存款人）簽發一定金額，委託銀行於見票時無條件付款與受款人或持票人之票據。支票為可轉讓之支付工具。此種帳戶係銀行代替存款人提供交易結算付款的服務，所以又稱為交易帳戶(Transaction Account)，並不支付利息。通常支票係由銀行印製供客戶使用。

(二)活期存款 (Demand Account)

指存款人憑存摺、印章或簽字，依約定方式可隨時動用存款的帳戶。所謂約定方式，如提款卡、金融卡或借記卡 (Debit Card)，可在自動櫃員機 (Automatic Teller Machine, ATM) 輸入密碼後提款。ATM 也可用於轉帳以支付其他用途，有的 ATM 亦接受存款。ATM 除設於銀行營業處所外，也可設在商店、學校、購物中心、機場及火車站等地，銀行稱之為遠距離單位 (Remote Service Unit, RSU)。存款銀行如加入 VISA 或 Master 等發卡組織，其所發行的信用卡 (Credit Card)，在信用額度 (Limit of Credit) 內，持卡人可在發卡組織特約的商號或機構使用，可代替現金用以購買商品或勞務。

小百科

信用額度

係銀行對其客戶所訂定授信限額，在額度內，客戶可自由動用。發行信用卡時，銀行會告知信用額度，即在沒有存款的情況下，持卡人可以消費的最大限額。

㈢定期存款 (Time Deposit Account)

指存款期限一定，存款人可憑定存單或其他約定方式提出存款。所謂定存單有 2 種：⑴可轉讓定存單 (Negotiable Certificate of Deposit)，有最低金額限制，為貨幣市場重要工具之一；⑵不可轉讓定存單 (Non-Negotiable Certificate of Deposit)，存款金額沒有限制。

㈣儲蓄存款 (Savings Account)

為個人或非營利法人，以積蓄資金為目的的存款，有鼓勵儲蓄性質，利息略高於活期存款。可分為活期與定期 2 種：⑴定期儲蓄存款的利息，可定期支付或於期末 1 次給付。如屬後者，超過 1 年者按複利計算，利息較為優惠；⑵活期儲蓄存款，與一般活期存款一樣，可憑存摺提取。

以上活期存款及活期儲蓄存款，均係採用存摺方式存取，所以統稱為存摺存款；定期存款及定期儲蓄存款，均係採用存單方式存款，所以統稱為存單存款。

㈤綜合存款 (Comprehesive Account)

指活期存款與定期存款綜合為 1 個帳戶，可於活期存款餘額超過一定金額時，將若干金額轉為定存，以獲取較多報酬。此外，為應投資等目的需要，活期存款可用以轉帳支付。

㈥公庫存款 (Government Deposit)

指公務機關間設的存款帳戶，其為中央政府者，為國庫存款。中央銀行設有國庫局，專門處理國庫存款事宜。地方政府存款，由臺灣銀行代理國庫辦理。

三、信託資金

　　信託資金 (Trust Funds) 係銀行信託部及信託投資公司，以受託人之地位，收受信託款項。依照信託契約之條件，為信託人指定受益人利益經營之資金。信託資金可分為 2 類：⑴由信託人指定用途；⑵由信託投資公司確定用途。後者得以信託契約約定，若有損失，由信託投資公司負責賠償損失，與一般銀行存款不同。

　　我國在完全開放外國人投資我國股市前，曾成立 4 家民營信託投資公司，對外國機構投資人（包括銀行、保險公司及投資基金等）發行基金投資我國股市，讓外國人分享我國經濟成長時股價上漲的利益。

第二節　貸款市場

一、貸款業務

　　在早期，銀行營運收入絕大部分為放款利息收入，但近年來，由於政府對銀行之設立及營運的限制已逐漸取消，銀行家數大幅增加，引發銀行間的激烈競爭，致使存放款間利率差距變得非常小。因此，銀行不得不加強對顧客之服務，特別是個人理財方面，以謀取更多的手續費收入。惟迄今為止，放款仍然是最主要的業務。放款可依以下 3 種方式分類：

㈠依期間之長短分類

　　放款可分為短期、中期與長期。依照我國《銀行法》之規定，期間在 1 年以內者，為短期放款；超過 1 年而未達 7 年者，為中期放款；7 年及 7 年以上者，為長期放款。

㈡依借款人有無擔保分類

1.擔保放款 (Secured Loan)

可提供擔保者包括：⑴不動產，如土地、房屋及廠房等抵押；⑵動產，如汽車；⑶權利質權，如房屋抵押貸款或電腦設備質押權；⑷其他信用機構之保證。借款人因營業所產生的應收帳款，也可作為放款之副擔保。

2.無擔保放款 (Unsecured Loan)

亦稱信用放款 (Credit Loan)，指沒有任何擔保品，只憑借款人信用或企業名譽所取得之放款。無擔保放款之利率比擔保放款高。

實務上，銀行在貸款前均會先做徵信調查，依徵信結果，訂定信用額度，包括擔保放款（事先要辦妥抵押手續）、信用貸款、進口押匯及出口押匯等之各項貸款額度及總貸款額度。在信用額度內隨時可動用資金，非常便利。

㈢依貸款之利率分類

可分為固定利率與浮動利率。銀行對最優良的客戶適用之利率稱為基本利率，其他客戶則有不同的加碼 (Spread)。國際貸款通常採用浮動利率，浮動之指標為倫敦銀行間放款利率 (LIBOR)，我國銀行界多採用 3 家票券公司報價的平均價作為浮動利率的指標。

$ 二、墊款業務

㈠墊款 (Advance) 與透支 (Overdraft)

墊款指在授信額度內，客戶存款不足支付時由銀行所做的墊付，因存款帳戶為負值，所以稱為透支。通常為不定期、沒有到期日，存款客戶可隨時償付，按透支期間支付利息。又銀行對委收款項在資金尚未收到前所做之墊付，稱為託收款項之墊付 (Advance Against Collection)。

㈡出口押匯 (Negotiation for Drafts under L/C)

指出口商依照信用狀 (Letter of Credit, L/C) 之規定，在貨物裝船後，開發匯票檢附貨運單據，委託我國之押匯銀行向開狀銀行收取貨款，在開狀銀行付款前，押匯銀行以貨運單據作質押所做的墊款行為。如果開狀銀行拒付，押匯銀行將向出口商追討墊款之本金及利息。國外銀行的作法不一樣，對於出口商開發的出口匯票係採買入方式。如開狀銀行拒付時，除非責在出口商，否則銀行不能追討出口貨款。

小百科

信用狀

為銀行受客戶之委任，通知並授權指定受益人 (Beneficiary)，在其履行約定條件後，得依照一定款式開發一定金額之匯票或其他憑證，由該行或其指定之代理銀行負責承兌或付款之文書。

這2種作法，因環境不同各有利弊。在買入匯票作法下，銀行承做會非常謹慎，對開狀銀行、國外進口商及我國出口商的信用必須調查清楚，否則只能按託收方式 (Collection) 處理，對大部分的出口案件，出口商將無法在開狀銀行付款前拿到貨款，對中小企業的資金調度非常不利。對於託收方式之出口案件，國外銀行亦比照信用狀出口，採買入匯票方式，就託收時間長短，按貼現方式扣付貼現息。

㈢進口押匯 (Import Advance under L/C)

指國外出口商依照信用狀的規定，開發匯票檢附貨運單據，經由國外銀行要求付款，開狀銀行審核符合信用狀之規定後即行支付，並在進口商存款帳戶內扣款，如不為扣款，則視為墊款。此外，在進口商向銀行收取貨運單據時，應連同利息一併繳付。

㈣貼現 (Discount)

亦稱折價，係銀行對客戶持有的未到期的遠期匯票或本票，以預扣利息方式買入之行為。依照《銀行法》之規定，上項匯票或本票應依國內外商業交易或勞務提供所產生者。惟我國貨幣市場盛行的商業本票與銀行承兌匯票，均為融通資金需要而開發者。

$ 三、特殊貸款業務

㈠聯貸 (Syndicated Loan)

1.意　義

聯貸係多家銀行組成銀行團 (Syndication)，共同與某一借款人訂定聯合授信契約 (Syndicated Credit Contract) 所做的貸款。產生之原因為：⑴借款金額龐大，非單一銀行所能承擔；⑵銀行對單一客戶的授信，在法律上或內規上超過額度上限；⑶貸款時間長、信用風險高，聯貸可分散授信風險。

2.聯貸的程序及內容

⑴要約 (Offer)：借款人要擬定資金需求計畫，尋求多家具有競爭性的銀行提出要約。在銀行方面，為獲得主辦聯貸的機會，也可主動洽詢借款內容，並提出要約。要約內容包括授信額度、資金用途、借款利率、手續費、借款期間及如何還款等。

⑵主辦行在提出要約前，要先評估借款人的信用及其償債能力，借款利率可為固定或浮動。惟因長期固定利率資金不易取得，聯貸資金只能以銀行短期拆款資金支應，所以大多採浮動利率計息。其指標利率如為美元貸款，通常採 3 個月或 6 個月 LIBOR，並酌予加碼。

⑶聯貸手續費名目很多：

　⒜先付費用 (Front Fee)：於簽約後支付，為參加聯貸銀行團的報酬。包括主辦行的主辦費 (Arrangement Fee)、承銷銀行的承銷費 (Underwriting Fee)，及參貸銀行的參貸費 (Participation Fee)。

　⒝以後每年要支付的費用：包括對未動用資金部分應支付 5% 之承諾費 (Commitment Fee)，以及就承諾信用額度，不論是否動用皆應支付的額度費 (Facility Fee)。

> **小百科**
>
> **承諾費**
>
> 指銀行承諾貸款或簽訂貸款契約後，對已承諾而未動用之金額所收取之報酬，通常為承諾金額未動用部分之 5%。

(c)代理費 (Agency Fee)：對於經手資金撥款等工作的代理行 (Agency Bank) 所支付之費用。

(d)歸償銀行墊付費用 (Out-of-the-Packet Expenses)：為支付歸償銀行代為墊付之費用。歸償銀行 (Reimbursing Bank) 係開狀銀行存款的銀行，依照信用狀的規定，或開狀銀行的授權，在押匯銀行依照信用狀的規定要求償押匯款時，歸償押匯銀行押匯款的銀行。

(4)主辦行的工作：借款人在接到各銀行的要約及評估其各項授信條件後，選擇最合適的銀行作為本聯貸案的主辦行，並簽署要約，即委託書 (Mandate)。主辦行取得委任後，即可依序進行下列聯貸事宜：

(a)準備聯貸說明書 (Information Memorandum)。

(b)起草聯貸契約。

(c)邀請參貸銀行分配參貸金額。

(d)將聯貸契約定稿。

(e)安排簽約事宜及儀式。

(5)簽約後代理行的工作：

(a)審核借款人動用資金的請求，並通知各參貸銀行撥付。

(b)對擔保品辦理質權設定及保險。

(c)在結轉下期時應決定下期使用的利率，並通知各當事人。

(d)將借款人的還本利息分配與各參貸銀行。

(e)監督借款人履行契約義務，如發生違約事情，代理行應採取保全措施。

㈡循環信用額度

循環信用額度 (Revolving Credit Facility) 指貸款銀行在特定期限內對借款人提供之信用額度，通常為中期授信，借款人得就本身需要隨時動用資金，亦得隨時償還借款之部分或全部，循環信用額度可循環使用。

㈢票券發行循環融資

票券發行循環融資 (Note Issuance Facility, NIF) 係一種票券發行與聯貸連結並兼具長、中、短期性質的資金融通方式。係大企業以連續大量發行短期票券方式籌措中長期資金。為免籌資不足，與銀行團簽訂融資協議，取得授信額度備用，借款通常為 5 年左右，借款企業的籌資工具主要為商業本票與銀行承兌匯票。借款企業指定主辦行，由銀行協調成立銀行團，提供授信承諾額度。此外，主辦行並協調成立投標銀行團，以競標方式決定得標金額及利率。在借款企業無法利用競標方式發行票券募足資金時，主辦行負責不足部分票券之承銷。在此聯貸業務中：

1.主辦行獲得報酬主辦費用。

2.代理行負責簽約後有關之行政事務，並代理收付資金，其獲得之報酬為代理費。

3.承銷銀行 (Commitment Bank) 對借款企業提供循環信用額度之承諾，其獲得之報酬為承諾費，對票券之承兌收取承兌費 (Acceptance Charge)，對商業本票之承銷，收取簽證費及保證費。

4.投標銀行團包括承諾銀行及非承諾銀行，參與競標，就其得標金額提供融資收取利息。

㈣中長期分期償還貸款

中長期分期償還貸款又稱為條件貸款 (Term Loan)，通常係融通進口機器設備及支付安裝費所需要的貸款，廠商可洽銀行辦理的外幣貸款。如果機器設備龐大，也可採聯貸方式。由於此項貸款具有自償性 (Self-Liquidation)，常可獲得優惠貸款條件。其要點如下：

1.貸款金額：通常以進口機器設備及安裝費用之 90% 為限。廠商要有自備款 10%。

2.可分期動用本金：視機器設備之進口及安裝進度而定。

3.多採浮動利率：按 3 個月或 6 個月 LIBOR，或新加坡銀行間亞洲美元放款利率 (SIBOR) 加碼計算，加碼額度視借款人本身信用及國家信用，以及當時資金供需狀況而定。早期我國企業借款加碼曾高達 1.75% p.a.，其後有時曾低到 0.125% p.a.。

4.分期攤還本金期間：通常為 10 年左右，每半年或每季還本付息 1 次。

5.優惠期 (Grace Period)：通常為 6 個月至 5 年，在該期間內不還本只付息。此外，優惠期間發生的費用，包括承諾費、管理費及利息等，必要時可動用本金支付。

6.撥款時間 (Availability)：自簽約起為期 1 年，或明定最後撥款期間 (Expiry Date)。

7.自簽約起未動用資金部分，須支付承諾費，一般係以年利率 5% 計算。

㈤不動產擔保放款

不動產擔保放款 (Mortgage Loan) 指以土地、房屋及機器廠房設備為抵押擔保的放款。對於以機器設備及安裝費抵押的貸款，通常會以中長期分期償還貸款或採取聯貸方式辦理，如以土地、房屋為擔保的消費性支出的貸款，一般係由借款人與貸款銀行協商辦理。至於低收入民眾的購屋（住宅）貸款 (Residential Mortgage Loan)，則關係著國計民生，如何辦理要看政府的政策而定。

購屋貸款簡稱房貸，各國對它的政策都不相同，大體可分為 2 類：

1.各國中央銀行對首次購屋者，提供低利資金轉由商業銀行辦理貸放。

2.政府除設立貸款及保險機構協助民眾購屋外，主要是建立房屋貸款的次級市場，即以房屋抵押的貸款作為擔保，發行房貸擔保證券 (Mortgage-Backed Security, MBS) 售予證券投資人，利用投資人的資金來發展房貸市場。

目前房貸市場包括初級市場及次級市場，最發達的國家是美國，美國的房貸市場歷史悠久，也曾遭受多次危機，最後都是由政府出面解決。在危機過後，房貸市場總能恢復繁榮，甚至因此更加發達。

第三節 授信市場

與存貸市場相關的授信業務可分為承兌與銀行保證 2 類，以下分別說明。

💲 一、承　兌

承兌 (Accept) 指遠期匯票付款人於匯票正面簽名並填寫「承兌」字樣，表示接受付款義務的行為。如只有簽名，並未加填「承兌」字樣，依我國《票據法》之規定，視為已承兌，仍屬有效。

對於見票後若干日付款的匯票，付款人於承兌時，應記載日期，以便於計算付款的日期。其承兌而未記載日期者，承兌仍有效。其無法確定日期者，執票人得請求做成拒絕證書 (Protest)，證明承兌日期。

匯票係發票人簽發一定金額，委託付款人於指定之到期日，無條件支付與受款人或持票人之票據。匯票以出售商品或勞務之相對人（買方）為付款人而經其承兌者，為商業承兌匯票 (Commercial Acceptance)。前項相對人，如委託銀行為付款人，而經其承兌者，為銀行承兌匯票 (Banker's Acceptance)，遠期信用狀由開狀銀行或其指定銀行承兌者即屬此類。此類承兌匯票，係由買方委託，屬於買方委託承兌。如出售商品或勞務者，依交易憑證於交易價款內簽發匯票，委託銀行為付款人並經其承兌之銀行承兌匯票，則屬於賣方委託承兌。

📑 小百科

拒絕證書
指票據經執票人請求承兌或付款，被承兌人或付款人拒絕時，由公證人 (Notary Public) 所做成，證明該項票據經過提示承兌或付款，並未兌付 (Dishonor) 的意思。做成拒絕證書的目的在使執票人保全追索權。

臺灣盛行的融通匯票 (Financial Bill) 不是因為交易行為產生者，而是借款人自貨幣市場覓取資金，經洽商業銀行同意，開發以銀行為付款人之匯票，並經其承兌之銀行承兌匯票，並非《銀行法》規定之銀行承兌匯票。

💲 二、銀行保證

銀行保證 (Bank's Guarantee, B/G) 指由於被保證人未履約或違反契約條件時，由保證銀行支付一定金額之承諾文件。銀行保證營業範圍：

　　1.對進口商進口商品付款的信用保證。
　　2.對進口機器設備或原料的稅捐記帳的保證。

3.企業發行債券或商業本票時，銀行對還本付息的保證。

4.企業參加招標時，由銀行開發押標金保證 (Bid Bond)，得標後由銀行開發履約保證 (Performance Bond)。

5.企業借款或分期付款購買機器設備，由銀行開發還本付息保證。

6.工程付款及工程履約保證。

銀行承擔保證責任有 3 種方式：⑴開發保證函 (Letter of Guarantee, L/G)；⑵開發擔保信用狀 (Standby L/C)；⑶為被保證人開發之本票背書。

銀行保證為買方開發進口信用狀 (Import L/C) 或國內信用狀 (Domestic L/C)，係對賣方及／或押匯銀行之承諾，於賣方履行約定條件後，銀行負履行付款的義務。

如果買方的信用狀，其開狀銀行不為賣方信任時，由開狀銀行 (Opening Bank) 以外的銀行保證兌付之信用狀，稱為保兌或確認信用狀 (Confirmed Letter of Credit)，這個銀行則為保兌銀行 (Confirming Bank)。

第四節 貨幣市場之概況

$ 一、貨幣市場之意義

貨幣市場是一個風險低、流動性高、短期借據的批發市場 (Whole Sale Market)。所謂借據的批發市場，指不作零售生意。借據 (IOU) 為 "I owe you" 的暱稱：指貨幣市場買賣的信用工具，有其最低發行面額與金額，如美國的定存單面額為 10 萬美元，單筆交易金額通常為 100 萬美元或其倍數。少額資金的投資人，可購買貨幣市場共同基金 (Money Market Mutual Fund, MMMF)，基金經理人可將匯集的資金投資於貨幣市場。此外，貨幣市場尚具有以下特性：

小百科

貨幣市場共同基金

簡稱貨幣市場基金 (Money Market Fund, MMF)，為一種短期資產投資信託，匯集投資人資金投資於各種短期證券，以低風險獲取較高的收益率。

1.短　期

所謂短期，指借款期間不超過 1 年，有的甚至短至數天，大部分均在 3 個月以內。對企業而言，係融通周轉資金 (Working Capital) 的需要；對政府而言，是稅收不足的臨時替代；兩者都是現金流入與現金流出不相配合，有賴貨幣市場將收付時間差異填補起來。所以貨幣市場是替資金需求者為資金暫時性的不足找到資金來源；對資金供給者而言，是為資金暫時性的剩餘找到出路。

2.低風險

所謂低風險是指在價格方面，因時間短暫證券價格受利率變動的影響少；在信用方面，因還款時間短，借款人信用發生變化而不能償還的機率也低。但風險低，並不表示完全沒有風險。如美國 Penn Central Transportation Company 於 1970 年倒閉時，市場上商業本票找不到買主。又如美國排名第 26 的大銀行富蘭克林銀行 (Franklin Bank) 於 1974 年倒閉，使所有銀行定存單的利率扶搖直上。

為降低信用風險，投資人可利用信用評等機構 (Credit Rating Agency) 的信用評等資料，作為選擇交易對象的參考。風險高低與利率高低成正比例，即風險高者利率也高，風險低者利率也低。如中央政府發行的國庫券利率最低，因為中央政府被視為沒有風險的機構。

3.流動性

所謂流動性 (Liquidity) 指市場交易活絡，交易量大，也就是市場有深度。在投資人指示買進或賣出的幾秒或幾分鐘內，就可達成指示將證券買進來或賣出去；即使金額達幾億美元，也不會對證券價格或利率造成些微變動。

各個貨幣工具市場通常都有若干交易商做成市場。因為市場競爭的關係，買賣間的差距很低，對投資人的損失有限。因為此市場投資人的資金是暫時性的剩餘，另待他用，所以投資特別重視流動性，因此，投資於貨幣市場的報酬率通常也是最低的。

貨幣市場沒有集中市場，只有銀行做成的店頭市場。貨幣市場交易的心臟是交易商及經紀商的交易室 (Dealing Rooms)。由眾多銀行交易商與經紀商構成廣大的電話及電腦交易網路，是世界上最有效率的市場之一。

$ 二、我國之貨幣市場

1970 年代以前，我國沒有貨幣市場工具，所以也就沒有貨幣市場。企業與政府需要短期資金時，只有依賴銀行貸借。1973 年 8 月，政府修正《國庫券發行條例》，隨後發行國庫券，採貼現方式公開標售。1975 年 3 月，臺灣銀行發行國內遠期信用狀 (Domestic Usance L/C)，創造銀行承兌匯票。同年 8 月，臺灣銀行首次發行新臺幣可轉讓定存單，先後創造了 3 個貨幣市場工具。

劉大中等六院士，於 1974 年建議政府建立貨幣市場。政府於 1975 年公布《短期票券交易商管理規則》，並於 1974 年至 1978 年間先後成立中興、國際及中華 3 家票券金融公司，負責短期票券之承銷及買賣交易。1977 年政府並規定公營事業及第一類市場股票發行公司，可發行免保證商業本票。至此，貨幣市場工具已具備，做成貨幣市場中心的票券交易商已成立 3 家，貨幣市場的架構已經完成。

1977 年 2 月，政府實施所得稅分離課稅制度，有利於高所得投資人投資於貨幣市場，投資人利息收入於扣除 20% 的所得稅後，不再課徵綜合所得稅。同年 8 月，中央銀行訂定銀行流動資產與各種負債之比例，促進商業銀行加強實施貨幣市場操作，以充實第二線準備。翌年 12 月中央銀行開始實施貨幣市場操作。1980 年 10 月，臺北市銀行公會建立同業拆款市場，同時中央銀行發行定存單，充實貨幣市場工具。1992 年 5 月，政府規定銀行可兼營票券自營與經紀業務，加強貨幣市場之競爭。

因為票券商是金融機構，為免授信泛濫，金管會對其營運有限制：(1)票券商負債總額，不得超過淨值的 14 倍；(2)票券商辦理短期票券保證及背書餘額的上限為淨值的 8 倍。

第五節 貨幣市場工具

$ 一、貨幣市場工具

貨幣市場是買賣貨幣工具的市場。貨幣市場不是單一市場，每一種貨幣工具的買賣，都構成一個貨幣市場。主要的貨幣工具有：國庫券、商業本票、可轉讓定存單 (NCD)、銀行承兌匯票、銀行間拆款市場、附買回協議 (Repo) 與附賣回協議 (Reverse)。

㈠國庫券

國庫券為中央政府發行的短期借據。在美國，國庫券定期發行者，稱為定期序列券 (Regular-Series Bill)，計有 3 個月期，為 13 週 91 天；6 個月期，為 26 週 182 天；1 年期，為 52 週 364 天。不定期發行者，稱非定期序列券 (Irregular-Series Bill)，有長條券 (Strip Bill) 與現金管理券 (Cash Management Bill)，前者指 1 次發行一系列不同到期日的國庫券，後者指政府因資金短缺而發行為期數日的極短期國庫券。

我國國庫券之發行有 2 類：甲類國庫券為國庫調節收支發行的，乙類國庫券為中央銀行調節市場貨幣供給而發行的。由於政府秉持財政收支平衡的原則，所以甲類國庫券發行不多，貨幣市場流通的只有乙類國庫券。

自 1977 年起，美國發行國庫券採記帳方式 (Book Entry Form)，不再印製書面憑證，我國目前也改成記帳方式。

國庫券發行採標售方式 (Auction)。投標者可選擇競標 (Competition Tender) 與非競標 (Non-Competition Tender)。前者以出價高低順序得標，後者依得標價格之平均價為得標價，數量有限制，適用小額投資人。

國庫券通常不附帶利息，發行時採銀行貼現方式出售。其貼現額及國庫券價格計算式：

$$D = FV \times d \times \frac{t}{360} \cdots\cdots \text{①}$$

$$P = V - D \cdots\cdots \text{②}$$

上式中，D 為貼現額，FV 為面額 (Face Value)，d 為貼現率 (Discount Rate)，t 為天數，P 為國庫券價格。

 例一

設 3 個月國庫券面額為 100 萬元，貼現率為 6%，1 年按 360 天計算，貼現額 D = 1,000,000 × $\frac{0.06 \times 91}{360}$ = 15,166.67，價格 P = 1,000,000 − 15,166.67 = 984,833.33 元。

㈡商業本票

本票 (Promissory Note, P/N) 指發票人簽發一定金額，於指定之到期日，由自己無條件付款予受款人或執票人之票據。

商業本票 (Commercial Paper, C/P) 為知名企業發行的短期無擔保本票 (Short-Term Unsecured Promissory Note)。在我國，如商業本票加列某銀行為擔當付款人時，屆期可由該銀行代為付款。商業本票還款期，由數天至 9 個月不等，惟通常不超過 3 個月。

商業本票原則上為無擔保證券，惟如發行企業為期獲得較高信用評等（可降低利息支出），而由銀行開發信用狀保證者，稱為信用狀本票。

商業本票如同國庫券採貼現方式出售，惟發行成本除貼現息外，尚有發行費用 (Placement Fee)，約有 4 類：⑴發行者應經信用評等機構評等如表 2−1，須支付信評費用；⑵經由交易商發行，要支付交易商費用 (Dealer's Commission)，通常為發行面額的 0.125% 至 0.25%；⑶經由銀行擔保，要支付銀行保證費 (Guarantee Fee)，通常為發行面額的 0.25% 至 0.75%；⑷經由銀行代理發行，要支付代理費 (Agency Fee)。

我國商業本票之發行有 2 類，一為第一類股票上市公司直接發行，一為由金融機構保證發行，以提高信用，可避免發行泛濫。在美國，商業本票發行方式有 2 種：

1.直接本票 (Direct Paper)

係由財務公司及銀行持股公司 (Bank Holding Company) 直接對投資人發行。如通用汽車公司 (General Motors, GM) 設立之通用汽車金融服務公司 (General Motors Acceptance Corporation, GMAC) 發行商業本票取得資金，以融通通用汽車的銷售。

2.交易商本票 (Dealer's Paper)

指由證券交易商代其顧客發行的商業本票，亦稱工業本票 (Industrial Paper)，通常由交易商做成市場，以利投資人轉手。

◆ 表 2-1　美國商業本票評等

Standard & Poors		Moody's	Fitch Investor Service	
A–1	最高投資評等	Prime–1	F–1	最高等級
A–2	高投資評等	Prime–2	F–2	投資等級
A–3	中投資評等	Prime–3	F–3	良好等級
B	中等	–	F–4	不推薦
C	投機性	–	–	–
D	預期會違約	–	–	–

㈢可轉讓定存單

可轉讓定存單 (Negotiable Certificate of Deposit, NCD, CD) 為銀行或其他存款機構，對其顧客發行的可轉讓大額存款憑證，為銀行承認之一定額資金，以一定利率存放一定期間的收據。

在美國，定存單還款期限最短為 7 天，最長可達 5 年至 7 年，惟大部分為 1 至 6 個月，最低面額為 10 萬美元。在貨幣市場交易，金額通常以 100 萬元為單位。

定存單通常為固定利率附加利息，稱直接定存單 (Straight CD)。但也有例外，如貼現定存單 (Discount CD)，以貼現方式出售。70 年代曾發行變動利率定存單 (Variable Rate CD)，滿期長達 5 年。

在歐洲美元市場發行之美元定存單，稱為歐洲美元定存單 (Eurodollar CD)；而外國銀行在美國市場發行者，稱洋基定存單 (Yankee CD)。

自 1974 年富蘭克林銀行倒閉後，定存單有信用風險，所以定存單利率因銀行信用不同而有不同等級，稱為多層定存單 (Multi-Tired CD)。

在美國市場，尚有下列不同的定存單：

1. 滾動定存單 (Rollover C/D)：由於次級市場中定存單期間最長為 6 個月，所以摩根 (Morgan Guaranty) 於 1974 年創造此種定存單，係一系列 6 個月定存單組成，至少可長達 2 年，其可採固定利率或浮動利率，不過利率通常較高。

2. 大額定存單 (Jambo CD)：為非銀行之儲蓄機構發行的定存單，金額在 10 萬美元以上。

3. 經紀人定存單 (Brokered CD)：為經紀人出售之定存單。

4. 定存債券 (Deposit Note)：為 1980 年代中期發行，含有定存單與公司債券 2 種特徵，為期 1 年以上，可長達 10 年。

5. 漲跌定存單 (Bear & Bull CD)：為 1980 年代中期產生，其報酬率與股票市場連結。

6. 分期付款定存單 (Installment CD)：指定存單資金可分期繳付。

7. 外國指數定存單 (Foreign Index CD)：指定存單報酬率與國外經濟發展連結，隨匯率變動。

我國銀行發行之定存單，記名式或無名式均可，可自由轉讓，期限為整月，自 1 個月至 12 個月，金額以新臺幣 100 萬元為單位，利息所得分離課稅，稅率為 20%，銀行於支付利息時，1 次扣繳。

㈣銀行承兌匯票

銀行承兌匯票指開發以銀行為付款人，並經其承兌的遠期匯票。匯票一經承兌 (Accepted)，銀行即承擔屆期付款的義務。銀行承兌匯票為雙名票據，有發票人及承兌銀行雙重保證，是很好的投資工具。銀行承兌匯票為可貼現票據，在到期前，執票人可以貼現取得資金，為貨幣市場重要的信用工具。

銀行承兌匯票通常為跟單匯票 (Documentary Bill)。匯票信用並由代表貨物所有權的物權憑證 (Document of Title) 的提單 (Bill of Lading)、倉單 (Warehouse Receipt) 及發票等所支持，為貿易上非常重要的付款方式。其依信用狀規定開發者，應記載開狀銀行的名稱及信用狀號碼。付款期限有 2 種：自發票日起算者，稱發票日匯票 (Date Bill)；自承兌日起算者，如 90 days after sight，自承兌日起算，90 天後付款。

在美國，自償性商業交易的銀行承兌匯票符合聯邦準備銀行買入或貼現的規定 (Eligibility Requirement) 者，通常不超過 3 個月。借款人純為周轉資金需要而由銀行承兌的銀行承兌匯票，稱為融通匯票，不是聯邦準備銀行買入或貼現的標的。

我國貨幣市場上的銀行承兌匯票，大多是融通匯票，為承兌銀行擔負承兌責任，但不一定要提供資金的融通方式。承兌銀行可以保留匯票貼現作為投資，也可留給他行貼現。

銀行承兌所收取的費用，稱為承兌費用 (Acceptance Charge)，介於 0.25% 與 2% 之間，視發票人的本身信用而異，一般標準為 1.5% p.a.。

㈤銀行間拆款市場 (Interbank Call Market)

依照《中央銀行法》之規定，銀行應將各種存款依一定比例，轉存中央銀行。轉存款稱為準備金，轉存帳戶稱準備金帳戶 (Reserve Account)。準備金不足的部分，中央銀行會按無擔保短期融通，並依重貼現率加收一倍以下之利息；準備金超額 (Excess Reserve) 則不計利息，或給予很低的利息。因此，有超額準備的銀行會將超額資金貸予準備金不足的銀行，因此形成銀行間拆款市場。在美國此項資金係存於聯邦準備銀行，所以稱為聯邦資金。此一市場稱聯邦資金市場 (Federal Funds Markct)。

聯邦資金為立即可用的當日資金 (Same Day Money)，為貨幣市場付款的主要工具。銀行間可利用電訊或網路，經由聯邦電報系統 (Fed Wire System)，以轉帳方式達成大筆資金移轉之目的。資金之借貸，互稱買賣，為無擔保貸款。為降低信用風險，貸款銀行會對往來銀行訂定信用額度，經由經紀人市場借貸，經紀人會瞭解彼此信用狀況，如果超過額度，經紀人會另找其他銀行借貸。在成交前，經紀人不會透露貸款銀行的名稱。

聯邦資金交易主要為隔夜 (Overnight, O/N) 資金之交易，超過 1 天者為聯邦定期資金 (Term Fed Funds) 交易，借款金額以 100 萬美元為單位。隔夜資金利率為市場上最敏感的利率，因為全體準備金帳戶超額或不足的多寡，最能反映資金市場的寬緊狀況。

　　按美國聯邦準備銀行控制貨幣市場有 2 個指標：在量的方面為貨幣供給額，在價的方面為聯邦資金利率。除 1979 年 10 月起一段時間，美國聯準會為對付兩位數字的通貨膨脹，嚴格控制貨幣供給外，其餘大部分時間均以聯邦資金利率之升降為操作的標的，雖然該市場為銀行間市場，惟基於聯準會具有絕對影響力，所以聯準會一經宣布聯邦資金的目標利率，聯邦資金市場會立即反應到此一價位，形同聯準會在直接調整聯邦資金利率。

　　自 1995 年 5 月起，我國中央銀行開辦同業資金以電子化調撥結算業務。每筆最低金額為新臺幣 500 萬元，方便銀行間準備金的拆借。

(六)附買回協議與附賣回協議

　　證券買賣一方面為證券的交割，另一方面為資金的交割。如果資金不足，可得融資，有利於多頭市場；如證券不足，可得融券，有利於空頭市場。多空廝殺，可活絡市場。投資人在證券交易所買賣股票，可採現款現貨交易 (Cash Trading)，也可採信用交易 (Credit Trading) 買賣股票，可由證券金融公司融資或融券。

　　證券交易商是股票市場的造市者，必定也持有證券部位，預期股價會上漲時，持有多頭部位 (Long Position) 有利，買入股票而不想現在賣出時，就需要借入資金辦理交割。最好的作法就是與投資人做附買回協議 (Sale Repurchase Agreement, Repo, Rp)。

　　附買回協議指證券商與持有資金的投資人約定，現在將股票賣與投資人，再於翌日或一定期間後以略高的價格買回來。在這個交易中，交易商維持了股票的多頭部位，並取得資金辦理交割。對投資人而言，此項放款交易有股票做擔保，沒有信用風險。再者，如係隔夜附買回協議 (Rolling Overnight Repo)，可使投資人維持資金的流動性，沒有價格風險。而且，通常作為擔保股票的市價較融資金額高，其多出的部分視同削價 (Hair-Cut)，買賣價格之差額是交易商借入資金的利息。

　　附買回協議超過 1 天者稱為定期協議 (Term Repo)，可長達 30 天或更久。時間愈長，流動性愈差，所以差額愈大。其沒有期限，但雙方約定可隨時終止協議者稱為開放協議 (Open Repo/Continuing Contract)。

附賣回協議 (Reverse Repurchase Agreement, Reverse) 指交易商認為股價會下跌時先賣出股票，持有股票空頭部位 (Short Position)，因需要借入股票辦理交割，而與持有股票的投資人達成之協議。同時雙方約定於翌日或一定期間再以較低價格賣出股票給投資人。買賣價格之差額，是交易商借入股票的費用，為了將來還回股票，交易商通常會保留替換股票的權利。

附買回協議與附賣回協議是一體的兩面。對交易的一方而言是附買回協議，對他方而言就是附賣回協議，一筆交易如何定位，依市場習慣，以交易商立場為準。即在交易商追求貨幣時為附買回協議；在交易商追求證券時為附賣回協議。

二、貨幣市場操作

收益率曲線 (Yield Curve) 指在某一時點，一組信用風險相同之證券的收益率與滿期日之間的關係。正常收益率曲線顯示時間較長者利率較高，投資於較實際投資期間為長的證券，可獲得較多的報酬。

 例二

設某甲有剩餘資金 100 萬元，可投資 4 個月，當時市場狀況： 4 個月定存收益率為 6.45%，6 個月定存收益率為 6.5%，2 個月定存收益率為 6%。
某甲投資於 6 個月定存，並於 4 個月後賣出，設收益率市場未變，某甲在上項操作獲利為：

$$(6.5\% \times \frac{6}{12} - 6\% \times \frac{2}{12}) / \frac{4}{12} = 6.75\%$$

設 4 個月後利率可能上升，其損益平衡點為：

$$(6.5\% \times \frac{6}{12} - Y \times \frac{2}{12}) / \frac{4}{12} = 6.45\%,\ Y = 6.6\%$$

結論：只要 2 個月利率未超過 6.6% 時，上項操作仍屬有利。

本章習題

一、選擇題

(   ) 1. 金融市場中最早形成的市場是： (A)股票市場 (B)貨幣市場 (C)存貸市場 (D)債券市場

(   ) 2. 下列何者是無擔保放款？ (A)出口押匯 (B)進口押匯 (C)透支 (D)房貸

(   ) 3. 在聯貸業務中主辦行取得的報酬是： (A)主辦費 (B)代理費 (C)承諾費 (D)承兌費

(   ) 4. 銀行簽發下列文件，何者由銀行承擔保證責任？ (A) Letter of Guarantee (B) Letter of Credit (C) Standby L/C (D)以上皆是

(   ) 5. 票券商的負債總額不得超過其淨值的幾倍？ (A) 10 倍 (B) 14 倍 (C) 5 倍 (D) 2 倍

(   ) 6. 主要的貨幣市場工具： (A) T-Bill (B) C/P (C) B/A (D)以上皆是

(   ) 7. 3 個月國庫券面額為 100 萬元，貼現率為 6%，1 年以 360 天計算，其貼現額為： (A) 60,000 元 (B) 15,000 元 (C) 15,166 元 (D)以上皆非

(   ) 8. 多頭投資人需要融資辦理交割，可找： (A)證券金融公司 (B)綜合證券商 (C)持有資金之投資人簽附買回協議 (D)以上皆是

(   ) 9. 下列何者有誤？ (A)支票存款帳戶支付利息 (B)支票是一種特種匯票 (C)金融卡在存款餘額內可使用 (D)信用卡有信用額度

(   ) 10. 我國對於中長期放款期間的區隔為： (A) 10 年 (B) 7 年 (C) 5 年 (D) 1 年

(   ) 11. 我國銀行對出口商所做的出口押匯業務是： (A)墊款 (B)買入匯票 (C)託收 (D)記帳

(   ) 12. 我國銀行辦理聯貸時，借款人應支付的費用不包括： (A)承諾費 (B)主辦費 (C)參貸費 (D)資訊費

(   ) 13. 下列何者不是銀行承擔保證責任的方式？ (A) Letter of Guarantee (B) Standby L/C (C) Endorsement of Promissory Note (D) Letter of Commitment

(   ) 14. 我國中央銀行開辦的同業資金電子化調撥清算業務，每筆匯款最低金額為： (A)新臺幣 1,000 萬元 (B)新臺幣 500 萬元 (C)新臺幣 100 萬元 (D)新臺幣 50 萬元

二、名詞解釋

1. Line of Credit
2. Trust Funds
3. Advance
4. Letter of Credit, L/C
5. Discount
6. Syndicated Loan
7. Commitment Fee
8. Term Loan
9. Accept
10. Banker's Acceptance, B/A
11. Financial Bill
12. Mutual Funds
13. T-Bill
14. C/P
15. NCD
16. Interbank Call Market

三、問答題

1. 說明出口押匯及進口押匯的意義。
2. 貨幣市場工具有哪些?
3. 試述聯邦資金的意義及其功能。
4. 試述附買回協議及附賣回協議之意義。

四、計算題

1. 52 週國庫券，面值為 100 萬元，貼現率為 6%。求:

   (1)國庫券價格。

   (2)投資人持有至 180 天出售，26 週國庫券貼現率升至 6.25%，求其出售的價格及持有期間收益率。

   (3)承上題，如果貼現率降至 5.8%，求其價格及持有期間收益率。

2. 91 天定存單 10 萬元，發行時利率 6%。求:

   (1)期滿時的本利和。

   (2)持有 30 天後中途出售，設屆時利率為 5.5%，求: (a)出售價格; (b)持有期間收益率。

   (3)持有 30 天後中途出售，設屆時利率為 6.5%，求: (a)出售價格; (b)持有期間收益率。

第二章 存貸市場與貨幣市場

49

3 CHAPTER

債券市場

$ 一、債券與債券市場之意義

㈠債券之意義

債券 (Bond) 為債務人發行之長期債務憑證 (Certificate of Long Term Debt)，證明發行人將於未來特定日期支付利息及償還借款之文書。發行債券為借貸行為，在金融市場上為直接金融。發行人為直接金融的借款人，購買債券者為投資人，即直接金融之貸款人。

㈡債券市場之類別

買賣債券的市場為債券市場，包括發行市場與流通市場。

1.發行市場

發行市場 (Issue Market) 亦稱初級市場 (Primary Market)，指債券發行時，發行人將債券售與投資人或經紀商之交易市場。

債券之發行有 2 種方式：⑴公開招標 (Open Tender)：由其價格高或利率低者，依價格高低或利率低高順序得標，公債之發行多採此法。投標者分為競標與非競標，後者數量有限制，其價格以競標者得標的平均價格計算；⑵私募 (Private Placement)：由證券商或投資銀行承銷。私債之發行多採此法。其中如屬包銷 (Underwriter) 者，未售出之債券，由承銷人以約定價格承受。

2.流通市場

債券之流通市場 (Circulation Market) 亦稱次級市場 (Secondary Market)，指債券發行後，投資人之間買賣債券之市場。其因交易地點的不同，可分集中市場與店頭市場。集中市場指證券交易所，店頭市場則指交易商的營業處所。債券交易大部分是在店頭市場進行。

(三)債券之特性

債券附有之債務契約 (Debt Contract) 在美國稱為 Debenture，在英國稱 Trust Deed，我國則稱為債票，為借貸雙方協議記載多項發行條件及借貸雙方之權利與義務，並指定受託機構 (Trustee) 監督借款人履行契約以保障債權人之利益。一般債券具有下列特性：

(1)債券之性質為有擔保或無擔保，以及是否可轉換等。

(2)債券通常有滿期日 (Maturity Date)，指償還本金的最後日期，其未定滿期日者為永續債券 (Perpetual Bond)，例如英國之 Console。債券之滿期日在 1 年以上，為中長期資本市場工具，惟中長期之分野，各國市場不同。如美國，超過 10 年者為長期債券 (Bond)，未超過 10 年者為中期債券 (Note)；在我國，中長期分界則為 7 年。與貨幣市場工具比較，由於債券還本時間長，且投資風險較高，包括借款人的償付能力、債券之流動性及債券之利率風險，所以債券利率通常高於貨幣市場工具（日本 1999 年的長期債券利率為短期債券利率的 60 倍）。

(3)債券均有面值 (Face Value)，代表借款人的債務。在美國，債券面值通常為 1,000 美元或其倍數；在我國，債券面值為新臺幣 1 萬元或其倍數。

(4)債券為固定收益證券 (Fixed Income Security)。其為固定利率者，稱為息票利率 (Coupon Rate)。面值乘以息票利率的積為票息。其為浮動利率者，可按指標利率計算。為便利利息支出，通常會於債票上附加若干息票 (Coupon)，憑以付款。美國國內發行的債券，通常為每半年付息 1 次；歐洲美元市場債券通常為每年付息 1 次。

(5)分息債券 (Split Coupon Bond) 指債券的利息，一部分固定，一部分隨發行者之收益而變動，如 4–5% 公司債內的 1% 視盈餘決定。

(四)決定票息之因素

1. 債票滿期日的長短、還本次數、以及類似債券的市場狀況。
2. 發行人的信用，以及支持信用的抵押品或擔保的狀況。
3. 如為信用債券 (Debenture)，有無特別規定。如投資人可享免稅優待或可轉換為股票的權利等。

二、債券之類別

(一)公債與私債

依發行人的身份，債券可分為公債 (Public Bond) 與私債 (Private Bond)。

公債亦稱為政府債券 (Government Bond)，指各級政府及其所支持之事業機構所發行的債務憑證，包括中央政府公債 (Central Government Bond)、地方政府公債 (Municipal Bond) 及事業機構債券 (Agency Bond)。

私債係相對於公債而言，指由非政府機構發行的債券，可分為公司債、金融債券 (Financial Bond) 及外國債券 (Foreign Bond)。

(二)中央政府債券

在美國稱為國庫證券 (Treasury Security)，其中長期債券稱為 T-Bond，中期債券稱為 T-Note；在日本稱為國債 (Japanese Government Bond, JGB)；在我國稱為中央公債。由於中央政府具有課稅及印製鈔票的權利，可支持債務之償還，通常被視為無風險證券 (Riskless Security)，為最安全的投資標的。近年來由於各國政府推動政務，大量發行公債，使公債市場擴大，流動性增強。

公債可充作銀行流動準備、抵押擔保，以及貸款市場附買回交易及中央銀行公開市場操作的工具。由於交易量最大、流動性最強、用途最廣，而且沒有信用風險，所以是利率最低的債券。因為公債多半是定期發行，中央公債的利率通常是債券市場的指標利率，為金融市場定價或計值的標準。美國國庫證券為金融市場的最重要投資標的。

中央公債也有不具市場可銷性 (Marketability) 者，不能自由轉讓，多半是戰爭時期所發行，如美國之 Series EE 及 Series HH 債券，一般不視為金融市場工具。

㈢地方政府債券

指中央政府以外各級政府機構所發行的債券。在美國稱為 Municipal Bond 及 Municipal Note，在我國，省及直轄市可發行債券。

地方債券亦稱市政債券，在美國甚為發達，為各州及各級政府發行，最大特點是稅捐優惠。在 1986 年《租稅改革法案》(Tax Reform Act of 1986) 以前，全部免稅。

地方債券可分為 3 類：⑴公共目的的債券指傳統建設計畫，如建立學校或公路改善等，可以免稅；⑵民間業務債券 (Private Activity Bond)，如運動場及購物中心等民間計畫，需課徵聯邦稅，但免除地方稅；⑶非政府目的債券 (Non-Government Purpose Bond)，如住宅、學生貸款等，免稅有限額。地方債券違約風險不高，但自 1994 年加州橙縣 (Orange County) 申請破產案發生後，信用風險已明顯提高。

地方債券依發行人償債資金來源之不同，可分為：

⑴一般債務債券 (General Obligation Bond)：由發行人的課稅能力擔保，信用風險不高。

⑵收益債券 (Revenue Bond)：指由投資所得資金償付，如收費道路橋樑、醫院等之收益償付。如投資失敗，就可能發生部分或全部違約，如 1983 年美國 Washington Public Power Supply System (WPPSS) 因核能廠無法運轉而破產，賴以還本付息者因而違約。惟如規定收費不足仍由政府負責時，則有雙重保障，稱 Double-Barreled of Issues。

地方政府為因應短期資金之需要而發行的債務憑證，稱為地方票券 (Municipal Note)，為短期貼現證券，可分為 2 類：

⑴以未來稅收為擔保發行者，稱為稅收預期票券 (Tax Anticipated Note, TAN)，係為應付稅收前資金調度而發行。

⑵為因應長期債券發行前過渡時期需要而發行者，稱債券預期票券 (Bond Anticipated Note, BAN)。

㈣事業機構證券

指由政府所屬或支持之事業機構發行的債務憑證，在美國稱為聯邦機構債券 (Federal Agency Bond)。

美國發行債券的聯邦事業機構很多，風險很低，利率略高於國庫證券。發行機構可分為 3 大類：

(1)對農業及農民提供信用的銀行體系。

(2)對住宅抵押貸款提供信用的機構。

(3)其他目的而設立之信用機構。

我國之事業機構包括公營銀行及公營事業，前者發行的為金融債券，後者發行的為公司債。因為政府支持、信用評等較高，惟一旦民營化，信用評等就可能被調降。

㈤公司債

公司債指企業為籌措長期資金而發行債務憑證，包括長期債券與中期債券。

公司債發行均附有債務契約 (Indenture)，且常會有限制條款 (Restrictive Covenants)，旨在保護投資人不使借款人或其股東採取降低債券價值的行為。例如，禁止增加紅利、限制額外舉債、限制併購或限制出售資產，並由信託機構代表投資人監管。

大部分公司債均採 1 次到期。公司債的期限因發行人的信用、經濟狀況、利率變動及其預期而有影響。在上世紀初，美國鐵路債券可長達 100 年，1950 及 1960 年代則為 20 年至 30 年；美國電話公司債券可達 40 年；1970 及 1980 年代因通貨膨脹及利率上升，公司債期限縮短，只有 15 年；1990 年代期限有延長，Tennessee Valley 等 40 至 50 年，Walt Disney 及 Coca Cola 長達 100 年。

信用評等為 3A 的企業發行的公司債期限長，利率也低，其收益率較接近國庫債券。

公司債依有無擔保，可分為擔保債券 (Secured Bond) 與無擔保債券 (Unsecured Bond) 或信用債券，後者完全信賴發行人的信用及其盈餘能力。在發行公司一旦清算時，對財產請求的優先順序，在擔保債券之後。如果某種信用債券在別的信用債券清償後才能獲清償者，稱為次級信用債券 (Suoardinated/Junior Debenture)，其地位相當於應收帳款。

擔保公司債如係由金融機構或發行公司母公司擔保者，稱保證公司債 (Guaranteed Bond)；其以股票或債券等動產擔保者，稱質押公司債 (Collateral Trust Bond)；其以土地、住宅、廠房或機器設備等不動產擔保者，稱抵押公司債 (Mortgage Bond)。

抵押公司債以抵押資產清償優先順序，可分為第一順位抵押 (First Mortgage) 與第二順位抵押 (Second Mortgage)。抵押公司債於發行後可准許發行公司以同一抵押品再發行同等優先順序的抵押公司債者，稱開口抵押 (Open-End Mortgage)，反之為閉口抵押 (Closed-End Mortgage)。

以住宅抵押貸款為擔保發行的債券，稱為抵押貸款擔保債券 (Mortgage-Backed Bond, MBB)；以汽車貸款、信用卡應收帳款或電腦設備出租應收租金為擔保發行的債券，稱為資產擔保債券 (Asset-Backed Bond, ABB)；如發行擔保品為工業設備或運輸工具者，稱設備信託憑證 (Equipment Trust Certificate)；如以投資收益孳息為擔保發行債券，稱為收益債券 (Income Bond)，其清償優先順序僅高於股東及次位信用債券，收益債券的孳息也可累積。

傳統公司債大多為固定利息，近年來發行很多新種債券：

(1)折扣債券 (Discount Bond) 及零息債券 (Zero Coupon Bond)：前者債券附有息票。惟利率低於市場利率，發行時或買賣時以折扣方式出售；後者沒有息票，不付利息，發行時以高折扣出售。

(2)重訂債券 (Reset Bond)：指債券利息定期重訂，也可附加上限 (Cap)。

(3)浮動利率本票 (Floating Rate Bond)：債券利率與指標利率連結。其與股價指數連結者，稱股價指數債券 (Stock-Index Bond)。

(4)商品擔保債券 (Commodity-Backed Bond)：其債券面值與金銀石油之類的特定國際商品之市價連結。

(六)實體債券與登錄債券

債券依是否印製書面憑證可分為實體債券 (Physical Bond) 與登錄債券 (Entry Bond)，前者發行書面憑證即債票，可為記名債券 (Registered Bond) 與不記名債券 (Bearer Bond)。登錄債券沒有書面憑證，只是在債券發行人債券帳簿上登錄，必定為記名債券，近年來各國政府發行的公債多採此種方式。我國自 1997 年 9 月開始發行登錄公債，其優點是移轉方便，無保管費用，也沒有遺失問題，還可節省紙張使用。

(七)金融債券與外國債券

金融債券指金融機構發行的債券。在美國，很多財務公司發行債券，以融通汽車等的銷售。在我國依照《銀行法》的規定，儲蓄銀行及專業銀行才可發行金融債券。

外國債券指由國際機構、外國政府或大企業在當地發行的債券，其以當地貨幣計值者，在美國稱為洋基債券 (Yankee Bond)，在日本稱為武士債券 (Samurai Bond)，其以外國貨幣發行者，在日本稱為將軍債券 (Shogun Bond)。在我國以外幣計價發行者，稱為國際債券 (Formosa Bond)，1991 年亞洲開發銀行在臺灣、香港及新加坡同時募集發行以美元計值之債券，稱為小龍債券 (Dragon Bond)。

$ 三、債券之特別條款

特別條款指債務契約中有若干會影響發行人或投資人的權利與義務的條件。

(一)提前收回條款 (Call Privilege Clause)

指發行人可於債券滿期前收回。此項債券稱為可收回債券 (Callable Bond)，相當於投資人對發行人賣出一個買權 (Call Option)，所以票息較一般債券為高。如債券期限不長，將不會有此條款。如發行一定期間後才可行使收回者，稱延遲收回債券 (Deferred Call Bond)。收回債券的收回價格，在開始收回時，溢價金額通常為 1 年的票息，其後逐年降低，至滿期時以面值收回。如美國國庫債券 $7\frac{7}{8}$ Feb 95–00，表示利率為 $7\frac{7}{8}$% p.a.，滿期日為 2000 年 2 月，但自 1995 年 2 月起可提前收回。

㈡可贖回條款 (Redeemable Privilege Clause)

指投資人可在滿期前要求發行人依約定價格提前贖回，此項債券稱為可贖回債券 (Redeemable Bond)，相當於投資人自發行人處買入一個賣權 (Put Option)，所以其票息較一般債券為低。

㈢可轉換條款 (Convertible Privilege Clause)

指投資人在規定時間內，可將債券轉換為發行公司的普通股票。此項債券稱為可轉換公司債 (Convertible Bond)。因為在股價上漲時，投資人可獲得轉換股票的資本利得，所以票息較一般債券低很多。每張債券可轉換多少股票，稱為轉換比例 (Conversion Rate)，等於債券面額除以轉換價格 (Conversion Price)，如股價為 40 元，轉換價格為 50 元，轉換比例為 $(50 - 40) / 40 = 25\%$，每張債券面值為 1,000 元，則每張債券可轉換 20 張股票。

如可轉換之股票非債券發行公司之股票，而係其關係企業之股票，此項債券稱為可交換債券 (Exchangeable Bond)。

可轉換條款也有規定可轉換為利率相同而期間較長的債券，投資人可鎖住較高的票息。

與轉換權類似者，為債券發行時附有權證 (Warrant)，稱有權證債券 (Bond with Warrant/Cum-Warrant)，其與可轉換債券之差別在於債券可與權證分別轉讓。沒有權證的債券 (Bond without Warrant/Ex-Warrant)，債券可單獨轉讓，價格較低。

㈣股票付息條款 (Payment-In-Kind Clause)

指債券發行公司有權選擇以現金或以額外股票支付利息，此項債券稱為股票付息債券 (Payment-In-Kind Bond)，此項條款，通常係規定在債券發行後 5 年內行使。

㈤債券基金條款 (Sinking Fund Provision)

指規定發行公司每年應於盈餘中提撥一定金額存儲於受託人帳戶作為償債基金，旨在確保發行公司於債券滿期時有能力償付債務。

第二節 投資債券之報酬

$ 一、債券之價格

(一)費雪公式

投資債券之成本是買入債券的價格。投資債券之報酬,是未來期間的票息及期中出售債券之價格,或持有至滿期時債券面值。如果將這些未來現金流量 (Cash Flow) 折成現值,其總和應等於債券的價格。此即經濟學家費雪 (Irving Fisher, 1867–1949) 於 1896 年創立的債券價格公式:

資產的價值 = 該項資產所產生的未來現金流量折成現值的總和

$$P = \frac{C}{1+y} + \frac{C}{(1+y)^2} + \frac{C}{(1+y)^3} + \cdots + \frac{C}{(1+y)^n} + \frac{FV}{(1+y)^n}$$

$$= \sum_{t=1}^{n} \frac{C}{(1+y)^t} + \frac{FV}{(1+y)^n} \cdots\cdots ①$$

式中,P 為債券價格,C 為每年票息,等於債券面值 FV 乘以息票利率,每年付息 1 次,滿期日為 n 年,期末 1 次還本,y 為折現率,亦即目前債券市場利率,$\frac{1}{(1+y)^t}$ 為第 t 年現金流量折成現值的折現因子 (Discount Factor)。

如每年付息 2 次,則①式修正為:

$$P = \frac{\frac{C}{2}}{1+\frac{y}{2}} + \frac{\frac{C}{2}}{(1+\frac{y}{2})^2} + \cdots + \frac{\frac{C}{2}+FV}{(1+\frac{y}{2})^{2n}} \cdots\cdots ②$$

如每年付息 m 次,則①式修正為:

$$P = \frac{\frac{C}{m}}{1 + \frac{y}{m}} + \frac{\frac{C}{m}}{(1 + \frac{y}{m})^2} + \cdots + \frac{\frac{C}{m} + FV}{(1 + \frac{y}{m})^{m \cdot n}} \quad \cdots\cdots \text{③}$$

(二)債券價格計算式

$$P = \frac{C}{1 + y} + \frac{C}{(1 + y)^2} + \cdots + \frac{C}{(1 + y)^n} + \frac{FV}{(1 + y)^n} \quad \cdots\cdots \text{①}$$

$$令 A = \frac{C}{1 + y} + \frac{C}{(1 + y)^2} + \cdots + \frac{C}{(1 + y)^n} \quad \cdots\cdots \text{④}$$

$$A(1 + y) = C + \frac{C}{(1 + y)^1} + \cdots + \frac{C}{(1 + y)^{n-1}} \quad \cdots\cdots \text{⑤}$$

$$\text{⑤式} - \text{④式:} \quad Ay = C - \frac{C}{(1 + y)^n}$$

$$\therefore A = \frac{C}{y}[1 - \frac{1}{(1 + y)^n}]$$

將 A 代入①式、②式及③式,得出債券的價格分別為:

$$P = \frac{C}{y}[1 - \frac{1}{(1 + y)^n}] + \frac{FV}{(1 + y)^n} \quad \cdots\cdots \text{⑥}$$

$$P = \frac{\frac{C}{2}}{\frac{y}{2}}[1 - \frac{1}{(1 + \frac{y}{2})^{2n}}] + \frac{FV}{(1 + \frac{y}{2})^{2n}} \quad \cdots\cdots \text{⑦}$$

$$P = \frac{\frac{C}{m}}{\frac{y}{m}}[1 - \frac{1}{(1 + \frac{y}{m})^{m \cdot n}}] + \frac{FV}{(1 + \frac{y}{m})^{m \cdot n}} \quad \cdots\cdots \text{⑧}$$

茲舉例說明如下:設 5 年期債券面值為 1,000 元,息票利率為 10%,每年付息 1 次,每次支付票息 100 元,目前債券收益率為 8%。將上項資料代入①式,得債券價格為:

$$P = \frac{100}{0.08} \times [1 - \frac{1}{(1 + 0.08)^5}] + \frac{1,000}{(1 + 0.08)^5} = 1,250 \times [1 - \frac{1}{1.4693}] + \frac{1,000}{1.4693}$$

$$= 1,250 \times (1 - 0.6806) + 1,000 \times 0.6806$$

$$= 399.25 + 680.60 = 1,079.85 \text{ 元}$$

設上項債券，每年付息次數改為 2 次，則債券價格：

$$P = \frac{50}{0.04} \times [1 - \frac{1}{(1+0.04)^{10}}] = 1,250 \times [1 - \frac{1}{1.4803}] + \frac{1,000}{(1.4803)^{10}}$$

$$= 1,250 \times 0.3245 + 675.50$$

$$= 1,081.13 \text{ 元}$$

每年付息 2 次其債券價格比付息 1 次高，由此可知付息次數愈多，債券價格愈高。

$ 二、影響債券價格之因素

㈠滿期日之影響

同樣的債券，滿期日由 5 年改為 6 年，每年付息 1 次，則債券價格變為：

$$P = \frac{100}{0.08} \times [1 - \frac{1}{(1+0.08)^6}] + \frac{1,000}{(1+0.08)^6}$$

$$= 1,250 \times (1 - 0.6302) + 630.20$$

$$= 1,092.45$$

5 年期債券價格為 1,079.85 元，6 年期價格為 1,092.45 元，高於 5 年期價格，可知滿期日愈長，債券價格愈高，此種關係稱為滿期日效果 (Maturity Effect)。

㈡每年付息次數之影響

由費雪方程式可知影響債券價格的因素有四：⑴滿期日；⑵每年付息次數，如每年付息 2 次；⑶票息；⑷折現率 y，即目前債券收益率。

㈢債券價格與收益率之關係

假設債券沒有滿期日，即滿期日無限，此種債券稱為永續債券，債券價格公式⑥改變為：

$$P = \frac{C}{y} \text{ 或 } C = P \times y \cdots\cdots ⑨$$

⑨式中，對一特定債券來說，C 為常數，債券的價格與收益率成反比。收益率愈高，債券價格愈低，反之，收益率愈低，債券價格愈高。簡單的說，利率上漲，債券價格就下跌，市場利率下降，債券價格就上升。

㈣收益率、息票利率與債券價格之關係

因為票息 (C) 是債券面值 (FV) 與息票利率 (R) 的乘積 $FV \times R$。則⑨式可改變為：

$$FV \times R = P \times y \text{ 或 } P = FV \times \frac{R}{y} \cdots\cdots ⑩$$

⑩式表示，因 FV 已定，P 的價格是溢價或是折價，要看 $\frac{R}{y}$，如果債券息票利率大於市場收益率，即 $\frac{R}{y} > 1$，債券為溢價，如 $\frac{R}{y} < 1$，則債券為折價。

綜合上述，可知 3 者之關係如次：

1. 如收益率等於息票利率，債券價格為平價 (Par)。
2. 如收益率低於息票利率，債券價格為溢價 (Premium)。
3. 如收益率高於息票利率，債券價格為折價 (Discount)。
4. 債券價格與收益率反向變動，收益率升，價格降；收益率降，價格升。
5. 兩者雖反向變動，但不是對稱的變動。收益率升降變動相同，債券價格卻是漲多跌少，對投資人有利。原因是受到收益率曲線的凸性 (Convexity) 的影響（詳見第三節三之㈥）。

 三、計算收益率

前面是由已知收益率求債券價格，這裡則將由已知債券價格求其隱含的收益率。隱含的收益率可與債券的市場收益率比較，以瞭解買賣債券價格是否適當。

已知債券面值 (FV) 為 1,000 元，息票利率為 10%，所以票息 (C) 為 100

元，滿期日 (n) 為 5 年，債券價格 (P) 為 1,075 元。將上述資料，輸入電腦 $P = \frac{C}{y}[1 - \frac{1}{(1+y)^n}] + \frac{FV}{(1+y)^n}$ 分式之程式，可求出 y 值。

在不利用電腦時，可利用下述 2 個簡單經驗計算式：

$$(1)\ y = \frac{C + (FV - P)/n}{(FV + P)/2} = \frac{100 + (1{,}000 - 1{,}075)/5}{(1{,}000 + 1{,}075)/2} = \frac{85}{1{,}037.5} = 8.193\%$$

$$(2)\ y = \frac{C + (FV - P)/n}{(FV + 2P)/3} = \frac{100 + (1{,}000 - 1{,}075)/5}{(1{,}000 + 1{,}075 \times 2)/3} = \frac{85}{1{,}050} = 8.05\%$$

(2)式較接近事實 8%。

第三節　投資債券之風險

$ 一、認識投資債券之風險

債券還本時間長，借款人償債能力的風險大，且債券價格受到利率變動的影響也大，這些都是投資於貨幣市場工具所不能比的，所以投資債券必須瞭解風險的來源、如何測量風險的大小，以及其因應之道。下面列出風險之類別：

1.信用風險 (Credit Risk)：指債券發行人無法履約還本付息的風險。

2.市場風險 (Market Risk)：指債券價格因市場利率變動而產生的風險。

3.提前還本的風險 (Prepayment Risk)：指在利率下降時，借款人提前償還本金的風險。

4.再投資風險 (Reinvestment Risk)：指利息及／或本金於償付後再投資時，利率下降的風險。

5.購買力風險 (Purchasing Power Risk)：指還本付息後資金購買力下降的風險。

6.通貨風險 (Currency Risk)：指投資外幣債券外幣貶值的風險。

7.政治風險 (Political Risk)：指投資外國債券因外國政治情勢變動造成債券無法還本付息的風險。

㈠防衛措施

除了中央公債外，其他各類債券或多或少都有無法及時或不能還本付息的風險。為降低發行人違約的風險，常見的防衛措施，包括：

1. 提供金融機構或發行人母公司的保證。

2. 提供擔保品。

3. 在每年營運收入中，提撥一定比例的償債基金 (Sinking Fund)。

4. 債務契約中加列對發行人營運的某些限制條款。如限制發行人處分財產，限制發行同等級債券，以及限制發行公司分配紅利等。

5. 購買發行人(政府或企業)違約風險的信用違約交換契約 (Credit Default Swap) (詳見第九章)。

㈡信用評等

信用債券因為沒有擔保或擔保品，投資人依賴的只有發行人的償債能力。因為投資人很少有能力及／或有時間隨時瞭解發行公司的財務狀況，所以各國都設有若干評等機構，對國家風險及各個借款人（包括金融機構）的償債能力予以評等，供投資人參考。不同等級的信用評等代表不同等級的信用風險，也就決定了借款人的借款成本及信用工具的市場可銷性 (Marketability)，也決定了債券收益率的水平。

㈢政府規定之合格信評機構

在資本市場上，各國政府都會公定合格的信評機構。如美國證券交易委員會 (U.S. Securities and Exchange Commission, SEC) 於 2008 年指定的國家認可信評機構 (National Recognized Statistical Rating Organization, NRSRO) 共計 10 個：

(1) A.M. Best Company, Inc.

(2) DBRS Ltd.

⑶ Egan-Jones Rating Company

⑷ Fitch, Inc.

⑸ Japan Credit Rating Agency, Ltd.

⑹ LACE Financial Corp.

⑺ Moody's Investors Service, Inc.

⑻ Rating and Investment Information, Inc.

⑼ Realpoint LLC

⑽ Standard & Poor's Ratings Services

我國金管會在《銀行辦理衍生性金融商品業務應注意事項》內規定銀行長期信用評等應符合之標準如表 3-1：

◆ 表 3-1　我國銀行應符合之信評標準

信用評等機構名稱	長期
A.M. Best Company, Inc.	BBB-
DBRS Ltd.	BBBL
Fitch, Inc.	BBB-
Japan Credit Rating Agency, Ltd.	BBB-
Moody's Investors Service, Inc.	Baa3
Rating and Investment Information, Inc.	BBB-
Standard & Poor's Ratings Services	BBB-
Egan-Jones Rating Company	BBB-
中華信用評等股份有限公司	twBBB-
英商惠譽國際信用評等股份有限公司臺灣分公司	BBB-(twn)

㈣公正公司 (Fair Isaac Co., FICO) 之評等

評分介於 375 至 900 分之間，分數愈高信用評等愈好。評分超過 700 分者為較佳信用評等，表示可申請優質房貸；介於 620 至 700 者為中等信用評等，可申請準優級 (Ali-A) 房貸；低於 620 分者為較差信用評等，只能申請次級房貸。

㈤信用評等之功能

信評的功能在測量證券發生違約風險 (Default Risk) 的機率。等級愈低者，風險愈高，借款人所需支付的風險溢酬 (Risk Premium) 也就愈高，也就是利率加碼愈大。信評為 3A 者，風險極低，但並非沒有風險。信評為 B 級以下者，一般稱其為垃圾債券 (Junk Bond)，其收益率通常比無風險之國庫券高 4 至 5 個百分點，報酬特高，對愛冒險的投資人頗具吸引力，在經濟不景氣轉變為景氣時，具有獲高利的機會。垃圾債券發行時機有二：(1)對投機客發行零息債券；(2)以發行債券替代現金對現有債券還本付息。

違約機率與經濟景氣狀況有關，如 1970 及 1990 年美國經濟不景氣，1 年間的投機等級的違約率在 10% 左右；而 1979 及 1981 年則不足 1%❶，所以垃圾債券在某些年份很有市場。

✦ 表 3–2　著名信評機構的評等及意義

Standard & Poor's		Moody's		Fitch, Inc.		信用評等涵義
長期債	短期債	長期債	短期債	長期債	短期債	
AAA	A–1^{+}	Aaa	P–1	AAA	F^{1+}	信譽極好，幾乎無風險
AA	A–1	Aa2	P–1	AA	F^{1+}	信譽優良，基本上無風險
A	A–1	A2	P–1	A	F^{1}	信譽較好，具備支付能力，風險較小
BBB	A2	Baa2	P2	BBB	F^{2}	信譽一般，具備基本支付能力，稍有風險
BB	B	Ba2	–	BB	B	信譽欠佳，支付能力不穩定，有一定風險
B	B	B2	–	B	C	信譽較差，近期支付能力不穩定，有很大的風險
CCC	C	Caa3	–	CCC	C	信譽很差，償債能力不可靠，可能違約
CC	C	Ca	–	CC	C	信譽太差，償債能力差
C	C	C	–	C	C	信譽極差，完全喪失支付能力
D	–	–	–	–	–	違約

---

❶ *Financial Market*, Robert W. Roll & Ricardo J. Rodriguez 著, p. 102.。

$ 三、市場風險

㈠市場風險之意義

亦稱利率風險 (Interest Rate Risk)，指債券價格會因利率上升而下跌，使投資人蒙受資本損失 (Capital Loss)。

最早可用以測量債券價格對利率變動敏感性 (Sensitivity) 是債券的滿期日。滿期日愈長，價格變動風險愈大。所以預期利率會下降時，投資人會買進滿期日較長的債券，以獲取較高的資本利得 (Capital Gain)；如預期利率會上升時，投資人會避免持有長期債券，以減少資本損失。滿期日長短對債券價格變動雖有明顯的影響，但無法據以具體測量風險的大小。

債券票息的高低，對債券價格的決定也有明顯的影響。票息愈高，投資資金回收愈快。在利率上升或下降時，票息較高債券價格的變動量，大於票息較低的債券，但變動比例則低於後者。

此外，收益率變動對債券價格變動的影響最大；攤還本金的速度及每年付息次數亦有影響，Frederick Macaulay 於 1938 年綜合上述多種因素，創造出 1 個測量債券價格對利率變動敏感性的有力工具，稱為持續期 (Duration)。

㈡持續期

持續期指債券所有未來現金流量現值的時間加權平均滿期日，其式為：

$$D = \frac{\dfrac{C}{1+y} + \dfrac{2C}{(1+y)^2} + \cdots + \dfrac{nC}{(1+y)^n} + \dfrac{n \cdot FV}{(1+y)^n}}{\dfrac{C}{1+y} + \dfrac{C}{(1+y)^2} + \cdots + \dfrac{C}{(1+y)^n} + \dfrac{FV}{(1+y)^n}} = \frac{\sum\limits_{t=1}^{n} PVCF_i \times t_i}{\sum\limits_{t=1}^{n} PVCF}$$

$$= \frac{1}{P} \left[\frac{C}{1+y} + \frac{2C}{(1+y)^2} + \cdots + \frac{nC}{(1+y)^n} + \frac{n \cdot FV}{(1+y)^n} \right] = \frac{1}{P} \sum\limits_{t=1}^{n} PVCF_i \times t_i$$

式中，D 為持續期，C 為票息，n 為滿期日，FV 為面值，y 為收益率，$PVCF$ 為第 i 期現金流量的現值 (Present Value of Cash Flow)，P 為價格，t 為年別。

假設 5 年期 Eurobond，面值 1,000 美元，息票利率 10%，目前收益率為 9%（參見表 3－3）。

$$債券價格\ P = \sum_{t=1}^{n} PVCF = 1,038.56$$

$$持續期\ D = \frac{1}{P}\sum_{t=1}^{n} PVCF_i \times t_i = \frac{4,348.35}{1,038.56} = 4.19\ 年$$

◆ 表 3–3　不同年別債券之持續期

年別 (i)	現金流量(2)	折現因子(3) $\dfrac{1}{(1+y)^t}$	現值(4) (2)×(3)	現值加權(5) (1)×(4)
1	100	0.9174	91.74	91.74
2	100	0.8417	84.17	168.34
3	100	0.7722	77.22	231.66
4	100	0.7054	70.54	282.16
5	100	0.6499	64.90	324.95
5	1,000	0.6499	649.00	3,249.50
合　計	–	–	1,038.56	4,348.35

　　持續期是現金流量現值的時間加權平均滿期日，所以說是現金回收一半的時點，持續期在此點以前的現值等於持續期以後的現值。

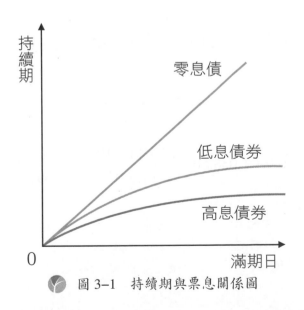

圖 3–1　持續期與票息關係圖

持續期與票息高低有關。票息愈高，回收愈快，持續期愈低。票息愈低，回收愈慢，持續期愈高。零息債券持續期等於滿期日。

持續期的計算式：

$$D = \frac{1}{P}[\frac{C}{(1+y)} + \frac{2C}{(1+y)^2} + \frac{3C}{(1+y)^3} + \cdots + \frac{nC}{(1+y)^n} + \frac{n \cdot FV}{(1+y)^n}] \cdots\cdots ⑪$$

令 $A = \frac{C}{(1+y)} + \frac{2C}{(1+y)^2} + \cdots + \frac{nC}{(1+y)^n} \cdots\cdots$ (a)

$$A \times (1+y) = C + \frac{2C}{(1+y)} + \frac{3C}{(1+y)^2} + \cdots + \frac{nC}{(1+y)^{n-1}} \cdots\cdots \text{(b)}$$

(b) − (a)： $Ay = C + \frac{C}{(1+y)} + \frac{C}{(1+y)^2} + \cdots + \frac{C}{(1+y)^{n-1}} - \frac{nC}{(1+y)^n}$

$$= C + \frac{C}{(1+y)} + \frac{C}{(1+y)^2} + \cdots + \frac{C}{(1+y)^{n-1}} + \frac{C}{(1+y)^n} + \frac{FV}{(1+y)^n} -$$

$$\frac{(n+1)C}{(1+y)^n} - \frac{FV}{(1+y)^n}$$

$$= C + P - \frac{(n+1)C}{(1+y)^n} - \frac{FV}{(1+y)^n}$$

$$\therefore A = \frac{1}{y}[C + P - \frac{(n+1)C}{(1+y)^n} - \frac{FV}{(1+y)^n}]$$

將 A 代入⑪式，

$$D = \frac{1}{P}[\frac{1}{y}(C + P - \frac{(n+1)C}{(1+y)^n} - \frac{FV}{(1+y)^n}) + \frac{n \cdot FV}{(1+y)^n}] \cdots\cdots ⑫$$

如上例：$FV = 1{,}000$ 元，$n = 5$ 年，$C = 100$ 元，$y = 9\%$，$P = 1{,}038.56$ 元，代入⑫式：

$$D = \frac{1}{1{,}038.56}\{\frac{1}{0.09}[100 + 1{,}038.56 - \frac{(5+1) \times 100}{(1.09)^5} - \frac{1{,}000}{(1.09)^5}] + \frac{5 \times 1{,}000}{(1.09)^5}\}$$

$$= 4.19 \ （年）$$

㈢修正持續期

持續期雖可憑以瞭解影響價格變動的各種因素，但不能憑以計算影響的大小。修正持續期 (Modified Duration)，即 $D_m = \dfrac{D}{1+y} = \dfrac{dP/P}{dy}$，指對持續期公式的收益率微分後求出每單位收益率變動率對債券價格的影響。

$$已知\ P = \frac{C}{1+y} + \frac{C}{(1+y)^2} + \cdots + \frac{C}{(1+y)^n} + \frac{FV}{(1+y)^n}$$

$$\frac{dP}{dy} = -\frac{C}{(1+y)^2} - \frac{2C}{(1+y)^3} + \cdots + \frac{nC}{(1+y)^{n+1}} - \frac{n \cdot FV}{(1+y)^{n+1}}$$

$$= -\frac{1}{(1+y)}[\frac{C}{1+y} + \frac{2C}{(1+y)^2} + \cdots + \frac{nC}{(1+y)^n} + \frac{n \cdot FV}{(1+y)^n}]$$

$$\because D = \frac{1}{P}[\frac{C}{(1+y)} + \frac{2C}{(1+y)^2} + \cdots + \frac{nC}{(1+y)^n} + \frac{n \cdot FV}{(1+y)^n}]$$

$$D \cdot P = \frac{C}{(1+y)} + \frac{2C}{(1+y)^2} + \cdots + \frac{nC}{(1+y)^n} + \frac{n \cdot FV}{(1+y)^n}$$

$$\frac{dP}{dy} = -\frac{D \cdot P}{1+y} \cdots\cdots ⑬$$

$$dP = -D_m \cdot P \cdot dy \cdots\cdots ⑭$$

假設 5 年期 Eurobond 面值 1,000 元，息票利率 10%，目前收益率 9%，債券價格為 1,038.56 元，持續期 4.19 年，設如收益率上升一碼，求債券價格之變動。

$$dP = -\frac{D}{1+y} \cdot P \cdot dy = -\frac{4.19}{1.09} \times 1,038.56 \times 0.25\% = -9.98\ 元$$

Rp 稱美元持續期 (Dollar Duration) 或價格風險 (Price Risk)，指收益率變動一單位時，債券價格的變動量（美元）。

$$Rp = \frac{dP}{dy} = -\frac{D}{1+y} \times P = -D_m \times P$$

如上例，持續期為 4.19，修正持續期為 4.19 / 1.09 = 3.844（年），美元持續期為 3.844 × 1,038.56 = 3,992.22 美元。如收益率上升一碼，債券價格下降

$3,992.22 \times 0.25\% = 9.98$ 元。

㈣投資組合持續期

由各個證券組成的投資組合的持續期 (Portfolio Duration)，可以各個證券的持續期，以投資比例為權數，加權平均求出。如投資組合證券為 2 種，計算如次：

$$W_1D_1 + W_2D_2 = D_P,\ \text{其中}\ W_1 + W_2 = 1$$

假設投資組合為 1,000 萬元，其中 5 年期債佔 700 萬元，持續期為 3.98；2 年期債券佔 300 萬元，持續期為 1.81。則投資組合的持續期為：

$$D_P = 3.98 \times 70\% + 1.81 \times 30\% = 3.329\ （\text{年}）$$

㈤持續期之功能

持續期的滿期日愈長，債券票息愈低，持續期愈大；零息債券持續期等於滿期日；收益率愈大，每年付息次數愈多，持續期愈小。此外，持續期具有以下功能：

1.持續期可以測量債券對利率的敏感性，將利率變動的影響予以量化，可用以估計在利率變動若干時，持有債券價值的損益。

 例一

30 年期債券，面值 1,000 萬元，息票利率 8%，目前收益率為 7%。設收益率上升一碼，求債券價格的損益。

$$P = \frac{C}{y}[1 - \frac{1}{(1+y)^n}] + \frac{FV}{(1+y)^n}$$

$$P = \frac{800,000}{0.07}[1 - \frac{1}{(1.07)^{30}}] + \frac{10,000,000}{(1.07)^{30}}$$

$$= 11,428,571 \times (1 - 0.1314) + 1,314,000 = 11,240,857\ \text{元}$$

$$D = \frac{1}{P}\{\frac{1}{y}[C + P - \frac{(n+1)C}{(1+y)^n} - \frac{FV}{(1+y)^n}] + \frac{n \cdot FV}{(1+y)^n}\}$$

$$= \frac{1}{11,240,857}\{\frac{1}{0.07}[800,000 + 11,240,857 - \frac{(30+1)800,000}{(1.07)^{30}} - \frac{10,000,000}{(1.07)^{30}}] + \frac{30 \times 10,000,000}{(1.07)^{30}}\}$$

$$= 13$$

$$D_m = \frac{D}{1+y} = \frac{13}{1.07} = 12.15 \text{ 年}$$

$$dP = -D_m \cdot P \cdot dy = -12.15 \times 11,240,857 \times 0.25\% = -341,441$$

收益率上升一碼，債券價格會損失 341,441 元。

2. 持續期可用以求得避險比例 (Hedging Ratio)。

 例二

已知：5 年期修正持續期 3.98，30 年期修正持續期 8.96，兩者原始價格均為 100。
現況： 持有 30 年期債券 1,000 萬元，應如何以 5 年期債券避險？
解：
(1)先求兩者間調整持續期比例 (Adjusted Duration Rate, ADR)。

$$ADR = \frac{D_m 30}{D_m 5} \times \frac{100}{100} = \frac{8.96}{3.98} = 2.25$$

(2)賣出 5 年期債券 $10,000,000 \times 2.25 = 22,500,000$ 元
(3)驗證：設收益率變動一碼時，兩者損益：
持有的 30 年期債券損益，$dP = -10,000,000 \times 8.96 \times 1.00 \times 0.25\% = -224,000$ 元
賣出的 5 年期債券損益，$dP = 22,500,000 \times 3.98 \times 1.00 \times 0.25\% = 223,870$ 元。損益約可抵消。

3. 可構成投資組合免疫 (Portfolio Immunization) 用於資產負債管理。

 例三

某養老基金賣出保證收入契約 (Guaranteed Income Contract, GIC)，年付 100 元，計 15 年。設收益率為 10%，出售所得資金，用於投資於 10 年 T-Bond 及 6 個月期 T-Bill，T-Bond 息票利率 12%，平價出售。修正持續期為 8.08，T-Bill 利率為 8%，修正持續期為 0.481，請問應如何操作？

$$年金現值 = \frac{100}{y}(1 - \frac{1}{(1+y)^{15}}) = \frac{100}{0.1}(1 - \frac{1}{(1.1)^{15}}) = \frac{100}{0.1}(1 - 0.2394) = 760.61 \text{ 元}$$

$$D = \frac{1}{P}\{\frac{1}{y}[C + P - \frac{(n+1)C}{(1+y)^n} - \frac{FV}{(1+y)^n}] + \frac{n \cdot FV}{(1+y)^n}\}$$

$$= \frac{1}{760.61}\{\frac{1}{0.1}[100 + 760.61 - \frac{16 \times 100}{(1.1)^{15}} - \frac{1,000}{(1.1)^{15}}] + \frac{15,000}{(1.1)^{15}}\}$$

$$= 7.853 \text{ 年}$$

$$D_{mc} = \frac{7.853}{1.1} = 7.139 \text{ 年}$$

$$W_1 + W_2 = 1, \quad \therefore \; W_2 = 1 - W_1$$

$$W_1 \times D_{m_1} + (1 - W_1) \times D_{m_2} = D_{mc}, \quad 8.08W_1 + (1 - W_1)0.481 = 7.139$$

$$\therefore \; W_1 = 80.79\%, \; W_2 = 19.21\%$$

投資 30 年期 T-Bond：$760.61 \times 80.79\% = 614.5$ 元

投資 6 個月期 T-Bill：$760.61 \times 19.21\% = 146.11$ 元

投資報酬率：$80.79\% \times 12\% + 19.21\% \times 8\% = 11.23\%$，接近 GIC 收益率。

規避風險之分拆，設收益率上升 10bp，平行變動時，貼現率變為 10.1%，T-Bond 為 12.1%，T-Bill 為 8.1%，則

GIC 價格下跌 $dP = -D_m \times P \times dy = -7.139 \times 760.61 \times 0.10\% = -5.43$ 元

T-Bond 價格下跌 $dP = -8.08 \times 614.5 \times 0.1\% = -4.97$ 元

T-Bill 價格下跌 $dP = -0.481 \times 146.11 \times 0.1\% = -0.07$ 元

兩者合計下跌 5.43 元，資產負債變動相同，沒有利率變動風險。

㈥凸　性

　　價格與收益率之關係是曲線而非直線，收益率微小變動時，依公式 $dp = -D_m \times P \times dy$，即 dy 很小時，所求得之價格變動，尚符合事實。在收益率變動較大時，即會發生差異。原因即是價格與收益率變動非比例變動，此種關係稱為凸性 (Convexity, CX)。D_m 為斜率，CX 是斜率的變動率 $\frac{d^2P}{dy^2}$，$\frac{dP}{dy}$ 是債券價格變動對收益率變動的速度，而 CX 是加速度。

　　債券價格與收益率的函數關係，可以導函數 Taylor Series 表示：

$$\Delta P = [\frac{dP}{dy} \cdot \Delta y] + [\frac{1}{2!} \cdot \frac{d^2P}{dy^2}(\Delta y)^2] + [\frac{1}{3!} \cdot \frac{d^3P}{dy^3}(\Delta y)^3] + \cdots + [\frac{1}{n!} \cdot \frac{d^nP}{dy^n} \cdot (\Delta y)^n]$$

上式中，第一項為修正持續期的影響，第二項代表凸性的影響，第三項以下，因數字太小可略不計，因此可得下列公式：

$$\frac{dP}{P} = -D_m \cdot dy + \frac{1}{2}CX \cdot dy^2 \ \text{或} \ dP = -D_m \cdot P \cdot dy + \frac{1}{2}CX \cdot P \cdot dy^2 \cdots$$

CX 對債券價格的影響因素是 dy^2，所以不論收益率上升或下降，CX 的影響都是正面的，即在收益率上升時，債券價格的下跌因 CX 關係下跌得不多；在收益率下降時，債券價格的上漲因 CX 關係上漲得更多。如圖 3–2 所示，收益率與債券價格的關係有 A 與 B 兩條曲線，內中 A 線曲度較大，A 線 CX 對價格漲跌的影響，也較 B 線為大。

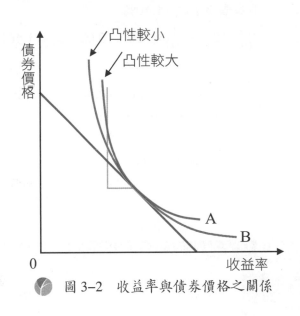

圖 3–2　收益率與債券價格之關係

CX 計算式很複雜，茲介紹一個簡單的公式為次：

$$CX = 10^8 [\frac{\Delta P_-}{P} + \frac{\Delta P_+}{P}]$$

式中 ΔP_- 指收益率增加 1 個 bp，債券價格的變動量。ΔP_+ 指收益率減少 1 個 bp 時，債券價格的變動量。

凸性具有下列特性：(1)持續期相等，票息愈高，凸性愈大；票息愈低，凸性愈小；(2)滿期日相等，息票債券的凸性最大；(3)提高持續期，可增加凸性；

(4)收益率下降時，凸性愈大的債券，其價格上漲愈多。收益率上升時，凸性愈大的債券，其價格下跌愈少。

(七)凸性之功能

1.有助於瞭解債券價格對利率變動的敏感性

例四

某債券收益率 8%，1 年付息 2 次，持續期 7.52，凸性 150，求收益變動 2% 時，債券價格之變動率。

(1)收益率上升 2% 時，債券價格下跌 11.46%。

$$\frac{dP}{P} = -\frac{7.52}{1.04} \times 2\% + \frac{1}{2} \times 150 \times (0.02)^2 = -11.46\%$$

(2)收益率下降 2% 時，債券價格上漲 17.46%。

$$\frac{dP}{P} = \frac{7.52}{1.04} \times 2\% + \frac{1}{2} \times 150 \times (0.02)^2 = 17.46\%$$

2.提高投資組合的凸性可提高投資收益

◆ 表 3-4

債券類別	收益率	持續期	凸　性
2 年期	7.71%	1.78	41
5 年期	8.35%	3.96	195
10 年期	8.84%	6.54	568

資料來源：*Understanding Duration and Convexity*, CBOT

　　投資組合有 2 種：(1)投資單一債券 (Bullet Bond)，如投資 5 年期債券，持續期為 3.96，凸性 195；(2)投資多空合成性債券 (Bear Ball Bond)，如投資 0.54 單位的 2 年期及 0.46 單位的 10 年期債券，其持續期為 0.54 × 1.78 + 0.46 × 6.54 = 3.9696，與 5 年期債券持續期相近，但凸性為 0.54 × 4.1 + 0.46 × 568 = 283.48，大於 5 年期債券凸性，則不論收益率上升或下降，合成性投資均較投資 5 年期單一債券為有利。

(八)測量利率風險之其他方法

1.債券的價格彈性 (Price Elasticity of Bond)

$$債券的價格彈性 = \frac{債券價格變動百分比}{收益率變動百分比} = \frac{(P_1 - P_0)/P_0}{(y_1 - y_0)/y_0}$$

由於價格變動與收益變動方向相反，分子與分母一正一負，所以價格彈性永為負值。

2. 1 個基本點的美元價值 (Dollar Value of a Basis Point, DVBP/Dollar Value of a Zero One, DV01)

將 $dP = -D_m \times P \times dy$ 中之 dy 設為 0.01，則 $dp = -0.01 D_m \times P$。

3. 1/32 的收益價值 (Yield Value of a Thirty-Seconds, YV32)

指債券價格變動 1/32 之百分點時，收益率應有若干基本點的變動。

$$YV32 = \frac{0.03125}{DV01}$$

✦ 表 3-5

滿期日	息票利率	目前收益率	債券價格	DV01	YV32
0.5	7.000	7.000	100	0.00483	6.47
1.0	7.750	7.750	100	0.00948	3.31
2.0	8.250	8.250	100	0.01809	1.73
5.0	8.750	8.750	100	0.03980	0.79
20.0	9.375	9.375	100	0.08953	0.35

㈠提前還款風險

亦稱收回風險 (Call Risk)，指借款人或債券發行人可不按預定的還款時間表而提前還款的風險。

政府債券及公司債多有明定可提前收回債券的條款 (Call Privilege)，即發行人可在債券發行若干年後或滿期前幾年提前還款。又如住宅抵押貸款 (Mortgage Loan)，習慣上借款人可提前償還而無罰款，因此以住宅抵押貸款的擔保而發行的房貸擔保債券 (Residential Mortgage-Backed Bond) 也就有提前還款的風險。近年新興的以汽車貸款、信用卡應收帳款及租賃契約租金等資產擔保而發行的資產擔保證券 (Asset-Backed Security)，也有此項風險。

㈡再投資風險

指投資人於債券還本付息後，將資金再投資時，有利率下降、債券價格上升的風險。再投資風險的發生因素：(1)還本付款時間表中預定的還本付息；(2)提前還款；(3)投資人持有債券的滿期日較投資界限 (Investment Horizon) 為短。以上各項因素中，以提前還款的風險最為重要。因為在利率下降時，借款人償還借款銀行無利可圖，會提高投資的風險。

㈢無風險投資組合

由於利率變動對債券價格與再投資收益兩者之影響完全相反。如利率上升，債券價格下降，但再投資收益增加；如利率下降，其對兩者之影響則正相反。如投資組合 (Portfolio) 能使兩者投資之損益相互抵消，稱無風險投資組合，可消除再投資之風險。投資組合的持續期等於投資界限，即構成無風險投資組合。

本章習題

一、選擇題

(　　　) 1. 影響債券價格的因素為：　(A)滿期日　(B)每年付息次數　(C)息票利率　(D)以上皆是

(　　　) 2. 債券發行採公開發行者的價格為：　(A)依價格高低競價　(B)依利率低高競價　(C)非競價者，以得標者的平均價格為債券價格　(D)以上皆是

(　　　) 3. 地方債券發行可分為 3 類：　(A)以公共目的發行者　(B)為民間業務發行者　(C)為學生貸款等非政府目的發行者　(D)以上皆是

(　　　) 4. 抵押貸款擔保債券包括：　(A)住宅抵押貸款擔保證券　(B)以應收帳款為抵押擔保證券　(C)以工業設備為抵押的信託憑證　(D)以上皆是

(　　　) 5. 以下何者是決定債券票息的因素：　(A)滿期日的長短　(B) 1 年付息次數　(C)發行人的信用　(D)以上皆是

(　　　) 6. 下列條款，何者對投資人不利？　(A) Call Privilege Clause　(B) Redeemable Privilege Clause　(C) Convertible Privilege Clause　(D) Sinking Fund Privilege

二、名詞解釋

1. Bond Market

2. Open Tender

3. Private Placement

4. Indenture

5. Asset-Backed Securities, ABSs

6. Zero Coupon Bond, ZCB

7. Bond with Warrant/Cum-Warrant

8. Convexity, CX

9. Duration

10. Modified Duration

三、問答題

1. 試述債券之意義與其特性。

2. 試述決定票息的因素。

3. 常見的債券特別條款有哪些？

4. 試述影響債券價格的因素。

5. 試述收益率、息票利率與債券價格的關係。

6. 試述投資債券的風險。

7.試述持續期的意義及其功能。

8.試述凸性的意義及其功能。

9.試述債券價格彈性之意義。

 四、計算題

1.設零息歐元債券，面值為 1,000 元，償還期為 5 年，以 500 元出售，求其收益率。設收益率為 12% p.a.，求債券價格。

2. 10 年期 T-Note，面值 100 萬元，息票利率 8% p.a.，每半年付息 1 次，求其價格：

　⑴收益率為 8%。

　⑵收益率為 9%。

　⑶收益率為 7%。

3.已知債券面值為 1,000 元，息票利率為 8%，滿期日為 5 年，債券價格為 1,100 元，求其收益率。

4. 5 年期零息債券，面值為 1,000 元，其收益率為 6%，求債券價格及其持續期。

5. 5 年期零息債券面值 1,000 元，以 500 元出售，求其收益率。又假設收益率為 12%，求債券價格。

6. 5 年期債券面值 100 萬元，每年付息 1 次，息票利率為 10%，目前收益率為 8%。求：

　⑴債券價格、持續期及修正持續期。

　⑵設利率上升兩碼，求債券價格變動及其變動率。

4 CHAPTER

權益證券市場

第一節 權益證券市場之概況

權益 (Equity) 亦稱股權，指對一個企業或經濟體資產的產權或其利益享有的權利。廣義的權益包括債權權益 (Debt Equity) 及股權權益 (Stock Equity)。前者指債權人享有的權益，後者指股東或業主享有的權益。對一個企業而言，債權人享有的權益是定額的，包括本金及利息，並有優先分配的權利。股東享有剩餘的權益，不定額，視企業的財務狀況而定。狹義的權益則僅指股權權益。

$ 一、權益證券之意義

權益證券 (Equity Security) 指表彰權益的憑證或有價證券。依照廣義的定義，權益證券包括債權證券與股權證券。債權證券依還款期間長短，可分為長期證券與短期證券，前者包括公債與公司債，後者包括國庫券、商業本票及銀行承兌匯票等。股權證券依權益享受的優先順序，可分為優先股與普通股。狹義的權益證券則只限於股權證券。

依照美國財務會計標準委員會 (FASB) 第十二號公報之定義，權益證券包括股票與認股權證 2 大類，其採用的是狹義的定義，但又包括股權證券的衍生證券 (Derivative Security)。認股權證是由股票衍生出來的商品，其價值隨股價的變動而變動。

事實上，近年來股票市場發展快速，股票的衍生證券除認購（售）權證外，尚有存託憑證 (Depository Receipt) 及證券投資信託基金發行的受益憑證 (Certificate of Benefit)，這 3 個衍生證券通常均以普通股票為標的證券，但三者性質完全不同。

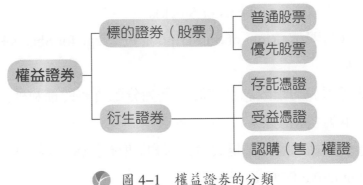

 圖 4-1　權益證券的分類

二、權益證券之類別

(一)股　票

　　指股份有限公司為籌措資本所發行的憑證，代表公司的所有權。持有股票者為股東。若公司資本分為若干股，每股金額一定則稱為股票，每股金額不定則稱為股份 (Share)。若由於股東捐贈或為調節市場，由發行公司自市場買回之已發行股票稱為庫藏股 (Treasury Stock)。

　　股票可分為優先股 (Preferred Stock) 與普通股 (Common Stock)。優先股東的權益是固定的股利，分配時順序優先於普通股東。普通股東的權益是公司資產的剩餘請求權 (Residual Claim)，亦即在清償所有債務及優先股後所剩餘之資產均歸普通股東享有。在公司清算時，公司資產不足以清償債權人及／或優先股時，普通股將不獲分配，所以普通股的風險較大，但普通股股東的責任是有限的，以投資的股本為限。

　　普通股代表股票持有人對公司之股權或所有權，享有下列權利：

　　1. 投票權 (Right of Voting)：指出席股東大會，選舉公司最高管理機構董事會之董事，間接參與公司之經營。

　　2. 盈餘分配權 (Right to Share the Profit)：即分配紅利 (Dividend)，盈餘愈多，紅利愈多，股價愈高。

3.清算時資產分配權 (Right to Share in Assets Liquidation)：指公司在清算時，享有剩餘資產平均分配的權利。

4.股票轉讓權 (Right to Transfer Stock)。

5.優先承購新股權 (Right of Subscription Privilege for Shares Preemptive)。

6.其他權利。

優先股除了優先分配股息及清算時優先分配資產的權利外。如有特別約定時，可享有下列各種優惠：

1.對於過去公司因盈餘不足欠發之股息，俟有盈餘時得累積補發者，稱累積優先股 (Cumulative Preferred Stock)。

2.在公司盈餘很多時，除可分配固定股息外，尚可參加分配紅利者，稱參加優先股 (Participating Preferred Stock)。

3.可依預定比例，將優先股轉換為普通股者，稱轉換優先股 (Convertible Preferred Stock)。

4.在發行一定年限後，持有人有權要求公司依預定價格贖回股票者，稱可贖回優先股 (Redeemable Preferred Stock)。

5.在發行一定年限後，公司有權依預定價格收回股票者，稱收回優先股 (Callable Preferred Stock)。

6.如持有人可參加股東大會選舉董監事者，稱有表決權優先股 (Voting Preferred Stock)。

7.如比其他優先股票有更優先之權利者，稱優先的優先股 (Prior Preferred Stock)。

㈡存託憑證

一國股票發行公司或持有該公司股票之股東，將股票交付外國銀行保管，憑以發行存託憑證 (Depository Receipt)，以外國貨幣計價，並在外國證券市場上市或上櫃買賣。換言之，存託憑證是一種可轉讓的有價證券，為一國股票的替代證券，替代其所表彰存在於保管銀行的本國股票在外國發行地流通。

一國股票發行公司或其股東不將股票在本國市場出售，而願以發行存託憑證方式在外國出售，其原因為：(1)在外國市場出售，雖同樣稀釋股權，但不影響本國市場股價；(2)在國外發行可提高公司知名度；(3)在國外市場出售可獲得更好的價格。如台積電於 1999 年元月在美國發行美國存託憑證 (American Depository Receipts, ADRs)，出售價格為溢價三成。

投資人願意購買存託憑證的原因為：⑴到國外市場購買股票手續繁雜，即使外國股票在本國證交所上市，但係以外幣計價，仍有買賣外幣的麻煩；⑵存託憑證如同本國股票一樣上市買賣，可獲得外國股價成長的利益。近年來新興經濟市場成長快速，經由美國存託憑證的發行，美國投資人也可分享新興市場股價上漲的利益。

存託憑證與標的股票的關係：

1.存託憑證係憑標的股票發行，是標的股票的衍生商品，憑證持有人享有標的股票的一切權益，並可要求發行機構將憑證依原定比例轉換為原來股票。

2.兩者幣別不同。如我國以新臺幣計價，在美國發行之存託憑證則係以美元計價，其價格會受到新臺幣與美元匯率變動的影響。

3.由於 2 個市場供需關係不同，存託憑證的價格經由匯率折算成原來貨幣的價格，會與原來股票價格間有差異。通常存託憑證價格如有偏低，不會偏低太多，因為存託憑證持有人可要求轉換為標的股票，在股票發行地出售。但如因需求強烈而使存託憑證價格偏高，則可高出很多，因為供給受到限制，無法做裁定交易。

4.因為發行存託憑證的股票只是標的股票的一部分，而且存託憑證市場的規模較小，流動性較差，所以通常價格會追隨標的股票價格變動。但有時存託憑證的價格會領先標的股票價格變動，如台積電的美國存託憑證市場，係美國半導體價格領先上漲。

㈢證券投資信託基金受益憑證

證券投資信託基金 (Securities Investment Trust Funds) 簡稱基金 (Funds)，係由資產管理公司 (Asset Management Corp.) 或證券投資信託公司（簡稱投信公司）向大眾投資人募集大量資金構成基金，以集體投資方式，委託專業經理人代為管理，並從事股票、債券、外幣、商品及衍生商品之市場活動，其損益由全體投資人共同分配。基金的經理公司（即投信公司）其將基金分成若干單位 (Units) 或股份，對投資人發給有價證券，稱為受益憑證 (Certificate of Benefit)，如同公司的股東持有之股票，也可在市場上市買賣。基金主要投資於股票，所以受益憑證的價值隨股價變動而變動，因此受益憑證是股票的衍生商品。

受益憑證雖然類似股票，但持有人卻不是發行憑證公司的股東，兩者的關係係基於證券投資信託契約。依照信託契約，基金的關係人有 3 個：

1.受益憑證持有人：也就是投資人，為基金提供資金者，也是基金的受益人。

2.投信公司：為基金的經理公司，募集資金發行受益憑證，負責基金的操作與管理。

3.基金保管銀行：負責基金資產的管理。

上項分工安排，旨在使基金的資產與基金之操作分開控管，以保障投資人之權益。

一般企業成立之目的在從事生產或提供服務，應業務需要發行金融工具募集資金。證券投資信託基金成立之目的則在募集資金投資金融工具。基金以投資人的身份在金融市場買賣金融工具，對企業提供直接融資資金。

對投資人而言，可直接投資金融工具（股票及債券等），也可投資基金間接投資金融工具。投資基金的優點為：

1.投資門檻低，且容易達成風險分散的目的：投資股票或債券，通常需要的最低資金約新臺幣幾十萬元，如果要兼顧風險分散，則需要新臺幣幾百萬元，這不是人人能做到的。投資基金最低金額，國內基金為新臺幣 1 萬元，國外基金為新臺幣 5 萬元，因為集少成多，每個基金規模均在新臺幣 10 億元以上，可投資多種股票及債券，充分達到風險分散的目的。

2.利用專業人員從事投資操作：每個基金均有專業經理人員負責操作，應用其專業經驗，基金之操作績效通常均比直接投資好。對工作忙碌的投資人而言，若不想為選股操心，購買基金尤其適合。

3.依照稅法，國內投資有利息所得稅，證券買賣有證券交易稅，但不課徵資本所得稅，也不課證券所得稅。開放基金投資人可申請發行公司以賣回方式收回資金，連證券交易稅也免了，比直接投資金融工具有利。

但投資基金也有缺點：

1.因為買賣基金成本較高，所以不宜短時間內買進賣出的短線操作。

2.基金運作是有主管機關監控，但如經理公司操作失敗或人謀不臧，其損失仍由投資人負擔。

㈣認購（售）權證

1.權證之意義

　　認購（售）權證 (Warrant) 是一種有價證券，也是一種衍生證券，因為權益係由標的商品衍生而來，其價格隨標的商品價格變動而變動。可做為權證的標的商品者，最主要的是股票，其次為債券及外幣等。

　　股權權證 (Equity Warrant) 為認購（售）權證中最重要的一種，其中，以股票為標的商品的認購權證又稱為認股權證。股權權證是由標的證券發行公司或第三者發行的一種表彰對標的證券權利之憑證，權證的買方於支付一定價格（稱權證價格或權利金）後取得權利，可於一未來日期或其以前，以一定價格（稱行使價格或履約價格）向權證發行人買入，或對其賣出一定數量的特定證券。

2.權證與選擇權之關係

　　選擇權 (Option) 是一種契約 (Contract)，契約的買方於支付一定價格後取得權利，可於一未來日期或其以前，以一定價格向契約賣方買入，或對其賣出一定數量的特定證券或商品。

　　由上述權證與選擇權的定義可知，權證是一特殊選擇權，即有價證券化的選擇權契約。兩者均可在交易所上市買賣，但 2 個市場仍有相當的區隔。

　　⑴交易所買賣的選擇權是一種標準化契約。舉凡每個契約所含標的證券或商品的數量、行使價格及滿期日等均相同。

　　⑵兩者的關係人不盡相同，選擇權負履約責任者為交易所或其附設的清算單位，權證負履約責任者則為權證的發行人。如在紐約證交所 (NYSE) 上市的外幣權證，因為交易所不負履約責任，所以只有外國政府及銀行發行的權證才能上市。

　　⑶選擇權的買賣數量沒有限制，只要有買方及賣方就可做成交易，交易所並有專業人員做成市場，所以選擇權市場有高度的流動性，而且在價格不合理時可以實施裁定，因此選擇權市價與理論價格通常都會很接近。但在權證市場，特別是臺灣的股票權證市場，只依賴權證發行人在市場調節，流動性較差，

而且無法賣空裁定，所以價格有時非常不合理。在多頭時期，因為供給有限，且只能現貨現款交易，價格有時會飆到理論價格的幾倍；在空頭時期，權證價格會低到不合理，最後只得由權證發行人自市場買回，提前了結權證市場。

(4)選擇權契約存續期較短。雖然上市契約期限可長達 2 年，但實際上絕大部分交易均未超過 3 個月。其超過 6 個月者數量更少，較缺乏流動性。權證存續期通常在 1 年以上，其由股票發行公司發行者，存續期可長達 3 至 5 年。

3.買賣權證與買賣股票之差異

為謀取股價漲跌的利益，有 2 個管道：買賣股票或買入權證。如預期股價上漲，可買入股票或買入認股權證；如預期股價下跌，可賣出股票或買入認售權證。然而，兩者之權利義務與損益狀況不同：

(1)買賣股票可現款現股交易，也可採信用交易，即融資買入與融券賣出。但融資買入所需自備款至少 50%，融券賣出需繳保證金通常為 50%，所以槓桿倍數通常只有 2 倍。買入權證槓桿倍數較高。買入價平權證 (ATM Warrant)，槓桿倍數通常為 4 倍，買入價外權證 (OTM Warrant)，槓桿倍數通常為 5 倍，如操作得宜，投資權證的報酬率可高於投資股票好幾倍；但如操作失敗，其損失比率也比股票多得多。如九二一大地震後股市開盤，股票跌幅為 3.5%，但國際發行之權證下跌 21.5%。

(2)買入股票只要股價上漲就賺，買入認股權證則必須股價上漲超過損益平衡點後才有賺；在股價下跌時，買入股票就虧，股價跌多少就虧多少，買入認股權證者，虧損則以權利金為限（參見圖 4-2）。

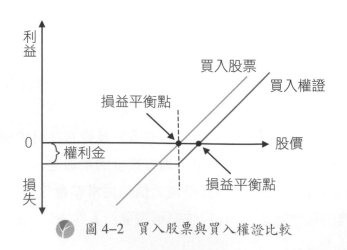

圖 4-2　買入股票與買入權證比較

(3)權證有存續期，逾期則權證變成廢紙。如果在存續期內標的股票價格迄未超過行使價格，則投資人所有投入的資金均會泡湯；投資股票則無此風險，在空頭市場可持續抱著股票等候多頭市場來臨。

(4)買入股票者具有股東身份，享有出席大會及分紅配股的利益；買入權證者則無這些權利。

$ 三、權益證券市場之意義

權益證券市場 (Equity Securities Market) 指買賣權益證券的市場，因證券性質之不同，可分為：(1)標的證券的市場，即股票市場；(2)衍生證券的市場，包括存託憑證市場、證券投資信託基金受益憑證市場（簡稱基金市場）及認購（售）權證市場（簡稱權證市場）；(3)標的證券衍生市場，即股票及股票指數的期貨市場、交換市場及選擇權市場（參見圖 4–3）。

權益證券市場因買賣場所之不同，可分為集中市場與店頭市場。集中市場指證券交易所、期貨交易所及選擇權交易所；店頭市場指交易商（銀行及證券商）的營業處所。目前權益證券的交易以集中市場為主，而且存託憑證及受益憑證迄今尚無店頭市場交易。

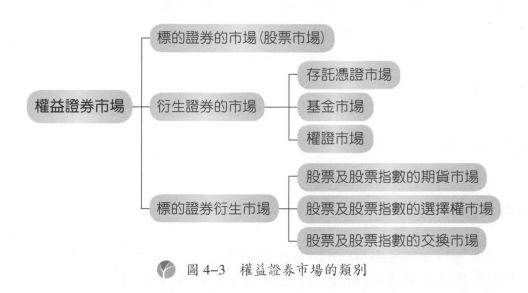

🌱 圖 4–3 權益證券市場的類別

由於期貨市場與選擇權市場另有專章介紹，本章將只介紹股票市場、存託憑證市場、基金市場及權證市場。

第二節 股票市場

$ 一、股票市場之類別

㈠發行市場

即初級市場，指新證券（股票）首次對社會大眾發行的市場，通常係經由證券承銷商賣給投資人或承銷商留存部分作為投資。

㈡流通市場

即次級市場，指發行市場發行的股票分配完成後，從事公開買賣，亦即投資人與投資人間的交易市場。因為買賣場所的不同，可分為：

1. 證券（股票）交易所市場 (Security/Stock Exchange Market)：為集中交易市場，指交易所提供場所及設備，便利證券自營商及證券經紀商買賣證券的地方。在交易所買賣的股票稱為上市股票。

2. 店頭市場：指投資人在證券商營業處所買賣股票的市場，在店頭市場買賣的股票為上櫃股票。

$ 二、集中市場之交易

㈠股票上市

公開發行公司之股票，可依交易所的規定申請上市買賣，經核准後，交易所會公告開始掛牌買賣日期，各證券商分別代客或自行參與買賣。

㈡投資人買賣股票之程序

1.開　戶

投資人須在證券經紀商營業處所親自簽訂委託買賣證券受託契約，開立委託買賣證券的帳戶，同時向該證券經紀商指定之金融機構開立款項劃撥存款帳戶。每一投資人在同一證券經紀商只能開立一個帳戶。

2.買賣委託

投資人除可親自到證券經紀商營業處所當面委託外，亦可以電話、電信或網路將要委託事項通知該證券商辦理買賣。

3.結算及交割

投資人賣出股票時，應先確認個人在集中保管帳戶裡的股票數量是否足夠，以免違約；買入股票時，應在成交日後第二個營業日上午 10 點前，將款項存入指定之銀行劃撥帳戶。證券經紀商在場內辦理好券款結算及交割後，每月會以書面或電子對帳單通知投資人。

㈢買賣委託

1.委　託

委託 (Order) 俗稱下單，指投資人對買賣股票之指示。委託買賣可分為：買入委託 (Buy Order)，俗稱買單；賣出委託 (Sell Order)，俗稱賣單。委託應包括下列事項：⑴買入或賣出；⑵股票名稱；⑶數量；⑷價格；⑸委託時限 (Time Limit)，如未註明，視為當日有效 (Day Order)。

2.委託類別

⑴無條件委託：即市價委託 (Market Order, MKT)，依市場價格買進或賣出；⑵有條件委託 (Contingency Order)：可分為價格限制委託 (Price Limit Order) 與時間限制委託 (Time Limit Order)；⑶特別委託 (Special Order)，指不

屬上述兩者委託。

3. 市價委託

俗稱市價單，指委託應以最可能的價格執行。投資人並不在乎價格的高低，而是要立即進場交易。其優點是可確保執行，其成交價格通常會接近市場價格，但在市價劇烈變動或市場不具流動性時，差距可能較大。

4. 限價委託 (Limit Order)

俗稱限價單，指經紀商應按照指示或更好的價格執行委託。買入委託規定最高的買入價格，賣出委託規定最低的賣出價格。此項委託不一定能執行。

5. 停止委託 (Stop Order)

俗稱止損單，指市價於達到特定價位時，用以了結原有多頭或空頭部位，以停止繼續虧損或鎖住已獲利潤的委託。當市場達到限價時，此項委託即變成市價委託。可分為：

(1)買入停止委託 (Buy Stop Order)：俗稱到價買盤，常高於現行市價。其為免虧損過多之委託為買入停止損失委託 (Buy Stop Loss Order)；其為鎖住利潤之委託為買入保留利潤委託 (Buy Stop Profit Order)。

(2)賣出停止委託 (Sell Stop Order)：俗稱到價賣盤，常低於現行市價。其為免虧損過多之委託為賣出停止損失委託 (Sell Stop Loss Order)；其為保留利潤之委託為賣出保留利潤委託 (Sell Stop Profit Order)。停止委託與限價委託之差異在於，通常買入限價委託之限定價格比市價更低、賣出限價委託之限定價格比市價更高；而停止委託則相反，買入停止委託之限定價格比市價更高、賣出停止委託之限定價格比市價更低。

6. 觸價委託 (Market-If-Touched Order, MIT)

俗稱看板委託 (Board Order)，為限價委託之變體，於市價觸及特定價格 (Special Point) 時即變成市價委託，可立即執行。買入委託低於目前市價，賣出委託高於目前市價，與停止委託不同，其執行價格可能與限定價格有偏差。

7. 執行或取消委託 (Fill or Kill Order, FOK)

亦稱快捷單 (Quick Order)，指場內經紀人應立即以特定價格執行委託，否則立即取消並回報投資人。

8. 特定期間有效委託

可分為當日有效委託 (Day Order)、當週有效委託 (Good-through-Week Order, GTW)、當月有效委託 (Good-through-Month Order, GTM)、取消前有效委託或開放委託 (Good-till-Cancelled Order, GTC/Open Order)。

9. 開盤委託 (Opening Only Order)

指限於當日市場公定開盤時間執行的委託，開盤時間 (Opening Range) 指開盤後 30 至 60 秒。另有收盤委託 (Close Only Order)，指限在委託當日市場公定收盤時間執行之委託，收盤時間 (Close Range) 限收盤前 30 至 60 秒。

10. 合併委託 (Combination Order)

指下單時 2 個不同的委託一併一起執行。

11. 二取一委託 (One-Cancels-the-Other Order, OCO)

指 2 個委託中，1 個執行，另 1 個即自動取消。

12. 取消委託 (Cancellation Order)

指取消已下的委託單。

$ 三、店頭市場交易 ▶▶▶

1. 店頭市場可買賣公債、金融債券、公司債及上櫃股票，以及其他經中華民國證券櫃檯買賣中心 (R.O.C. Gre Tai Counter Securities Exchange) 核准之證券。股票上櫃買賣，發行人應依規定向該中心申請，並訂定櫃檯買賣契約，經核准後於買賣開始前公告。

2.證券商經營櫃檯買賣業務，應先經主管機關核准，再加入證券商公會櫃檯買賣組織。

3.推薦證券商指推薦公開發行公司股票申請為櫃檯買賣之證券商，應具備證券承銷商及自營商之資格，利用報價系統提出確定報價，並按其確定報價負應買應賣成交單位之責任。

4.證券商接受顧客在櫃檯買賣股票，應辦理開戶並簽訂交易契約。

5.櫃檯買賣應以現款現貨為之，不得為信用交易。買賣以議價方式為之。

6.證券商之自營買賣不得收取手續費。其加碼或減碼定價之幅度，不得超過成交日規定之升降幅度。

7.櫃檯買賣之報價：

⑴櫃檯買賣債券採除息交易，至成交日止，賣方應得之利息，由買方併同成交價金付給賣方。利息之計算，由上期付息日至成交日止，計算之日數以每年 360 天，每月 30 天，按實際天數計算。報價單位為面額新臺幣 100 元，最低成交單位為面額新臺幣 4 元。報價之升降單位為 5 分。

⑵櫃檯中心所訂定各期債券之參考價格於營業處所揭示之。實際成交價格在牌示參考價格上下 5% 範圍內成立之。

⑶股票報價單位為 1 股，最低成交單位為 1,000 股。股票報價之升降單位，每股市價未滿 5 元者為 0.01 元；自 1 元至未滿 15 元者為 0.05 元；15 元至未滿 50 元者為 0.1 元；50 元至未滿 150 元者為 0.5 元；150 元以上至未滿 1,000 元者為 1 元；1,000 元以上者為 5 元。

⑷證券商之報價應以櫃檯中心公告之參考價格為計算基準，在升降幅度範圍內，按照當時市價趨勢，依升降單位合理為之。

⑸股票每營業日成交價格之升降幅度，以漲至或跌至當日參考價格 7% 為限。

💲 四、證券市場之融通

(一)證券融通類別：融資與融券

證券買賣一方面為證券之交割，另一方面為資金之交割。我國證券市場信用交易最初採例行交易，以後各金融機構辦理之信用交易，仍以融資為限。至1980年，復華證券金融公司成立後，先行接辦融資業務，3個月後開辦融券業務，正式建立了完整的證券信用交易制度。至1988年《證券交易法》修正通過後，證券商亦得辦理融資及融券業務。茲就現行證券融資及融券之規定說明為次：

1. 融資融券之對象

以在證券經紀商開戶買賣之委託人，以及證券自營商為限。融資融券標的須為經主管機關核准的有價證券。零股交易、鉅額交易，以及以議價、拍賣、標購方式之交易不得融通。證券自營商可與投資人做附買回及附賣回協議。

2. 融通限額與期限以及融資比例與融券保證成數

(1)融資應以買進成本價乘以規定比例計算融資金額，並以融資買進的證券作為擔保品。

(2)融券應按賣出成交價乘以規定成數收取保證金後再予以融券，並以融券賣出價款扣除證券交易稅、融券手續費及證券商手續費後之餘額作為擔保品。

(3)某種證券復華以融券餘額與證券商轉融資餘額合計數，超過復華辦理融資融券與轉融通業務取得之全部該種證券時，翌日在證交所以公開方式向該證券所有人標借，如若不足，洽特定人議借。如若仍有不足，委託證券商辦理標購。在上述標借、議借及標購仍無法取得足夠證券時，次日再重複辦理。為防止多頭過度對空頭擠壓 (Bear Squeeze)，交易所在無法標到股票交割時，交易所可指定結算價格辦理結算。

3. 標借證券之最高價格

以不超過該種證券收益價格5%為限。

4. 融資比率及融券保證金成數之調整

在中央銀行授權之融資比率範圍內 (中央銀行授權為融資成數七成，融券保證金四成)，視發行量加權股價指數之漲跌幅度，採逐級調整方式為之。

自 2001 年 7 月 10 日起，上市證券最高融資比率為 60%，上櫃證券最高融資比率為 50%，最高融券保證金成數均為 90%。

5.融資及融券之斷頭問題

融資買進之股票價格下跌，或融券賣出之股票上漲，使其對於整戶擔保維持率 (Collateral Maintenance Ratio) 低於 140% 時，客戶應於復華通知到達之日起 3 個營業日 1 次補足差額，其未依規定補足差額時，復華將依規定處分其擔保品。

$$整戶擔保維持率 = \frac{融資擔保品市價 + 原融券擔保品及保證金}{原融資金額 + 融券股票市價} \times 100$$

㈡融資融券之計算

 例一

某客戶以每股 50 元買進個股 5,000 股，成本總價 250,000 元。按規定融資比率六成，計 150,000 元。該客戶應繳款為 250,000 – 150,000 = 100,000 元，另加證券商手續費 250,000 × 1.5‰ = 375，該客戶應繳總額為 100,375 元，融資買進之股票 5,000 股，留存復華公司為擔保品。

 例二

某客戶以每股 32.10 元賣出 B 股 6,000 股，成交總價為 6,000 × 32.10 = 192,600 元，融券標借手續費 192,600 × 1‰ = 192 元，證券商經手費 192,600 × 1.5‰ = 288 元，交易稅 192,600 × 1.5‰ = 288 元，則融券擔保品價值為 192,600 – (192 + 288 + 288) = 191,832 元。融券保證金 192,600 × 90% = 173,340 元，復華公司標借股票 6,000 股提供交割，融券擔保品及融券保證金均留存復華公司。

$ 五、我國證券市場之發展 ▶▶▶

㈠店頭市場草創時期

1953 年，政府為實施耕者有其田政策，徵收地主土地發放給現耕農承領，再以土地債券七成與台泥、台紙、農林及工礦四大公司的股票三成補償地主。這些債券、股票及已發行的愛國公債大量在市場流通，遂產生許多代客買賣的商號，形成早期的店頭市場。

1954 年 1 月，臺灣省政府制定《臺灣省證券商管理辦法》，為維持公平之交易，規定限現款現貨個別交易方式，證券商本身不得自行買賣，禁止證券商收受客戶存款、替客戶墊款或墊券。上市股票以政府核准者為限。

1956 年 2 月，臺北市證券商業同業公會成立，會員共有 32 家，包括甲種經紀人（經紀商）27 家，乙種經紀人（自營商）5 家。由於辦法放寬，買空賣空等違法交易盛行，多空相鬥，造成 8 家經紀商倒閉，店頭市場由盛而衰。

㈡建立證券交易市場

1958 年政府為加速經濟發展，籌建證券集中交易市場。1960 年 1 月在經濟部下設立證券管理委員會。1961 年 10 月成立臺灣證券交易所，建立有價證券集中交易市場，於 1962 年 2 月開業，同時關閉店頭市場，並禁止場外交易。

㈢頒布《證券交易法》

1968 年頒布《證券交易法》。1974 年 4 月開辦融資的證券信用交易。1970 年 4 月復華證券金融公司開業，接辦融資業務，7 月開辦融券業務。1981 年 7 月證券管理委員會改隸屬財政部。1985 年 8 月臺灣證券交易所建立集中交易市場電腦輔助交易系統，將上市股票納入電腦交易，成交速度及交易量大量增加。1986 年臺灣證券交易所與交通部數據通訊所透過電位網路，利用電傳視訊系統傳播上市公司財務業務資訊，進行證券市場電腦資訊連線。1987 年 1 月，證券集中交易市場全面實施電腦競價交易。櫃檯買賣交易亦設有交易資訊之傳輸系統。

㈣為建立集中交易市場證券商財務健全之實施辦法

1. 規定向指定銀行以現金、政府債券或金融債券提存營業保證金。
2. 提存交易結算基金。
3. 提存買賣損失準備。
4. 提存違約損失準備。
5. 限制對外負債及流動負債總額。
6. 提列特別盈餘公積。
7. 不得為任何保證人。
8. 不得購買非營業用國家資產。
9. 不得向非金融機構借款。
10. 限制資金之用途。

第三節 存託憑證市場

$ 一、發行市場

㈠依發行地分類

1. 美國存託憑證 (American Depository Receipts, ADRs)：指依照美國政府的規定，在美國發行並在美國證券交易所上市買賣的存託憑證。美國存託憑證市場始於 1928 年，80 年代以後迅速成長。原因：⑴美國政府制定規則 Rule 144–A，放寬管制；⑵ 90 年代全球推行金融自由化，各國開放金融市場；⑶新興國家經濟起飛，美國投資人可利用投資美國存託憑證，分享外國經濟成長的成果。

美國目前是世界最重要的存託憑證市場，1999 年各國已有 1,400 餘家企業前往美國發行存託憑證，前往發行的國家及地區包括英、日、澳、香港、南非、墨西哥及巴西等，我國企業近來也陸續到美國發行，上市交易所主要為

NYSE、NASDAQ 及 AMEX。

2.日本存託憑證 (Japanese Depository Receipts, JDRs)：指依日本政府規定在日本發行，並在日本證交所上市買賣的存託憑證。

3.歐洲存託憑證 (European Depository Receipts, EDRs)：指在歐洲美元市場發行的存託憑證，通常在倫敦或盧森堡證交所上市，可在全球各地買賣。我國企業在歐洲美元市場發行的存託憑證，稱為全球存託憑證 (Global Depository Receipts, GDRs)。

4.臺灣存託憑證 (Taiwan Depository Receipts, TDRs)：指外國企業來臺發行的存託憑證，其應依我國金管會規定申請核准發行，並在臺灣證券交易所上市買賣。

㈡依發行人身份分類

1.股票發行公司發行者：包括增資發行新股及庫藏股發行。在國外發行之目的主要在不影響國內股價。

2.股票發行公司參與發行 (Sponsored Placement) 者：指大股東將持有股票經由股票發行公司協助在國外發行存託憑證，藉以將持股在國外銷售，通常可獲得比國內更高的價格。

通常股票發行公司為了參與發行存託憑證會訂定條件。以台灣積體電路公司 (以下簡稱台積電) 規定參與發行美國存託憑證的條件為例：⑴股東持有當時發行股票總額 0.02%，即 130 萬股以上；⑵持有期間在 1 年以上；⑶每季不得超過 1 次；⑷每次出售股數不得超過已發行股數總額之 0.5%。

公司參與發行時應與國外存託銀行簽訂存託契約 (Depository Agreement)，協助執行發行計畫，並提供相關財務及業務資訊。公司並應尋求國外證券商辦理承銷及上市，以便國外投資人認購及買賣。

 例三

台積電董事長張忠謀先生以股東身份，經該公司董事會通過並經金管會核准在美國發行存託憑證，其發行狀況如次：⑴發行時間：1999 年元月；⑵發行數量：台積電普通股 1 萬張，計 1,000 萬股，以 5 比 1 發行 ADRs 200 萬單位，於元月 12 日及 14 日各發行 100 萬單位；⑶上市交易所：紐約證券交易所 (NYSE)；⑷每單位 ADRs 發行價格分別為 **17.625** 美元及 **17.875** 美元，共計 **3,550** 萬美元，按當時匯率 **1:32.20**，折計新臺幣 11 億 4,310 萬元，每股為新臺幣 114.31 元，比起元月 18 日台積電收盤價新臺幣 88 元，計有三成溢價，主因是美國半導體市場景氣復甦，股價領先上漲。

　　3.股票發行公司以外之第三者，如證券商或銀行，不透過股票發行公司直接將持股交付國外銀行保管，憑以發行存託憑證，稱非參與型信託憑證 (Non-Sponsored Depository Receipt)。

㈢依存託憑證發行價格分類

　　1.平價發行：指以國內股價經由匯率換算為外國貨幣的價格發行。
　　2.溢價發行：如前述台積電發行 ADRs 一案是。
　　3.折價發行：如誠洲電子公司於 1997 年發行 GDRs，在倫敦證交所上市，發行價格為 16 美元，每一 GDRs 表彰普通股 20 股，當時匯率 1:27.50 元，折計普通股新臺幣 22 元，當時國內股價為新臺幣 26 元，計折價 15.4%。折價主因為歐洲市場不景氣。

$ 二、流通市場

㈠存託憑證發行後銷售之管道

　　⑴在集中市場上市；⑵在店頭市場上櫃；⑶私下交易。上市或上櫃就具流動性，但須符合政府及交易所有關的規定，如美國存託憑證初期發行須符合 OTC Level III 的規定，其後續發行經符合 OTC Level II 的規定，不上市不上櫃者只要符合 OTC Level I 的規定即可，且無須符合一般公認會計原則。

　　為期存託憑證在次級市場具有流動性，主要承銷發行的證券商通常會進場買賣。

㈡我國企業至國外發行存託憑證之有關規定之程序

　　1.依照《發行人募集與發行有價證券處理準則》之規定：

(1)股票發行公司應向金管會申請核准，因事涉資金進出國境，並應取得中央銀行同意。

(2)發行公司限於上市或上櫃之公開發行公司。

(3)不得以新臺幣掛牌交易。

(4)增資發行新股者，持有人不得於發行 3 個月內請求買回。

(5)存託機構應指定國內代理人辦理國內股票買賣之開戶、有價證券權利之行使、結匯之申請及稅捐繳納等各項手續。

2.股票發行公司與國外存託銀行 (Depository Bank) 簽訂存託契約，由後者簽署發行存託憑證，嗣後股利發行或存託憑證持有人要求兌回股票時，均由存託銀行負責辦理。

3.國外存託銀行與我國國內保管機構簽訂保管契約，由後者負責保管發行存託憑證的標的股票。

4.股票發行公司與國外主辦承銷商簽訂承銷契約，由後者辦理存託憑證的銷售事宜。

5.國外存託機構向該國證券主管機關申請核准發行，並向當地證交所申請上市或上櫃，並簽訂上市或上櫃契約。

三、臺灣存託憑證之發行與兌回

㈠申請發行之規定

依照《外國發行人募集與發行有價證券處理準則》，規定如次：

1.定義：(1)外國發行人指依照外國法律組織登記之法人；(2)存託機構指在我國境內經許可辦理 TDRs 業務之金融機構；(3)保管機構指與存託機構簽訂保管契約，保管 TDRs 所表彰外國股票之金融機構；(4) TDRs 指存託機構在我國境內發行，表彰存放於保管機構外國股票之憑證，應經存託機構簽署後發行；(5)參與發行指外國股票發行公司依存託契約，協助執行 TDRs 發行計畫，並依約定履行提供財務資訊之行為。

2.申請募集與發行 TDRs 或申請上市或上櫃，應取得中央銀行之同意函。

3.外國發行人參與發行，應填具「外國發行人參與發行 TDR 申請書」，報請金管會核准。申請上市應由存託機構與臺證所簽訂上市契約；申請上櫃應與中華民國證券櫃檯買賣中心簽訂上櫃契約。

4.外國發行人委託發放之股息紅利應以新臺幣給付，外匯收支或交易由存託機構申請結匯辦理。

5. TDRs 持有人要求兌回外國股票,於國外市場出售時所發生之外匯收支或交易，應由委託機構依規定辦理。

㈡ TDRs 上市有關規定

1.最低上市單位為 1,000 萬單位。

2.外國股票須在國外證交所上市滿 1 年；發行公司自設立登記後已逾 3 年；股東權益折計新臺幣 20 億元以上。

3.股權分散：全體記名股東人數在 5,000 人以上，或在 2,000 人以上且大眾持股比例不低於 25%。

4.獲利能力：無累積虧損，最近 2 年稅前盈餘均在新臺幣 4 億元以上或稅前盈餘佔股東權益在 8% 以上。

5.上市時 TDRs 持有人不少於 1,000 人，其中持有 1,000 單位至 5 萬單位者合計佔總數 20% 以上，或滿 1,000 萬單位。

㈢ TDRs 發行程序

如圖 4-4。

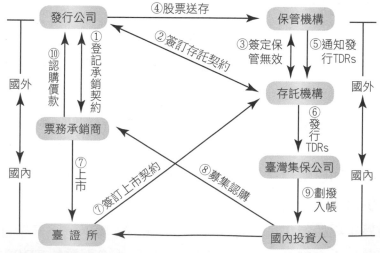

資料來源：臺灣證券交易所

圖 4-4　TDRs 發行程序圖

㈣ TDRs 之兌回

可分為兌回持有與兌回出售 2 種情形：

1. 如 TDRs 持有人擬將 TDRs 兌回，並持有所表彰的外國原來股票，可依存託契約，透過原集保開戶券商或存託機構之股務代理申請，於交付必要文件並繳納相關費用後，由存託機構將兌回之股票送至持有人指定處所。在兌回過程中發生之費用及風險由投資人負擔。嗣後在外國市場之買賣交割作業，也得自行負責，故此種處理方式不適合一般投資人使用。

2. 如 TDRs 在臺灣買賣價格折計外幣後低於原來股票價格甚多時，持有人可將 TDRs 兌回所表彰的外國股票在國外出售，即依約透過國內券商向存託機構提出申請，存託機構於股票出售後，會將價金轉換為新臺幣交付投資人，惟出售之費用及風險均由投資人負擔。

㈤ TDRs 與國內股票之差異

1. TDRs 的證交稅為 0.1%，股票的則為 0.3%。
2. TDRs 只能現款現股交易，不能融資融券。
3. TDRs 採無實體交易，必須透過臺灣集保公司帳簿劃撥交割。
4. TDRs 只能採限價委託。

㈥ TDRs 市場狀況

第一家發行 TDRs 的公司為新加坡福雷公司 (ASE Test Ltd.)，即臺灣日月光公司投資的子公司，其於 1997 年 12 月來臺發行 TDRs，其發行狀況如次：

1. 發行單位數：1 億 2,000 萬單位，每單位表彰之有價證券為新加坡福雷普通股 0.0125 股，即每股發行 80 單位 TDRs，共計 150 萬股。

2. 發行的圈詢價係按決定日（12 月 5 日）前 3 個營業日在美國那斯達克證券市場之平均收盤價，或決定日前一日收盤價兩者較低者為基礎，作為計算 TDRs 預計承銷價格可能範圍之基準價格。可能範圍為每單位 TDR 新臺幣 23 元至 27 元。匯率以決定日前一日臺北外匯交易中心收盤價 (1:31.90) 為準。

3. 12 月 8 日的公告圈購時間為 12 月 8 日至 10 日，由圈購人填妥購單及聲明書，最低數量為 1,000 單位，最高為 360 萬單位，外國專業投資機構 (FQII)

為 900 萬單位，銀行為 1,200 萬單位。由於市場反應熱烈，申購數量為發行量之 4 倍，最後決定實際承銷價格為新臺幣 27 元。

4. TDRs 以新臺幣計價買賣，與美國交易時間不同，有時差風險，而且美國股市沒有 7% 漲跌幅限制，風險不能控制。復由於供給量有限，價格易於被操作。自 1997 年 1 月 8 日上市後，價格由新臺幣 28.80 元一路飆升，至 2 月 7 日達新臺幣 83.60 元。1999 年交易狀況，6 月 1 日最低價新臺幣 13.60 元，3 月 26 日最高價為新臺幣 41.50 元，相差 3 倍。

第四節 基金市場

$ 一、基金市場之類別

㈠依發行方式分類

基金可分為公開募集 (Public Placement) 與私下募集 (Private Placement)，如共同基金 (Mutual Funds) 採行前者，避險基金 (Hedge Funds) 採行後者，兩者有很大的差異：

1.在組織型態上，共同基金通常係由發行公司（資產管理公司或投信公司）與投資人簽訂信託契約。發行公司稱經理公司，依契約之授權負責基金之經理與操作，投資人則為基金之受益人。

避險基金之組織型態為合夥人關係，基金經理人通常也是合夥人，本身也有資金投入。

2.共同基金係因公開對大眾募集，所以投資門檻都不高，在國外通常為 1,000 美元；避險基金因係針對少數（不超過 100 人）法人及富豪大戶募集，所以門檻都很高，在美國一般最低為 50 萬美元，有的基金最低門檻則高達 500 萬美元或 1,000 萬美元。

3.對於投資人要求贖回基金的期限規定不同。共同基金多規定在基金成立 30 天後，即閉鎖期 (Locking Period) 為 30 天；避險基金的閉鎖期可長達 1

4.投資人對管理費用的負擔不同。共同基金通常係按基金資產淨值的某一比例按月支付；避險基金除按固定比例收費外，並按績效抽成 15% 至 25%。

5.政府在管理上要求不同。為維護大眾投資人的利益，政府規定共同基金要公開揭露財務資訊，在操作上不得從事信用交易，也不能放空。針對避險基金，由於投資人有瞭解及承擔風險的能力，政府甚少限制，在操作上可以從事借貸、信用交易及放空。

㈡依流通方式分類

基金可分為封閉型基金 (Close-End Funds) 與開放型基金 (Open-End Funds)，兩者差異：

1.封閉型基金於發行後如同股票一樣辦理上市，投資人可透過證券商在證交所買賣；開放型基金不上市，但投資人可要求發行公司贖回，所以開放型基金沒有次級市場。

2.封閉型基金在交易所買賣，不一定能成交。如果成交，有賣就有買，所以基金單位總數不變；開放型基金因投資人申購使單位總數增加，因投資人申請贖回使單位總數減少，因而基金單位總數隨時在變。

3.封閉型基金在交易所買賣的價格，係由市場供需決定，其價格高於基金每單位淨資差價值（簡稱淨值或 NAV）時稱為溢價，低於淨值時稱為折價，而通常是折價成交。開放型基金係由發行公司以每單位淨值買賣，對投資人較有利。

新興的指數股票型證券投資信託基金 (Exchange Traded Funds)，簡稱指數股票型基金 (ETF)，在基金發行時為封閉型基金，可申請在證券交易所上市，但為避免基金價格脫離標的股票的價格，基金設有創造及贖回的機制。當 ETF 在次級市場價格過高時，機構投資人可在股市買進一籃子股票，同時賣出 ETF，再將買進的一籃子股票申購 ETF 辦理交割；當 ETF 在次級市場價格過低時，機構投資人可在 ETF 次級市場買進 ETF，同時賣出一籃子股票，再將買進的 ETF 申請贖回，以贖回的一籃子股票辦理交割。

4.封閉型基金經理人因無贖回壓力，可以作長期性投資操作；開放型基金為應付贖回，必須以一部分資金投資於收益率低但變現性快的信用工具，此舉會影響基金績效；但為避免投資人要求贖回，經理人又必須爭取績效，更需要在同業中爭取績效排名。

5.稅捐負擔上，封閉型基金配息時要繳利息所得稅，在賣出時要繳證交稅；開放型基金通常不配息，在贖回時有資本增值，但沒有資本利得稅，其沒有買賣時也沒有證交稅。

(三)依基金註冊地分類

1.可分為國內基金與海外基金。國內基金指由國內投信公司或資產管理公司發行的基金，以新臺幣計價，其投資地區可為國內或國外。投資國外之基金有匯率風險，基金經理人通常會進行避險操作，單位淨值之變動已包含匯率波動在內。

海外基金指由國外資產管理公司發行的基金，以外幣計價。投資人須自己負擔匯率風險。目前海外基金之幣別以美元最多，其次為日圓、英鎊、歐元、瑞士法郎、加元、澳幣及港幣等。

2.國內投信發行基金之申請與贖回，可經由發行公司、代銷證券商及銀行辦理。海外基金未經金管會報備者，只能由投資人自己辦理結匯，將資金匯入發行公司指定的國外帳戶；海外基金經金管會報備者，經由受託銀行申購或贖回，投資人通常可按「指定用途信託資金投資國外有價證券」之規定，將新臺幣交付受託銀行，後者以自己名義受託投資所指定之海外基金，投資人仍為該海外基金之實際持有人並自負匯率風險，受託銀行會定期寄發對帳單，贖回時受託銀行將以新臺幣付款。

3.國內基金申購門檻低，單筆申購為新臺幣 1 萬元，定期定額基金則為每月 3,000 元；海外基金單筆申購為新臺幣 5 萬元，定期定額亦為每月 3,000 元。惟某些知名基金，特別是避險基金，申購門檻極高。

4.國內基金申購手續費通常為申購金額之 1.5%，在發行期間常有折扣優惠；海外基金申購手續費一般介於 2.5% 與 3% 之間。

5.國內基金之優點：(1)申購及贖回手續簡單、費用低廉；(2)沒有匯率風險；(3)資訊取得方便。

6.海外基金之優點：(1)產品多，可供選擇；(2)可享受外國經濟成長的成果。

㈣依基金投資地區分類

可分為全球基金、區域基金及單一國家基金。

1.全球基金

通常指投資地區包括歐美日經濟發展成熟國家及亞拉非新興經濟地區之基金，風險及報酬比較保守。

2.區域基金

可分為 2 種，一為區內各國經濟發展程度接近，如東南亞、拉丁美洲及東歐等地區，投資風險雖比單一國家低，但這些國家好時都好，壞時都壞，所以風險也很高。例如投資在南亞地區，過去淨值成長率非常高，屬於積極成長型基金，但遇到 1997 至 1999 年金融風暴及 2008 年金融風暴，損失均非常慘重。

另一為區域內國家經濟發展程度差距很大，如太平洋地區，包括經濟發展成熟的美日加等國及東南亞新興經濟地區，其性質接近全球基金，風險不高。

3.單一國家基金

只投資一個國家，通常風險較高，惟仍視經濟發展狀況及投資行業分配而定，如該國經濟發展成熟，且經理人投資分散不同行業，風險仍可降低。

單一國家投資除經濟風險外，匯率風險也非常重要。如 1999 年日圓升值期間，日本基金表現亮麗。又如我國投信公司發行而在紐約證交所上市的臺灣基金，價格波動很大，因我國股市在 1989、1996 及 1999 年都曾發生崩盤的現象。

㈤依基金投資標的分類

可分為股票型基金、債券型基金、貨幣型基金及平衡型基金，通常稱為三大一小。

1.股票型基金

指投資標的為上市或上櫃股票，目的在追求股價上漲的利益，屬於積極成長型。就長期而言，物價有上漲的趨勢，長期投資股市被視為一種對抗通貨膨脹的理財方式。但股價也可能長期處於熊市，更會發生大幅下跌至所謂崩盤的狀況，所以股票型基金具有高風險高報酬的特性。

2.債券型基金

投資標的為公債、公司債及金融債券，主要目的在謀取收入穩定的利息收益。比較起來，公債風險最低、流動性最大，但收益最低；公司債風險較高，利息也較高，但流動性較差。公司債如有金融機構及不動產抵押債券擔保者，風險較低，利息也較低；可轉換公司債因可獲得股價上漲的利益，利率亦較低。可轉換公司債在股價超過行使價格後，其價格隨股價上漲而同步上漲。

債券的價格與利率有反向變動的關係，債券年限愈長，利率變動的影響愈大，所以債券的報酬是利息加（減）價差。

3.貨幣型基金

投資標的為貨幣市場工具，如國庫券、商業本票、銀行承兌匯票、可轉讓定存單及定期存款等。因短期債券還款期間短、風險低、利息收益也低，但變現性高，通常是法人調度資金的工具，也是開放型基金必須搭配的投資工具。

4.平衡型基金

投資標的包含股票與債券兩者，除可獲得穩定的利息收益外，兼有獲取股價成長的好處，其風險與報酬通常介於股票基金與債券基金之間，有平衡與成長的作用。惟投資股票與債券之比例，可視市場狀況調整之。如股價處於牛市，股票比例可提高，股價處於熊市，債券比例可提高。

◆ 表 4-1　各類基金收益與風險之比較

	股票型	債券型	貨幣型	平衡型
收　益	高成長	穩定	最低	穩定成長
風　險	最高	低	最低	不高

(六)依投資方式分類

可分為單筆投資與定期定額投資。

單筆申購國內基金為每筆新臺幣 1 萬元，申購國外基金則為新臺幣 5 萬元。

定期定額投資指投資人於每月固定日期（定期），以固定金額（定額）申購基金。為方便付款，投資人須填「直接轉付款授權書」，授權指定之金融機構定期定額自其存款帳戶扣款轉存基金專戶。此項作業類似代繳水電費之作法。

定期定額投資在基金淨值高時，買到的基金單位就少；基金淨值低時，買到的基金單位就多，相當於以平均成本申購基金，分散投資時點可降低選錯時機的風險，所以投資人不必過份擔心基金價格的變動。

定期定額投資的投資門檻較低，最低金額為每月新臺幣 3,000 元，投資人可衡量本身的儲蓄能力決定每月投資金額，此為將儲蓄與投資結合在一起的最佳方式。

(七)依購買基金時是否付費分類

可分為付費基金 (Load Funds) 與不付費基金 (No-Load Funds)，前者投資人要支付手續費或佣金，一般基金多屬此類；後者則不付費用，只能直接向發行人購買。

(八)組合型基金

基金經理人為分散投資風險或為謀取不同的投資報酬，常作多種金融工具不同的組合，常見者有：

1. 平衡型基金

投資標的為股票與債券，兩者所佔比例，隨時視市場狀況調整。

2. 保本型基金

係投資債券（或定存）與選擇權的組合。投資債券或定存，以其利息收入買入選擇權或認購權證，在股（匯）價上漲時，投資人可獲得資本利得（即股票或外幣上漲的利益）；如股（匯）價未漲甚或下跌，投資人可保有投資之本金（債券或定存）。

3.概念型基金

如大中華基金投資地區可包括臺灣、香港及中國大陸；科技型基金可包括電子股及網路股等。

4.衍生金融商品基金

投資標的可包括權證、期貨與選擇權等，風險最高。

以上各類基金為臺灣常見的基金。在美國發行的基金有 1 萬多支，可分成 30、40 類。基本上，投資基金的風險與報酬成正比，各類基金風險與報酬狀況，大體上可參見圖 4–5。

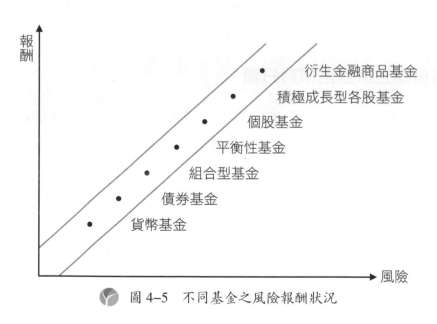

圖 4–5　不同基金之風險報酬狀況

$ 二、投資人之選擇

㈠投資人之權利

　　基金之資金來自投資人，投資人是基金的受益人，相當於基金之股東，但投資人沒有基金的管理權，其權利限於⑴出席受益人大會，具有表決權；⑵剩餘財產分配的請求權；⑶有關法令及存託契約規定的其他權利。

㈡投資人之風險

　　風險高低通常以標準差 (Standard Deviation) 來衡量，亦即利用以往一定期間的資料，可計算出該期間的報酬偏離平均值的情形，偏離愈遠，表示報酬波動幅度愈大，風險也愈高。投資基金的風險，包括：

1.市場風險 (Market Risk)

　　指基金淨值變動的風險。基金淨值之變動源於投資標的市場價格的變動，可分為系統風險 (Systematic Risk) 與非系統風險 (Non-Systematic Risk)。前者指經濟或政治因素導致整個金融市場的波動，如 1997 年 7 月至 1999 年 6 月間東亞金融風暴，曾導致股市與匯市雙雙大幅下跌，各類基金幾乎無一倖免，只是影響程度不同，股票型基金影響最大，債券型基金影響較小。

　　就股票型基金而言，通常可利用 β 係數來衡量系統風險對基金的影響，β 大於 1，表示該基金波動大於大盤波動。在股價指數上升時，基金賺得比大盤多；股價指數下跌時，基金虧得比大盤多。

　　非系統風險指影響特定企業、行業或國家基金價值的波動，如某個企業經營不善、某個行業不景氣，或是匯率大幅變動影響某個企業、某個行業或某個國家基金的績效。避免非系統風險的最佳方法是分散投資，投資多個企業、多個行業或多個國家，可降低單一企業、單一行業或單一國家的非系統風險。

2.利率風險 (Interest Rate Risk)

　　指利率變動對基金價值的影響，且其對債券基金的影響最大。衡量利率變動對債券價格的影響，可利用債券的持續期，即所有現金流量現值的時間加權平均滿期日。式中，D 為持續期，C 為債券利息，y 為收益率，n 為債券還本年數，FV 為債券面值。

$$D = \frac{\dfrac{C}{1+y} + \dfrac{2C}{(1+y)^2} + \cdots + \dfrac{n \cdot C}{(1+y)^n} + \dfrac{n \cdot FV}{(1+y)^n}}{\dfrac{C}{(1+y)} + \dfrac{C}{(1+y)^2} + \cdots + \dfrac{C}{(1+y)^n} + \dfrac{FV}{(1+y)^n}}$$

在利率變動 dy 時，債券價格變動為：

$$dP = -\frac{D}{1+y} P \cdot dy$$

3.流動性風險 (Liquidity Risk)

指投資人無法將基金變現的風險。此在股票市場無量下跌時會發生，如封閉型股票基金在股票無量下跌時無人接手。若開放型基金發行之投信公司因沒有現金可供贖回，可依據證券投資信託契約之規定，報經金管會核准後暫停贖回。

4.信用風險 (Credit Risk)

指因投信公司管理不當，使基本淨值大幅降低的風險。如 1998 年金融風暴期間，臺灣一再爆發地雷股，使這些公司發行之股票無擔保公司債大幅下跌；又如法華理農購入偽造定存單，均使基金投資人損失慘重。

㈢投資人對基金之選擇

1.衡量本身承擔風險的能力：若投資人承擔風險能力強，可選擇高風險高報酬的基金，如積極成長之股票型基金及單一國家基金等；若承擔能力不強，可選擇保本型、全球型或平衡型基金；為求基金變現能力強，可選擇貨幣型基金或債券型基金。

2.投資現有基金，要瞭解其以往的績效。過去績效高者，不一定能保證未來績效一定好，但過去績效不好的，將來表現好的機會也不大。

3.對於新發行的基金，應詳細瞭解其公開說明書內容、投資方針及範圍、投信公司的財務狀況，以及基金操盤人的經驗等。

4.基金的規模不能太小，因為基金必須有相當的資金才能從事風險分散操作。如基金規模逐月下降，表示投資人在撤離，不宜介入。

$ 三、我國之基金市場

㈠我國基金市場概況

目前我國基金市場，尚未開放避險基金之設立，所有基金均為共同基金。根據中華民國證券投資信託暨顧問商業同業公會的統計資料顯示，截至 2010 年 6 月為止，我國基金市場淨資產價值已超過新臺幣 1 兆 8,880 億元；發行基金之投信公司 39 家，共發行 535 支基金，主要都是開放型基金。

開放型基金中：⑴股票型基金 6,542 億 8,072 萬元，佔 34.65%；包括國內募集投資國內股市 3,144 億 6,997 萬元，國內募集投資國外股市 3,398 億 1,075 萬元；⑵類貨幣市場型基金 8,212 億 6,154 萬元，佔 43.49%；⑶固定收益型基金（即包括債券型基金）593 億 3,962 萬元，佔 3.14%，其中國內募集投資國內債市 42 億 8,293 萬元，國內募集投資國外債市 319 億 5,392 萬元；⑷平衡型基金 501 億 7,003 萬元，佔 2.66%；⑸組合型基金 1,306 億 1,494 萬元，佔 6.9%。其他還有貨幣市場基金、不動產證券化型基金、指數股票型基金、指數型基金等。

㈡《證券投資信託事業管理規則》之規定

1.經營證券投資信託事業（即投信公司）應經金管會核准。

2.投信公司以股份有限公司為限，實收資本額不得少於新臺幣 3 億元。

3.投信公司應將證券投資信託基金交由基金保管機構保管，不得自行保管。

4.投信公司對每一基金之運用，均應指派符合所定資格條件的專人負責。

㈢《證券投資信託基金管理辦法》之規定

1.投信公司募集或追加募集基金應報經金管會核准後始得為之。由國外募集並應取得中央銀行之同意。

2.信託契約及公開說明書應記載金管會規定之事項。

3.基金應依據投資或分析報告作成決定，交付執行，並按月提出報告（即實施研究執行與考核三聯制）。

4.基金應委託證券經紀商在集中市場或店頭市場，以現款現股買賣上市或上櫃有價證券，並指示基金保管銀行辦理交割。基金不得投資未上市或未上櫃股票或其他基金發行之受益憑證；不得為放款或授信擔保，不得從事證券信用交易。

5.基金所有資產應登記為基金保管銀行名義下之基金專戶。

6.投信公司對開放基金買回受益憑證之申請不得拒絕，但經金管會核准者不在此限。

㈣政府為健全金融市場發展所採取之規定

1.在東亞金融風暴新臺幣貶值期間，依中央銀行的規定，自 1998 年底起停止受理投信公司國內募集資金投資國外證券基金之發行。由於 1999 年年底新臺幣趨向升值，中央銀行自 2000 年起開放但採取額度限制，第一年全年額度為新臺幣 300 億元，每檔基金以新臺幣 50 億元為限。

2.我國基金市場尚未開放貨幣基金之發行，所以部分投信公司以債券基金名義經營貨幣基金。我國亦未開放避險基金之發行，金融機構可投資國外發行之避險基金。

3.因受九二一大地震影響，9 月 28 日股市復市後，上市及上櫃股票至少有 500 檔跌停板，投資人申請贖回金額超過新臺幣 100 億元，投信公司無法應付投資人之贖回壓力，申請並經金管會同意暫停計算淨資產及受理贖回之要求。

4.由於股市電子股飆漲，投信公司發行基金亦偏重科技股基金。為平衡股市發展，金管會於 1999 年下半年要求投信公司對科技產業與傳統產業基金間隔發行，對傳統產業基金稱資產重置型基金。

5.為穩定股市，政府設置國家安定基金，採香港模式，以共同基金方式在金融市場發生系統風險時，可適時介入支持股市。可直接投資股市，亦可投資基金間接投資股市。

㈠基金名稱

⑴基金名稱：通常包括發行基金公司之名稱及投資方向，如元大高科技基金、怡高價值成長基金、中信全球科技基金等；⑵基金保管機構名稱。

㈡基金性質

⑴基金種類：如股票型、債券型或平衡型。目前發行之基金，大多為股票型；⑵基金型態：如開放型或封閉型，目前發行之基金，絕大部分為開放型。

㈢基金數額

1. 發行面額

包括首次淨發行總面額及最低面額，如總面額新臺幣 50 億元，最低面額新臺幣 10 億元。如申購金額未達最低面額時，基金不成立。申購金額達首次淨發行總面額 95% 以上時，得經金管會核准後追加發行。

2. 受益權單位總數及每受益權單位面額

包括最高額及最低額，如每受益權單位為新臺幣 10 元，最高額為 5 億單位，最低額為 1 億單位。

㈣基金之成立

1. 成立條件通常為自公開募集之首日起 30 天內募足最低額，基金即可成立，並以金管會核准報備之日期為基金成立日。

2. 受益憑證發行日通常不超過基金成立日起 30 日。

3. 基金存續期間通常不定期限，在受益人大會決議終止信託契約時，基金存續期間即屆滿。

㈤投資地區及標的

1. 投資之基本方針及範圍包括投資國內或國外、投資地區及標的類別。

2. 大部分基金投資於國內有價證券，包括上市及上櫃股票、上市公債及公司債（包括可轉換公司債）等，以及各類標的所佔的比例等。

㈥銷售相關問題

1. 開始銷售日期：指開始募集銷售的日期，通常為金管會核准發行後 3 個月內，承銷期間約為 1 週至 2 週。銷售方式，由發行基金的投信公司自行及委託銀行信託部銷售。

2. 銷售價格：在承銷期間及成立前，係按每受益權單位發行價格銷售，通常為每單位新臺幣 10 元；自基金成立後，按每受益權單位淨資產價值銷售。

3. 銷售費用：國內基金通常係按發行價格 1.5% 計算，大戶並有折扣優惠。

4. 申購最低金額：通常在募集期間最低為新臺幣 1 萬元，募集期間以外，每次最低有新臺幣 3,000 元。

㈦買回相關之問題

1. 買回開始日為基金成立 90 天後。

2. 投資人可以出面向經理公司或其指定之代理機構提出買回之申請。

3. 買回價格為買回基金受益權單位之淨資產價值。

4. 買回費用通常不超過每受益權單位淨資產價值之 1%。

㈧基金之費用

1. 基金經理公司的經理費通常按基金淨資產價值 1.6% p.a. 之比率，逐日累計計算，按月給付。

2. 保管機構的保管費通常係按淨資產價值 0.15% p.a. 計算，按月給付。

㈨其他事項

1. 基金經理公司、保管機構及受益人的權利、義務與責任。

2. 投資風險及基金資訊之揭露。

$ 五、避險基金與長期資本管理公司危機事件 ▶▶▶▶

㈠避險基金之意義

避險基金又稱對沖基金，指投資方式有避險效果的基金。如在股市，同時買進低估股票，並賣出高估股票，有多頭也有空頭，所以不論股價走勢如何，基金承擔風險有限，所以稱為避險基金。其後由於競爭關係，為爭取績效改採單向操作，即預期上漲時採多頭，預期下跌時採空頭，即使仍如以前多空並採時，因為高槓桿倍數的關係，使此項基金成為高風險的操作。

㈡避險基金之類別

1.總體經濟型基金 (Macro Funds)

指依據總體經濟狀況、預期股市、債市及匯市等走勢，而大量持有單向部位，謀取高利潤方式操作的基金。因為此項操作並未採取避險措施，所以風險很高，如預期正確，可獲鉅額利潤；如預期錯誤，也會造成鉅額損失。如索羅斯 (Solos) 的量子基金，在 1992 年 9 月的共同市場 (Common Market) 國家匯率危機中，先後放空義大利里拉及英鎊，迫使義英 2 國相繼宣布退出匯率穩定機能 (Exchange Rate Mechanism, ERM) 並使里拉及英鎊貶值，因而獲利 10 餘億美元。1997 年 7 月，索羅斯亦因放空泰銖引發東亞金融風暴而獲巨利。但在 1998 年 8 月俄羅斯的金融危機中，因俄羅斯停止償還債券並使盧布大幅貶值，使索羅斯蒙受重大損失。

2.相對價值基金 (Relative Value Funds)

指利用相關金融工具間相對價值之變動謀取利益。即在相對價值變得不正常時，買入低估工具並賣出高估工具，俟其相對價值恢復正常時，再作相反之操作。此項操作風險本來很低，但如槓桿倍數過高，市場又缺乏流動性時，損失亦會很大。

㈢長期資本管理公司危機事件

1. 長期資本管理公司 (Long-Term Capital Management Limited Partnership, LTCM) 為一兩合方式的合夥組織，一部分股東包括基金經理人及基金創始人為無限責任，負責基金操作及管理，其他股東合夥人為有限責任。

2. LTCM 創立於 1994 年 3 月，創辦人為前索羅門證券公司副董事長梅利威勒 (Meri Wether)，為名列宇宙大師 (Master Universe) 的著名交易員。合夥人陣容堅強，包括 1997 年諾貝爾經濟學獎得獎人莫頓 (Robert Merton) 及修斯 (Myron Scholes)，以及前聯準會副主席穆林斯 (Mullins) 等，1995 年獲利 42.8%，1996 年獲利 40.8%，由於投資績效輝煌，投資人趨之若鶩。基金對投資人所訂的投資門檻高達 1,000 萬美元，且 3 年內不得申請贖回。

3. 由於 LTCM 經理人名氣大，操作績效又好，金融機構對其融資條件也特別優惠，附買回協議免去差額 (Haircut)，可得 100% 融資，加上信用放款等，使 LTCM 的 23 億美元，可買入 1,250 億美元的股票及債券等金融工具，再以 50 倍的槓桿效果，掌控 1 兆美元的衍生金融商品，成為金融市場的巨人。

4. 由於判斷錯誤，投資失利，復以槓桿倍數太高，使損失擴大若干倍，至 1998 年 8 月已虧 40 億美元，剩餘資金已不足應付保證金追繳，勢將破產。美國聯準會有鑑於 LTCM 掌握的金融資產太大，如被迫以火災品拍賣價格出售會衝擊全球金融市場，遂由紐約聯邦銀行 (NY Fed) 出面邀集 16 家大銀行及證券商會商紓困。最後協議由其中 14 家出資 36 億美元取得 LTCM 九成股權，投資期間為 3 年，並由 6 家銀行組成監管委員會於 9 月 29 日接管 LTCM。為便於 LTCM 其他遭遇類似命運的基金出售其金融商品，美國聯準會於 10 月 15 日宣布促使聯邦資金及重貼現率降低一碼。

5. 操作失敗原因：

⑴避險交易失利：LTCM 預期美國利率會上升，債券價格會下降，公債與公司債間價差會縮小，遂放空美國公債，並買入抵押債券避險。但未料到因東亞金融風暴大量資金流入美國，使美國公債價格大漲，與抵押債券價差擴大，因而蒙受損失。同時 LTCM 以歐盟將實施單一貨幣歐元，預期歐元國間利率差額會縮小，如丹麥利率會下降，德國利率會上升，遂買入丹麥債券並放空德國債券。惟實際走勢是丹麥利率走高，德國利率未變，利率差距擴大，使 LTCM

造成損失。

　　⑵新興市場國家債券利率較高，為基金謀得較高收益的重要金融工具，惟因俄羅斯受東亞金融風暴影響造成金融危機，俄羅斯於 1998 年 8 月宣布盧布大幅貶值並暫停償債，致使 LTCM 損失 20 億美元。

第五節　權證市場

$ 一、權證市場之類別

㈠依投資人對市場預期之分類

　　分為認購權證 (Call Warrant) 與認售權證 (Put Warrant)。認購權證指投資人認為市場將為多頭，標的證券價格會上漲，買入認購權證將因權證價格上漲而獲利。認售權證投資人認為市場將為空頭，標的證券價格會下跌，買入認售權證將因權證價格下跌而獲利。

　　如以同一標的股票、同一行使價格，同時發行等量認購與認售 2 種權證，發行人的風險不高。依國際慣例，發行認購權證，發行人應建立六成多頭部位；發行認售權證，發行人應建立二成空頭部位；如同時發行等量認購與認售權證，發行人只要建立四成多頭部位即可，可降低發行券商資金積壓，兩者權利金均可降低。

　　例如，證券商寶來發行中信金認購權證（代碼 03276），行使價格為新臺幣 20.34 元，發行之認售權證（代碼 03277）的行使價格為 16.10 元。2010 年5 月 11 日，中信金股價為 16.25 元，購買認購權證及購買認售權證的投資人均處於賠錢狀態。

㈡依標的分類

　　可分為股權權證 (Equity Warrant)、債務權證 (Debt Warrant)、外幣權證 (Currency Warrant) 與商品權證 (Commodity Warrant)。

商品權證指以商品作為權證標的，如金礦公司可以黃金為標的發行黃金認購權證 (Gold Warrant)；石油公司可以石油為標的發行石油認購權證 (Oil Warrant)，惟不多見。

外幣權證指以外國貨幣為標的的權證，也不發達。德國銀行曾在店頭市場發行 500 美元及 500 馬克的認購權證；在紐約證交所 (NYSE) 有外幣認購權證上市，因為證交所不負責信用風險，所以只有外國政府及銀行才能發行。

債務權證在 80 年代曾有多次發行，由於 1980 年美元利率曾兩度暴升，基本利率達 20%，3 個月國庫券利率達 17%，30 年國庫債券收益率超過 13%，投資人為免因利率再上升蒙受損失而對債券投資缺乏興趣。借款人為提高投資人購買債券的意願，紛紛發行附有認購權證的債券。

如瑞典政府於 1980 年 12 月在美國發行為期 5 年的洋基債券 2 億美元，收益率為 13.65%，附有權證可買入等量相同收益率的債券，滿期日為 1985 年 12 月，權證有效期為 1981 年 6 月，可認購的債券滿期日為 1986 年 6 月。在發行之初，投資人認購熱烈，但交易時收益率升為 14.5%，債券價格下跌為 96.75%。

零息債券的發行也可附送權證，如 1981 年 8 月花旗銀行發行 1 億美元為期 3 年的零息債券，折價為 66.75%，收益率為 14.42%。每張債券附送 2 張有效期為 1 年的權證，可買入收益率 14.5%、7 年期零息債券。由於投資人認購熱烈，權證價格漲至 17 美元，為期 3 年零息債券收益率升為 16.44%。至 1981 年底，由於利率下降，權證價格漲至 27 美元。

浮動利率債券的發行也有附送可認購固定利率債券的權證。如 1982 年 SNCF 發行 1988 年 4 月滿期 1 億 2,500 萬美元的浮動利率債券，每張債券附送 1 張權證，有效期為 1 年，可認購滿期日 1990 年 4 月利率 11.25% 的債券 1 億 2,500 萬美元。

發行債券所附送的權證可以不只 1 張。如 1982 年 5 月 Sears 發行為期 5 年利率 13.875% 的債券，附有 1 張有效期 1 年、可認購 1990 年滿期利率 13.5% 的債券，並有 1 張有效期間自 1983 年 5 月至 1988 年 5 月、可認購 1990 年 5 月滿期利率 8% 的債券。

權證市場迄今仍以股票為標的的股權權證為主，以下討論的內容，也以股權權證為主。

㈢依發行人之身份分類

分為由標的證券發行公司發行與由第三者發行 2 種:

1.由標的證券發行公司發行的權證, 一般稱為公司權證 (Company Warrant), 可分下列幾種情形:

(1)發行債券時附送: 借款人為吸引投資人購買債券並降低債券利率, 於發行債券時附送股權權證或債券權證, 此種債券稱為認購權證債券 (Warrant Bond)。債券權證在利率下降時可獲利; 股權權證在股價上漲時可獲利。

附有股權權證債券的發行有 2 種方式: 分離式與非分離式。前者權證與債券均可單獨交易, 權證也可在交易所與股票一樣上市; 後者不能單獨交易, 只能與債券一併買賣, 或與股票一樣以債券名義上市。

行使認股權時, 資金交付也有 2 種情形: 一是債券可抵付認股款, 此種情形類似可轉換公司債; 一是以現金繳納, 分離式權證應屬此類, 即在行使認股權後債券仍然存在。投資人既是股東, 也是債權人。對發行公司而言, 增加股本也增加了資金, 債務未變。

(2)公司增資發行股票時附送認售權證, 等於對投資人保證未來股價不會低於權證的行使價格。此項安排, 有利於增資股票的出售。

(3)公司在決定發行增資股票前, 先發行認股權證, 其優點是可獲較多的收入, 其缺點是含有不確定性, 會影響公司的資金調度。

(4)以庫藏股發行認股權證作為員工績效獎勵金, 可培養員工休戚與共的理念, 並可激勵員工創造業績。此項權證通常不公開發行, 不可轉讓, 也不上市, 有效期為 1 至 3 年, 可 1 次發給, 也可分批行使, 如 1 年只能行使 $\frac{1}{4}$。

我國於 2000 年 8 月實施員工認股權憑證制度, 其要點為: (1)只適用於上市與上櫃公司; (2)須提報股東大會同意; (3)限全職員工才有認股權; (4)權證數量不得超過公司已發行股份的 15%, 單一認股權人每次認購金額上限為 3,000 萬元; (5)以發行前 5 個營業日的平均價格為行使價格; (6)存續期間以 10 年為限, 員工持有權證滿 2 年後可依約請求履約。

2.由股票發行公司以外之第三者發行認股（售）權證，有 2 種情形：

(1)股票持有人以持有股票交付信託憑以發行認股權證，有百分之百的擔保，稱為備兌權證 (Covered Warrant)，對股票持有人而言，通常利多於弊。如發行價平權證，權證價格通常是目前股價之 25%；如股價大漲，買入權證者行使權利，發行人的收入是現在股價加 25%，績效相當不錯；如股價不漲甚或下跌，發行人仍有 25% 的收入，遠比抱著股票的純投資人好得多。

(2)證券商發行之認股（售）權證稱為無擔保權證 (Non-Collaterized Warrant)，旨在賺取權證價格的收入。為避免股價變動的風險，發行人會依避險比例買賣標的股票避險，所以又稱為避險權證。發行認股權證，買入若干成標的股票；發行認售權證，放空若干成標的股票，再以動態避險策略，視股價變動隨時調整標的股票部位，在發行權證業務中，證券商的實際利潤為權證價格加（減）避險操作的盈虧。

以上各項分類，可合併如圖 4–6。

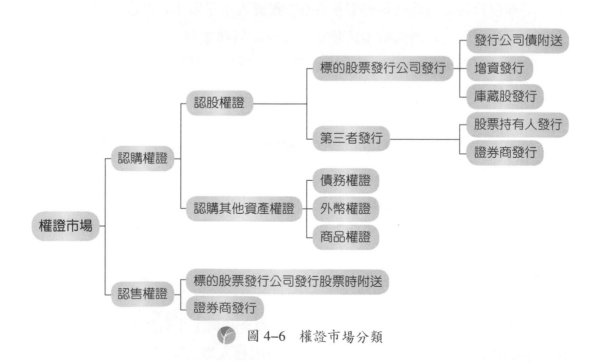

圖 4–6　權證市場分類

㈣依交易之地方分類

可分為集中市場與店頭市場。絕大部分權證係在集中市場買賣，如證券商發行之權證於發行後上市，必要時發行人會進場護盤，穩定權證市場以利後續發行。如銀行發行小規模外幣權證，不上市，但銀行會做成店頭市場，使權證交易也有流動性。

㈤依行使時間有無限制分類

可分為美式權證 (American Warrant)、歐式權證 (European Warrant) 及改良歐式權證 (Modified European Warrant)。

美式權證指權證持有人在權證滿期前任一日均可行使權利；歐式權證則只能在滿期日行使權利；改良歐式權證可在設定的幾個時點或期間內行使權利。

美式權證對持有人較有利，權利金較高，特別是流動性較差的權證市場。臺灣發行的權證均為美式權證。

㈥認股權證市場之類別

1.依標的股票之性質分類

(1)個股權證：指權證的標的為單一公司發行的普通股，其發行量最高，報酬高，風險也最高。

(2)組合式權證：指權證標的為 2 個或 2 個以上的普通股，風險報酬較個股權證為低。組合方式可為同類股票與不同類股票。同類股票漲跌趨勢大多相同，所以風險比不同類股票組合為高。如臺灣股市中，電子股與金融股常有輪番變動的現象，所以 2 類股票組合，風險可以分散，如 1999 年 8 月群益發行之組合權證中，明碁電腦與中華開發公司各佔 50%，即屬此類。

組合中各個股票所佔比重不一定得相同。如 1999 年 8 月寶來發行科技股權證，其組合情形如表 4–2。

組合中各個股票間相關係數愈低，風險愈低。組合式權證風險較低，其價格也比個股權證組合的價格低。

表 4-2　寶來科技股之組合權證

股票名稱	股　數	發行日市價	市　值	發行日權重
宏碁電腦	0.15	94.0	14.10	16.84%
大眾電腦	0.15	87.0	13.05	15.58%
中環電子	0.15	108.0	16.20	19.34%
茂矽電子	0.40	68.0	27.20	32.48%
明碁電腦	0.15	88.0	13.20	15.76%
合　計	1.00	組合參考市價	83.75	100.00%

(3)股票指數權證：指以股票指數作為權證的標的，包括：(a)綜合指數 (Composite Index)，如紐約證交所綜合指數及臺證所臺股加權指數等，(b)類股指數，如臺證所電子類股及金融類股。

2. 依交割方式分類

(1)實物交割：即以股票交付，個股權證可採用。

(2)現金交割：即以現金結算價格差異，指數權證可採用。

(3)實物或現金交割：可選擇以實物或現金結算，證券商發行認股權證，通常採用此方式。證券商保留選擇權以利業務運作。又如法令限制外國人持股的比例時，可限定以現金結算差價。

3. 依行使價格與發行時股價之關係分類

(1)價平權證 (At-the-Money/ATM Warrant)：以發行前一日收盤價為行使價格，行使機率通常為 50%，風險較高，權證價格亦高。

(2)價外權證 (Out-of-the-Money/OTM Warrant)：就認股權證而言，行使價格比收盤價高；就認售權證而言，行使價格比收盤價低，如以發行前一日收盤價之 125% 為行使價格，則股價必須上漲 25% 以上時才有行使利益，所以權證價格較低。

(3)價內權證 (In-the-Money/ITM Warrant)：就認股權證而言，行使價格比收盤價格還低；就認售權證而言，行使價格比收盤價格還高。價內權證立即行使即可獲利。收盤價與行使價格間差額稱為內在價值 (Intrinsic Value)，其包含在權證價格內。權證價格等於內在價值加時間價值 (Time Value)。

　　相較來說，價外權證行使機率低，權證價格亦低，槓桿倍數則高；價內權證行使機率高，權證價格亦高，槓桿倍數則低（參見圖 4-7）。

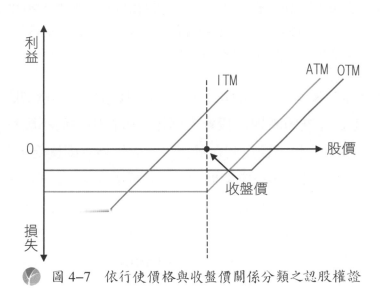

圖 4-7　依行使價格與收盤價關係分類之認股權證

4. 依行使價格有無特別規定分類

(1)正常權證：即一般權證，只有一個固定行使價格。

(2)上限權證 (Cap Warrant) 與下限權證 (Floor Warrant)：指在股價達到設定標準時，權證視為到期，發行券商自動辦理現金結算，發行人對持證人支付設定價格與行使價格間之差額。前者適用於認股權證。事實上相當於一個價差權證 (Spread Warrant)，加上一個立即到期並結算之條款。如上限認股權證為投資人買入一個認股權證，並以一個更高的行使價格（上限價格）對發行人賣出一個認股權證。

　　上（下）限權證特性：(a)發行人的風險及投資人的潛在利益以上（下）限為限，所以權證價格較低；(b)如上（下）限的範圍太小，可能很快就達到限價使權證到期，對投資人沒有太大誘因；如範圍太大，將與正常權證沒有多大不同。一般上（下）限範圍常訂在行使價格之 50%，權證價格較正常權證約低 10 餘個百分點；(c)組合式權證不適合訂上（下）限；(d)標的股價一達到設定限價，權證視為到期，所以權證的存續期間不確定。

 例四

1999 年 11 月寶來發行南亞價平上限權證，權證價格為收盤價之 20.5%，上限價格為收盤價之 150%。1999 年 1 月群益發行太平洋價外權證，權證價格為收盤價之 19.5%，行使價格為收盤價之 120%，上限價格為收盤價之 150%。

(3)重設型權證 (Reset Warrant)：指權證的行使價格可因標的股價之變動而重新設定。在空頭時期，投資人因擔心股價續跌而不願意買入認股權證，同時發行人也不願見到在發行後權證價格立即遭受下墜的壓力，因此才有此種在發行後一定期間內，行使價格可向下調整的安排，對投資人有利，但權證價格通常會提高約 2%。重設條件有下列幾種：

(a)重設期間的長短：最短為自發行日起至上市日止，以保障持證人上市前的風險，最長為 1 個月，再長因風險增加會提高權證價格。我國權證重設期間多訂為 1 個月或 30 天。

(b)重設時機可分為時段型與時點型，前者指在一段時間內任一日均可重訂，後者則只能在某一天或某幾天重訂。我國權證重設多屬前者。

(c)重訂價格可分單層與多層，前者只有一個重訂價格，後者則有多個重訂價格。我國權證兩者都有。

(d)重設次數可為 1 次或連續多次，前者只允許重設 1 次，後者可連續多次或不限次數，只要符合重設條件即可。

(e)計算均價的天數：如天數太少，標的股價易遭人操作，為期均價計算公平，通常採 3 至 6 日。

(f)重設幅度：門檻過高，如超過 15%，即標的股價低於原訂行使價格 85%，對投資人缺乏保障；如變動幅度過低，可能要連續重設，對投資人固然有利，權證價格卻可能要提高。

例五

1. 大華於 1999 年 10 月發行聯華電子重設認股權證，採 6 日均價，重設幅度為原始行使價格之 85%，可向下調整，但不得向上調整，調整以 1 次為限。

2. 建弘於 1999 年 9 月發行台積電與華新麗華各半之組合式重設認股權證，採 3 日均價，調整幅度為原始行使價格之 98%、96%、94%、92% 及 90% 多層，但以 1 次為限。

3. 元大於 1999 年 11 月發行台化重設認股權證，採 6 日均價，調整幅度為原始行使價格之 85%，重設次數沒有限制。

二、權證市場之投資與避險操作

(一)權證之功能

權證是一種選擇權，因此可利用選擇權避險者，大體也可利用權證避險。如投資人為股票多頭，為防止股價下跌蒙受損失，可買入標的股票的認售權證。在股市大漲後，股價可能反轉下跌，也可能續漲，投資人可賣掉股票，同時買入認股權證，此項操作稱為「以權換股」，既可將股價已上漲的利益落袋為安，如股價續漲，也有權證可分享上漲利益。

發行認股權證的券商，通常係利用買入標的股票避險，但也可買入他人發行的認股權證避險，只要兩者相關性高，價格合適即可。

權證的另一個重要功能是投資，發行的券商在於謀取權證價格的收入，權證投資人在於謀取股價變動的利益，股價變動有利，且如避險得宜，可做到發行人與投資人雙贏的局面。

(二)投資人之選擇

1. 投資人的選擇有二：權證的選擇與權證發行人的選擇。權證的選擇要看標的股票價格上漲的潛力、槓桿倍數與損益平衡點、標的股票及權證的流動性，特別是權證價格是否合理。對權證發行人的選擇，要看發行人的信譽及其操作能力是否良好。

2.投資人購買認購權證的目的在謀取股價上漲的利益，所以標的股票價格必須有上漲的潛力。如圖 4-8，A 點為行使價格，股價未超過 A 點時，投資人所付出的全部權證價格將賠光；股價超過 A 點後，投資人行使有利，可收回部分權證價格。B 點為損益平衡點，股價超過 B 點後，投資人才是淨賺。

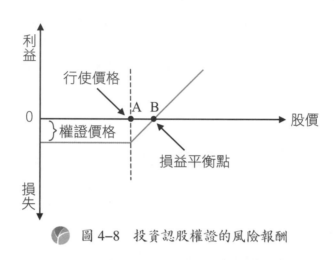

圖 4-8　投資認股權證的風險報酬

$$損益平衡點 = \frac{權證價格 / 行使比例 + 行使價格 - 收盤股價}{收盤股價}$$

式中損益平衡點是指以收盤價為準，即為達損益平衡股價所必須上漲的幅度，如果行使比例為 1:1，且以平價發行，即行使價格等於收盤股價，則上式簡化為：

$$損益平衡點 = \frac{權證價格}{收盤股價}$$

權證特性之一是投資人可以較少的資金謀取較大的利益，發揮以小搏大的功能，以買入一單位股票的資金除以可買入權證的單位數，稱為槓桿倍數 (Leverage)。

$$槓桿倍數 = \frac{收盤股價}{權證價格 / 行使比例}$$

如果行使比例為 1:1，上式可簡化為：

$$槓桿倍數 = \frac{收盤股價}{權證價格}$$

槓桿倍數為以上漲幅度表示的損益平衡點的倒數。

 例六

2000 年 1 月 5 日元富發行中商銀普通股價平認購權證，發行前一日收盤價格等於行使價格，為新臺幣 36.5 元。權證價格為收盤價的 26.4%，即新臺幣 36.5 × 26.4% = 9.63 元。股價必須上漲 26.4%（9.63 元）才能損益平衡，槓桿倍數為 $\frac{36.5}{9.63}$ = $\frac{1}{26.4\%}$ = 3.79 倍。一旦股價上漲 26.4% 以上使投資人獲利時，其槓桿倍數接近 4 倍。

 例七

2000 年 1 月 5 日中信發行南亞普通股價外認股權證，發行前一日收盤價為新臺幣 73.5 元。行使價格為收盤價的 180%，即新臺幣 73.5 × 180% = 132.3 元，權證價格為收盤價的 8.44%，即新臺幣 73.5 × 8.44% = 6.2 元，行使比例為 1:1，則槓桿倍數為 $\frac{73.5}{6.2}$ = 11.85 倍(亦即 1 / 8.44% = 11.85 倍)，損益平衡點為 (73.5 × 180% + 73.5 × 8.44%) / 73.5 – 100% = 88.44%，表示股價上漲 88.44% 後買方才有賺，股價一旦漲到 138.5 元以上，買方獲利時，其槓桿倍數立達 11.85 倍。

由以上兩例可知，價平權證的權證價格比例較高，槓桿倍數較低，價外權證的權證價格比例較低，槓桿倍數較高，但損益平衡點也較高。買入南亞權證的投資人必須在南亞股價上漲超過 88.44% 才有賺，股價未超過此點，只輸不贏。此外，投資人如在中途出售，其賺取的是權證買賣的差價，槓桿倍數應採用有效槓桿倍數 (Effective Leverage)，其表示股價變動 1% 時，權證價格變動的百分比。下式中，δ 為避險比例，即權證價格變動金額除以股價變動金額（詳見後文）。

$$有效槓桿倍數 = 名目槓桿倍數 \times \delta$$

某權證價格為 20 元，行使價格為 100 元，則名目槓桿倍數為 100 / 20，即 5 倍，如 δ 為 0.6，則有效槓桿倍數為 (5 × 0.6) 即 3 倍，表示權證價格的變動為股價變動的 3 倍。

3.標的股票及權證的流動性，可由標的股票的發行量市值及股權分散程度，以及權證的發行量及權證的分散程度來測量，發行量愈大，持有人愈多，流通性會愈高。我國券商發行權證，金管會對標的股票的最低發行量（市值）、持股人數、權證發行的最低單位及持證人數均有規定，有利於投資人的選擇。

4.權證價格是投資人買入權證的成本，也是發行人承擔風險的補償或報酬，所以必須公平合理。在權證發行時，權證價格是最重要的發行條件，必須報經金管會同意。在上市後，權證價格由市場供需決定。對於認股權證而言，影響權證價格的因素有 5 個：

(1)行使價格與標的股票價格的關係：兩者相等為價平；行使價格高於股價為價外，權證沒有行使價值，因此權證價格低；行使價格低於股價為價內，兩者的差距稱為內在價值，指投資人立即行使即可獲得的利益，內在價值愈大，權證價格愈高。

(2)權證至滿期的時間：時間愈長，權證變成價內的機率愈大，此即時間價值 (Time Value)，也就是權證價格超出內在價值的部分。權證價格等於內在價值加時間價值。權證價格與時間的關係，並非等比例變動，而是與時間的平方根成等比，1 年期權證的價格是 6 個月期權證的 $\sqrt{2} = 1.4142$ 倍。權證價格因時間消逝而遞減，而且在接近滿期時加速下降，此種現象稱為蛻變 (Decay)。至滿期時，時間價值為零，權證價格等於內在價值；如果沒有內在價值，即股價等於或低於行使價格時，則權證失去價值。

(3)標的股價的波動性 (Volatility)：波動性愈大，股價高於行使價格的機率愈大，投資人獲利的機會也愈大。波動性是影響權證價格因素中惟一的不能確定者。波動性有 2 種：歷史波動性 (Historical Volatility) 與隱含波動性 (Implied Volatility)，前者係由股價的史上的變動求出，以此來推斷未來的價格變動，通常以標準差為標準。如年波動率為 20%，表示在 1 年內，股價上下波動不超過 20% 範圍的機率為 68%，超過的機率為 32%（上下各 16%）；隱含波動性指將權證價格、股票價格、行使價格、至滿期時間及利率等資料輸入權證價格計算公式中，而求得的應有波動性。

(4)利率：因為買入股票與買入權證是 2 個可以相互取代的投資方式，利率上升，投資股票的成本增加，買入權證的價格也會增加。實務上常以國庫券的利率為準，其稱為無風險利率 (Riskless Rate)。

(5)紅利分配：股票發行公司分配現金股利會導致每股淨值減少，無償配股會稀釋每股盈餘，均會使權證價格下降（參見表 4–3）。

◆ 表 4–3　影響權證價格的因素

項目	認股權證價格	認售權證價格
標的股票價格上升	↑	↓
至滿期日時間愈長	↑	↑
標的股價波動性愈大	↑	↑
利率愈高	↑	↓
紅利分配愈大	↓	↑

(三)權證公平價值之計價模型

利用數學模型計算出來權證價格稱為公平價值 (Fair Value)，首先是芝加哥大學教授 Fisher Black 與 Myron Scholes 於 1972 年創立的選擇權計價模型，也可用以計算權證的公平價值：

$$C = SN(d_1) - ke^{-rt}N(d_2)$$

$$\text{式中 } d_1 = \frac{ln(S/K) - (r + \sigma^2/2)t}{\sigma\sqrt{t}}$$

$$d_2 = d_1 - \sigma\sqrt{t}$$

式中，C 為認股權證價格，S 為股價，K 為行使價格，r 為無風險利率，t 為至滿期年數，σ 為標準差，σ^2 為變異數，ln 為自然對數，N 為累積常態分配函數，$N(d_1)$ 代表至滿期時權證成為價內的機率，$SN(d_1)$ 代表行使利益的現值，$ke^{-rt}N(d_2)$ 代表行使成本的現值，兩者之差，即權證的公平價值。

上述模型有若干假設條件，包括只能滿期時行使（歐式權證），而且不分配紅利。除上述模型外，權證市場常採用的還有 Cox、Ross Rubinstein 共同創立的二元樹模式。

㈣發行人之操作

1.發行權證的風險與報酬

發行人發行權證的目的在賺取權證價格，如果股價未超過行使價格（圖4–9 之 A 點），發行人可賺得權證價格全部；如股價超過行使價格但未超過損益平衡點（B 點），即行使價格加權證價格，發行人也是只有賺沒有虧；如股價超過損益平衡點，發行人就轉為虧損，而且虧損數額因股價上漲而逐步擴大，所以發行人在發行權證時必須做好避險措施。

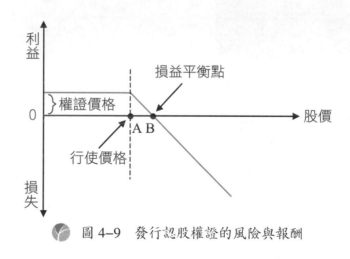

圖 4–9 發行認股權證的風險與報酬

2.發行權證的風險類別

(1) δ 風險：指標的股價變動對認股權證價格的影響，兩者間之比例稱為 δ。

$$\delta \text{ 風險} = \frac{\text{權證價格的變動量}}{\text{標的股價變動量}}$$

δ 的特性：δ 是標的股價、行使價格、至滿期日的時間、標的股價波動性及利率之函數，這些因素變動，δ 也隨之變動。δ 數值介於 0 與 1 之間，價平時為 0.5，價內時大於 0.5，價外時小於 0.5。深度價內 (Deep ITM) 時，δ 接近 1，表示標的股價漲多少，權證價格也漲多少；深度價外 (Deep OTM) 時，δ 接近 0，表示標的股價的些微變動對權證價格沒有影響。

(2) γ 風險：指標的股價變動對 δ 的影響。標的股價變動量與 δ 變動量的比例，稱為 γ。

$$\gamma = \frac{\delta \text{ 變動量}}{\text{標的股價變動量}}$$

γ 特性：價平時 γ 值最大，價內或價外以及深度愈深，γ 愈小。γ 值也是標的股價、行使價格、波動性、至滿期日時間、利率以及 δ 之函數。這些因素變動，γ 值也隨之變動。但因為 γ 是標的股價的二次函數，影響比 δ 低。

(3) Vega 風險：指標的股票價格波動性變動對權證價格的影響。標的股價的波動性通常以標準差為代表。Vega 就是標準差微小的變動時，權證價格的變動量：

$$\text{Vega} = \frac{\text{權證價格變動量}}{\text{標的股票標準差的變動量}}$$

Vega 的特性：Vega 是標的股價、行使價格、至滿期日時間及利率的函數，這些因素變動，Vega 值也隨之變動。Vega 值在價平時最大，價內或價外以及深度愈深時，Vega 值愈低，至滿期日時間愈長，Vega 值則愈高。

(4) θ 風險：指時間變動對權證價格的影響，可用以測量時間價值蛻變的大小。權證在發行時時間最長，θ 值最大，但平均每日所支付的權證價格較低。對發行人而言，θ 為正數時，時間流逝對發行人有利。

3.發行人的避險操作

發行人的風險係源於認股權證的價格因標的股價上漲而上漲，發行人如要再買回權證就需花費更多的錢。最常見的避險方法是買入標的股票。發行權證是空頭，買入股票是多頭，不論股價是漲還是跌，兩者是一盈一虧，如果兩者損益相等。發行人就沒有風險了。動態避險 (Dynamic Hedging) 的作法就是隨時調整持有股票的數量，俾使持有股票的損益與賣出權證的盈虧能相互沖銷。決定持有股票數量的最重要因素是 δ，其次為 γ、Vega、θ 等函數。在權證以價平發行時，δ 以 0.5，加上 γ 等因素，所以我國普遍在發行權證前，通常先買入 60% 的標的股票來避險。

三、我國之權證市場

(一)發行市場狀況

我國權證之發行始於 1997 年 8 月，迄年底者發行 7 檔，共 164 百萬單位，市值 31.4 億元。由於正逢東亞金融風暴起始，臺灣證券市場進入空頭，期滿時投資人幾乎全部賠光。1998 年共發行 310 百萬單位，市值 57.7 億元；1999 年共發行 52 檔，市值 130 億元。由於自該年 3 月起臺灣證券市場已轉為多頭，特別是電子股以倍數成長，帶動了權證市場一證難求的榮景。

(二)權證發行之規定

1.規定之主要內容

為發展並保障投資人的權益，金管會於 1997 年 5 月公布《發行人申請發行認購（售）權證處理準則》，主要內容：(1)權證類別包括認購權證與認售權證；(2)標的證券以上市股票及其組合為限；(3)發行人限於標的股票發行公司以外的第三者，發行人可為綜合證券商及經金融局核准之銀行。如為外國機構在臺分支機構，應經其總機構提供董事會同意函或履約保證切結書。

2.發行人之資格

⑴發行前應取得金管會之發行資格證明。

⑵應取得金管會認可之信用評等機構之最低信用評等。經認可之機構及最低信用評等為 Moody's Investors Service Baas、Standard & Poor's Corporation BBB− 及中華信用評等公司 tw bbb−。上項標準自 2000 年各降一級。

3.權證額度及保證金之規定

旨在確保發行人對投資人之履約義務：

⑴因股票淨值不同，發行額度有限制，而且發行人應於每一檔權證上市前，在集中交易市場所繳納履約保證金，得以現金、公債及定期存單繳納。

⑵自 1999 年 6 月起規定，twBB 級（包括 BB+、BB 及 BB−）發行額度不得超過股東權益 50%，twA 級不得超過股東權益。

⑶twA 級每一檔權證應繳納保證金新臺幣 1,000 萬元，twBBB 級 2,000 萬元，twBB 級 4,000 萬元。

4.平衡產業之規定

金管會於 1999 年 9 月起規定券商不得連續發行 2 個電子股權證，其組合式權證者，電子股不得超過 50%。

5.防止操縱市場

金管會會持續監督權證市場，以防止人為操縱。例如 1999 年 11 月茂矽等 5 家公司的股票因股價異常變動，遭金管會排除在權證發行標的股票名單之外，為期 3 個月。

㈢臺灣證券交易所上市及交易之規定

1. 為提高權證上市後之流動性，發行最低單位為 2,000 萬單位或 1,000 萬單位，而其發行價格總值最低為新臺幣 1 億元，每 1 單位代表 1 股或其組合，權證持有人在 100 人以上，持有 1,000 至 5 萬單位者不少於 80 人，其持有單位合計超過上市單位總數的 20%。

2.為免因發行權證而過度影響標的股票價格之波動，規定現有權證同一標的股票合計數，不得超越標的股票之發行股份總額之 20%。

3.為期標的股票市場具有流動性，規定：⑴標的股票市值在新臺幣 150 億以上；⑵股權分散程度，記名股票 1 萬人以上，持有 1,000 股至 5 萬股之股東不少於 5,000 人，且所持股份合計佔發行權證 20% 或 1 億元以上；⑶最近 3 個月，成交股數佔發行總額 20% 以上。

4.目前唯一之次級市場為臺證所集中交易市場，上市日期由臺證所核定，並由發行人公告。

5.交易單位為 1,000 單位，交易數量為 1,000 單位或其整倍數。

6.價格以 1 單位為準。升降單位：每單位市價未滿 15 元者為 0.05 元，15 元至未滿 50 元者為 0.1 元，50 元至未滿 150 元者為 0.5 元，150 元至未滿 1,000 元者為 1 元，1,000 元以上者為 5 元。

7.每日升降幅度：漲停價格＝前一日收盤價＋（標的股票當日漲停價格－標的股票當日開盤競價基準）；跌停價格＝前一日收盤價－（標的股票當日開盤競價標準－標的股票當日跌停價格）。例如標的股票收盤價為 100 元，權證收盤價為 10 元，則標的股票漲停板為 107 元，跌停板為 93 元，而權證漲停板為 17 元，跌停板為 3 元。

㈣權證發行內容

1.權證類別：⑴目前臺灣發行之權證，認股權證比認售權證多；⑵目前發行之權證全為美式，對投資人有利。

2.權證存續（履約）時間：依照規定為 1 至 2 年，大多為 1 年。

3.發行單位數：大多採規定之下限，即 2,000 萬單位。

4.權證價格與行使價格：通常均為發行前一日收盤價之某一百分比。行使價格以價平 (ATM) 發行最多，即以發行前一日收盤價為行使價格；以價外 (OTM) 發行，通常行使價格為收盤價之 120% 至 150%，權證價格可降低約 10 餘個百分點；1999 年底前後，由於價平權證價格已高（25% 以上），價外發行因可降低權證價格遂逐漸通行。價內發行只有 1 檔，由於槓桿倍數太低不受歡迎。

5.行使比例：指 1 單位權證可買入標的股票或股票組合數，目前發行之行使比例均為 1:1，即 1 單位權證可認購 1 股。

6.發行時由發行人或委託其他證券商銷售：除洽特定人購買外，刊登公告列示於銷售地點對大眾銷售。

7.銷售時間：自發行日起至售完為止，或已達到預定最低額度，通常不超過 10 個營業日。

8.承銷數量：為 1,000 單位或其倍數，每個人之承銷數量最多不超過發行量 10%。

9.認購方式：認購人應填報申購書，載明認購單位數、集保帳戶、往來銀行存款帳戶及個人基本資料，填具風險報告書，並依發行人規定時間及繳款方式繳付價金。

10.權證之給付：由發行人洽集保公司將權證撥入認購人指定之集保帳戶，投資人不得申請領回。

11.履約方式：發行人有權選擇以股票給付或以現金結算差額，惟對華僑及外國人限以現金結算差額。上限型權證均規定在存續期間任一日，如標的股價高於或等於上限價格時，權證視為到期，發行人將一律自動進行現金結算。

12.因標的股票發行公司配發股息、現金增資、無償配股、增資減資、股票分割或合併時，發行人將按發行公告內之預定方式，調整行使價格、上限價格及／或行使比例等。

13.對於履約請求之程序及手續費等均有詳細規定。公開銷售說明書中，均應列明預定風險沖銷策略。

本章習題

一、選擇題

(　) 1. 下列選項中，何者不是權益證券？ 　(A) TDRs 　(B) OTM Warrants 　(C) Preferred Stocks 　(D) Corporate Bonds

(　) 2. 在國外發行存託憑證的原因： 　(A)雖是增加股票數量，但不會影響國內股價 　(B)可提高公司知名度 　(C)溢價發行 　(D)以上皆是

(　) 3. 存託憑證的特性為： 　(A)可享有標的股票的一切權益 　(B)因係在投資人本國發行，投資人買賣沒有外幣的麻煩 　(C)投資人可享受溢價發行的好處 　(D)以上皆是

(　) 4. 基金投資人與投資信託公司之間的關係為： 　(A)投資人是股東 　(B)發行基金的投信公司是黃金經理人 　(C)兩者為買賣關係 　(D)投信公司為中介人

(　) 5. 投資人為期鎖定已獲利潤，下列買賣委託何者適用： 　(A) Market Order 　(B) Price Limit Order 　(C) Time Limit Order 　(D) Stop Order

(　) 6. 投資人如認為股價會上漲，但又擔心股價不漲反跌，下列投資何者較適合： 　(A)買進股票 　(B)買入股票基金 　(C)買入認股權證 　(D)賣出認股權證

(　) 7. 臺灣現行買賣股票之信用交易規定： 　(A)上市股票融資比率為 60% 　(B)上櫃股票融資比率為 50% 　(C)保證金成數為 90% 　(D)以上皆是

(　) 8. 下列狀況何者不為避險基金的特性： 　(A)公開募集資金 　(B)合夥組織 　(C)最低投資金額 500 萬美元 　(D)閉鎖期可達 1 年以上

(　) 9. 下列指數股票型基金 (ETF) 的性質，何者不正確： 　(A)發行時為封閉型基金，可申請上市 　(B)當 ETF 市價過高時，機構投資人可買進一籃子股票，同時賣出 ETF，再以買進股票創造 ETF 　(C)當 ETF 市價過低時，機構投資人可自 ETF 次級市場買進 ETF，同時賣出一籃子股票，再將買進 ETF 申請贖回，以贖回的一籃子股票辦理交割 　(D)投資人可申請贖回 ETF

二、名詞解釋

1. Certificate of Benefit
2. American Depository Receipt
3. ITM Warrant, ATM Warrant, OTM Warrant
4. Primary Market, Secondary Market
5. Market Order, Price Limit Order
6. Locking Period
7. Systematic/Non-Systematic Risk
8. Duration
9. Call Warrant, Put Warrant

金融市場

10. Covered Warrant
11. Intrinsic Value

12. Dynamic Hedging
13. ETF

 三、問答題

1. 說明權益 (Equity) 及權益證券 (Equity Security) 之意義及類別。
2. 說明權益證券市場的類別。
3. 說明委託 (Order) 的意義及其主要委託，請列舉 5 例。
4. 說明證券買賣信用交易的融通制度。
5. 試述存託憑證的意義及其與股票的差異。
6. 試述基金的意義及其投資風險。
7. 試述權證的意義及其類別。
8. 試述影響權證價格的因素。

 四、計算題

1. 某投資人採信用交易買進 A 公司股票，股價為每股 80 元，買進 2,000 股，該投資人需要準備多少資金？
2. 某投資人以融券方式賣出 B 公司股票 3,000 股，每股價格 70 元，求融券擔保品及融券保證金金額。
3. 某投資人以融券方式賣出股票，成交金額為 1,000 萬元，除賣出股票款留存融券公司外，該投資人應繳保證金多少（設目前股價指數為 7,500 點,融券保證金成數為 80%）？設該投資人擬以公債或其他上市證券抵繳保證金，應繳納多少公債或其他證券（依臺證所規定，公債金額以 90% 計算，其他證券以 70% 計算）？
4. 某投資人以融資方式買入股票，股價為 1,000 萬元，其最高融資金額是多少（目前股價指數為 6,000 點）？假設股價下跌 20%，是否需要追加保證金（臺證所規定新市值與融資金額之比率低於 140% 時應追加保證金）？

$\spadesuit$ 臺灣證券交易所融資比例與融券保證金成數

臺證所發行量加權股價指數	融資比例	融券擔保成數
6,000 點	60%	90%
7,500 點	50%	80%
8,500 點	40%	70%
9,500 點	30%	60%

5 CHAPTER

外匯市場與歐洲美元市場

㈠外匯之意義

外匯 (Foreign Exchange) 就是外國貨幣 (Foreign Currency)，其存在的形式有二：⑴有形的是現鈔 (Cash) 或銀行券 (Bank Note)；⑵無形的是銀行存款 (Bank Deposit)。在外匯市場上，除顧客市場有少量的現鈔交易外，其餘交易均是使用銀行存款。以美元與歐元之交易為例，賣出美元者，係將其美元存款讓與對方；賣出歐元者，係將其歐元存款讓與對方，所謂外匯買賣，就是 2 個不同貨幣存款的交換。

㈡國外匯兌與國內匯兌

外匯為國外匯兌的簡稱。就靜態意義而言，它是外國發行的貨幣，對發行貨幣國家的商品及勞務有購買力；就動態意義，它是國際資金移轉的行為。反之，國內匯兌 (Domestic Exchange) 是國內資金的移轉。歐元區 (Euro Area) 各國間的匯兌，都是使用歐元，與國內匯兌同。

㈢匯兌的方式

1.順匯 (Remittance)

亦即通常所謂的匯款，指由匯款人或債務人主動將資金委託銀行交與受款人或債權人。匯款的方式有三：⑴電匯 (Telegraphic/Cable Transfer, T/T)：指匯出銀行以電報通知匯入銀行付款與受款人；⑵信匯 (Mail Transfer, M/T)：指匯出銀行以信函方式通知匯入銀行付款與受款人，目前使用者不多；⑶票匯 (Demand Draft, D/D)：匯出銀行開發即期匯票，交付匯款人寄給受款人，匯入銀行憑匯票付款與受款人或執票人。

2. 逆匯 (Reverse Remittance)

指債權人（通常為出口商）開發匯票委託銀行向債務人（通常為進口商）收取資金。依照匯票是否附有物權憑證 (Document of Title)，可分為光票 (Clean Bill) 與跟單匯票 (Documentary Bill)，後者指出口商於貨物裝運後，開發的匯票附有提單 (Bill of Lading/Airway Bill) 及其他貨運單證 (Shipping Document)。出口商依據即期信用狀 (Sight Letter of Credit, Sight L/C) 開發者為即期匯票 (Sight Bill)；出口商依據遠期信用狀 (Usance L/C) 開發者為遠期匯票 (Usance Bill)；出口商依約以付款交單 (Document against Payment, D/P) 開發者為即期匯票；出口商依約以承兌交單 (Document against Acceptance, D/A) 開發者為遠期匯票。

㈣外匯準備

外匯準備 (Foreign Exchange Reserve) 亦稱外匯儲備或外匯存底，指各國中央銀行持有的外國貨幣。可作為他國中央銀行的外匯準備的通貨，稱準備通貨 (Reserve Currency)。多國中央銀行持有，且為國際貿易普遍使用的通貨，稱為國際通貨 (International Currency)。例如美元、日圓、歐元等，其具有下列功能：

1. 交換媒介 (Medium of Exchange)：即可以該國貨幣交換其他國家貨幣。民間可用以購買外國商品及勞務，中央銀行可用以干預外匯市場，並影響本國貨幣匯率之變動，所以稱為干預通貨 (Intervention Currency)。

2. 價值的標準 (Standard of Value)：可作為國際間經濟交易計價的標準，民間可用作記帳的單位。

3. 價值的儲藏 (Store of Value)：國際通貨可作為儲存的資產，民間可作為投資工具，中央銀行可作外匯準備。

在一戰前，最重要的國際通貨是英鎊，二戰後美元取而代之。大部分國際商品如石油等以美元計價；各國中央銀行用美元干預外匯市場；國際金融市場之借貸、投資及發行債券，以美元最多；各國中央銀行持有的外匯準備，美元所佔比例多在一半以上，次於美元者，為歐元、日圓、瑞士法郎及英鎊等。

第五章 外匯市場與歐洲美元市場

139

作為央行準備通貨的貨幣要滿足安全性、流動性及收益性 3 個條件，美國的債券市場是世界上最大的，幾億美元債券的買賣，不會對市場產生任何影響，這不是其他國家可以相比的。

但近年來由於美元持續貶值，已降低了作為國際商品計價及儲存的功能。中國央行行長周小川於 2009 年 G20 高峰會前建議研究「新國際準備貨幣」，如將國際貨幣基金 (International Monetary Fund, IMF) 的特別提款權 (Special Drawing Rights, SDRs) 變成新的超主權國際準備貨幣，將是未來準備貨幣發展的方向。

近年來若干石油國家及新興開發國家外匯準備充足，將遠超過國際經濟交易所需準備的部分外匯，成立主權財富基金 (Sovereign Wealth Funds, SWFs)，擴大投資對象，購買礦產原料，甚至入股金融機構以謀取較高的報酬，但在 2008 年金融風暴中，大多遭受嚴重虧損。

小百科

國際貨幣基金

係 1944 年 7 月 45 個非共國家在美國布列頓森林 (Bretton Woods) 集會所決議成立的。國際貨幣基金之資金，係依會員國國民所得、對外貿易額及國際準備等決定其攤額 (Quota)。

基金成立的目的：⑴促進國際貨幣合作；⑵促進匯率的穩定；避免競爭性之貨幣貶值；⑶協助會員國解決國際收支失衡等。

 金融知識

特別提款權

係國際貨幣基金 (IMF) 於 1970 年創造的特別提款帳戶 (Special Drawing Account) 的帳上信用，授權由基金分配給會員國的一種屬於輔助地位的國際準備資產，以補助國際流動性的不足，同時也作為國際計帳單位 (Unit of Account)，自 1970 年起 3 次共分配 21,433,300,000 單位。一個特別提款權的價值，在 1970 開始分配時，等於當時 1 美元的含金量 0.888671 公克；美元二次貶值後，自 1974 年 7 月改採標準籃 (Standard Basket)，由幾個國家貨幣加權平均計算其價值，2006 至 2010 年間，其價值之計算：美元佔 44%，歐元 34%，日圓及英鎊各佔 11%。

㈤外匯管制與貨幣國際化

外匯管制 (Foreign Exchange Restriction/Control) 指對國人持有或使用外匯作任何的限制，可直接控制匯率，也可經由控制外匯收入及支出，間接控制匯率。外匯管制的中心是匯率，取消外匯管制 (Deregulation)，我們稱為外匯自由化 (Foreign Exchange Liberalization)。但外匯自由化的國家，也不會任由匯率偏離經濟基本面地大幅度變動，中央銀行會做反向操作，提供外匯供給或需求，以抵消市場操作的力量。

外匯管制也包括對外國人持有或使用國幣的限制。取消這些限制，亦即准許外國人自由持有及使用國幣，我們稱為國幣國際化 (Local Currency Internationalization)。當然，取消限制不一定就能使國幣國際化，還要看外國人是否願意持有或使用。國際化的程度，取決於國家經濟規模、金融市場的發展是否有足夠的投資工具，特別是債券市場的深度。

自 1987 年 7 月 15 日，我國實施外匯開放 (Deregulation)，進出口勞務收支可自由結匯，無需提供任何憑證，對內及對外投資須經由主管機關核准，沒有額度限制。國人也可利用投資公司發行之國外基金對外投資。此外，國人還有自由結匯額度，每人每年可結匯 500 萬美元，公司行號每年可結匯 5,000 萬美元，這些規定已遠超過國人的需要。對於外國人來臺投資，可經由主管機關核准，也可投資臺灣股票市場，但須依規定辦理。因為外國人尚不能自由取得及使用新臺幣，所以新臺幣還不是可兌換貨幣 (Convertible Currency)，新臺幣自然也就沒有國際化。

㈥國際匯兌與結算制度

國際金融市場交易頻繁，每日均有數萬至數十萬筆交易需要匯兌辦理結算，已不是電報 (T/T) 或電傳電報 (Telex) 所能處理，為求能迅速辦理結算，必須利用銀行間網路系統 (Interbank Network)，建立結算制度。常用之國際結算制度，計有：

1. 環球銀行財務通訊系統 (Society for Worldwire Interbank Financial Telecommunication, SWIFT)

係 1973 年由 15 個國家 239 家銀行共同建立的非營利事業財團法人 (Cooperative Society)，在比利時註冊，總部設於布魯塞爾，於布魯塞爾、阿姆斯特丹及紐約 Virginia 的 Culpepper 分別設立轉換中心，連結各參加國分別設立的一個或多個集線中心 (National Concentrations)。目前參加銀行已有 1,000 多家，我國係於 1984 年加入。

SWIFT 是一個專業化資料處理及電訊系統，以自動化並具有高度安全性的方式，處理會員銀行間金融交易指示。SWIFT 訊息可自動轉接美國 CHIPS

網路結算，作業方便。SWIFT 與歐洲債券 (Eurobond) 結算系統的 Cedel 與 Euroclear 連結，可使歐洲美元證券投資迅速結算。

2.美國聯邦電報系統 (Fed Wire)

係美國聯邦準備體系 (Federal Reserve System) 為美國境內銀行間匯兌及國庫證券交割，所設計的付款及信息傳遞制度。其始於 1918 年，並於 1970 年代電腦化，成為聯邦準備銀行與其會員銀行間即時支付與國庫證券轉帳的電腦網路，轉換中心設於 Virginia 的 Culpepper。由於所有在美國的銀行，均須在所在地聯邦準備銀行開戶存入準備金，稱為聯邦資金。經由聯邦電報系統移轉資金，可立即借記匯出銀行帳戶，並貸記受款銀行帳戶，完成交易結算，受款銀行可立即動用該筆資金。各個交易獨立，收支不能互抵。

3.紐約清算所銀行間付款系統 (Clearing House Interbank Payment System, CHIPS)

係紐約清算所協會 (New York Clearing House Association, NYCHA) 的會員銀行處理銀行間付款所採用的電腦網路，於 1984 年開始營運。現在有 140 多家參加銀行，其中 22 家為具有處理大量付款的強大財務力量的結算銀行 (Settling Bank)，辦理日終結算。參加者收支互抵，以淨額利用聯邦電報系統結算。它是美國國際交易中的中央結算系統，因此外匯及歐洲美元交易大部分係利用 CHIPS 結算，只有少部分利用 Fed Wire。

4.英國清算所自動化付款系統 (Clearing House Automated Payment System, CHAPS)

係英國清算所的銀行間通訊及電腦結算網路，英格蘭銀行也參與其中。1984 年開始營運，最低金額為 1 萬英鎊，不適用大部分的個人支付。對公司理財超過 1 萬英鎊的交易，可做同日結算。每日下午 3 時後每一銀行與英格蘭銀行間自動結算。

5. 日本央行金融網路系統 (Bank of Japan Financial Network System, BOJ-Net)

係日本央行於 1988 年完成的金融機構間即時結算的網路，該系統包括現金電匯系統及證券轉帳系統。日本於 1980 年成立集中清算所，1989 年透過 BOJ-Net 完成結算及轉帳的指示，每家銀行的淨額部位，均由日本央行的準備帳戶在日終時結算。此外，日本央行為日本國債交易辦理登記與債券保管，該網路也可處理日本國債清算。

6. 歐洲美元債券結算制度 (Eurobond Settlement System)

現有 Euroclear 與 Cedel 2 種：

(1) 歐洲美元清算制度 (Euroclear) 原係由摩根銀行 (Morgan Guaranty Trust Co.) 設立的歐洲美元債券的保管、交割及結算的電腦化網路。1972 年售與歐洲美元清算制度公司 (Euroclear Clearance System Public Limited Company) 於比利時註冊，在各大金融中心設有存券所 (Depository)。參與者可在該行開立存款帳戶及債券保管帳戶，以便辦理交易結算。

(2) Cedel 全名為 Centrale de Livraison de Valeurs Mobilières，係 1970 年由總部設在盧森堡的國際銀行團設立的歐洲美元債券的保管、交割及結算的電腦化網路。

7. 歐元自動即時總額結算快速移轉系統 (Trans-European Automated Real-Time Gross Settlement Express Transfer, TARGET)

係連結歐盟各會員國清算系統，提供交易雙方安全且無匯率風險的歐元即時總額結算服務。各會員國間之跨國資金，可經由該系統迅速移轉。由於採行此項系統，歐元區會員國間無擔保的貨幣市場已完全整合。

8. 我國之電子結算制度

中央銀行自 1995 年開辦同業資金調撥清算業務，建立央行與各銀行電腦連線之即時電子轉帳系統，包括準備金帳戶資金收付移轉，票據市場、同業拆款市場及外匯市場交易產生之同業間新臺幣資金收付清算業務，可分為即時轉帳與指定時點轉帳，每筆轉帳金額最低為新臺幣 500 萬元。

第二節 匯 率

㈠匯率之意義

外匯匯率是一個國家的通貨 (Currency) 以另外一個國家的通貨表示的價格 (The Price of One Currency Expressed in Terms of Another Currency)。外匯的買賣是 2 個國家通貨的交換，其交換的比率就是匯率 (Exchange Rate)。

世界上有 100 多個國家貨幣，就有 100 多種匯率，但其中最重要的 1 個匯率，是對美元的匯率，可作為基本匯率 (Prime Rate)。至於與其他國家貨幣間的匯率，亦即美元以外 2 個貨幣間的匯率，稱為交叉匯率 (Cross Rate)，其通常不是由 2 個貨幣的供需所決定，而是透過 2 個貨幣與美元交易而換算出來的。例如，2009 年 3 月 27 日，1 歐元等於 1.3562 美元；同日 1 美元等於新臺幣 33.85 元，所以 1 歐元等於新臺幣 45.90 元 (1.3562 × 33.85=45.90)。

㈡匯率之類別

1.法定匯率

亦稱官價，指由政府訂定的匯率。我國在外匯市場開放前實施法定匯率。可分為單一匯率 (Unitary Rate) 與複式匯率 (Multiple Rates)。後者例如為了鼓勵出口或進口原料與民生必需品而訂定的優惠匯率。

2.市場匯率

亦稱市價，指由市場供需決定的匯率。在歷史上，市場匯率可分成以下 4 個時期：

⑴金本位 (Gold Standard) 時期：由 2 國貨幣含金量決定。金平價 (Gold Parity) 匯率不能超過金平價上下黃金輸出入點 (Gold Points)。

⑵固定匯率時期：二戰後實施布列頓森林體制 (Bretton Woods System)，

各國貨幣匯率不能超過與美元平價 (Parity) 上
下各 1% 範圍內。

(3)中心匯率 (Central Rate) 時期：1971 年 12 月至
1973 年 1 月間，各國訂定貨幣與美元的中心匯
率，匯率不能超過中心匯率上下各 2.25%。

(4)浮動匯率時期：1973 年 2 月開始匯率，完全由
市場供需決定，中央銀行干預 (Intervention) 匯
率，採行的是提供外匯市場更多的供給或需求。

小百科

布列頓森林體制

指二戰後依照布列頓森林
協議所建立的國際貨幣制
度。其要點：(1)美元訂定對
黃金的平價，1 盎斯黃金值
35 美元，美國對其他國家
中央銀行，以 1 盎斯 35 美
元價格買賣黃金；(2)其他
國家訂定對美元的平價，
並維持其匯率在平價上下
各 1% 的範圍內。

(三)匯率之重要性

　　匯率在國民經濟中，屬於最重要價格之一，因為
匯率影響國民經濟的發展，可影響股價、房價及油價與民生物資價格。匯率可
決定國貨在國際市場是否有競爭力，也決定了外國貨是不是可以外銷我國市
場。本國貨幣貶值有利出口，不利於進口；反之，本國貨幣升值有利進口，不
利出口，有助於對抗通貨膨脹，所以在一國國際收支順差時，國幣升值是一個
降低通膨的有利手段。

 金融知識

黃金輸出入點

在金本位時期，匯率不能超過金平價上下黃金輸出入點，如超過此點，買賣雙方則以運輸黃金
交割有利，不會買賣外匯。決定黃金點的因素：(a)黃金價格；(b)黃金提煉費；(c)運輸費用；(d)
保險費用；(e)利息損失；(f)包裝處理費用。

以英美 2 國為例，金平價為 2 國貨幣的含金量比例，1 美元金幣重 25.80 喱 (grain)，純度為
0.900 含金量為 23.22 喱；1 英鎊含金量重 123.274 喱，純度為 11/12，所以金平價為：£1=

$\frac{123.274 \times 11 \times 10}{12 \times 25.8 \times 9}$ =US\$ 4.8665。

設運送黃金 1 萬英鎊的運保費等共計 266 美元，則英鎊匯率最高為 4.8931 (=$\frac{48,665 + 266}{10,000}$) 美

元，超過此點，運送黃金比購買英鎊外匯有利，此點為美國的黃金輸出點 (Gold Export Point)，
英國的黃金輸入點 (Gold Import Point)。

反之，1 萬英鎊自英國運送美國的費用為 55 英鎊，則英鎊匯率最低為 4.8399 (=$\frac{48,665}{10,000 + 55}$)，

此點為英國的黃金輸出點，美國之黃金輸入點，英鎊的匯率介於 4.8399 美元與 4.8931 美元之間。

第五章　外匯市場與歐洲美元市場

㈣匯率升貶之標準

1.金本位時期

　　降低 1 國貨幣的含金量，就是貨幣貶值，2 國貨幣含金量的多寡，決定 2 國貨幣的匯率，匯率升貶的標準，就是 2 國貨幣含金量的相對變動。

　　依照美國 1900 年《金本位法案》(Gold Standard Act)，美國發行 1 元金幣重 25.809 喱，純度為 0.900，含金量為 23.22 喱。1 盎斯 (Ounce, oz) 黃金重 480 喱，所以 1 盎斯黃金值 20.672 美元。

　　因為自 1929 年起經濟不景氣，美國於 1934 年實行《黃金準備法案》(Gold Reserve Act)，不再鑄造金幣，人民不得持有黃金，將黃金的價值定為每盎斯黃金 35 美元，相當於 1 美元的含金量為 13.71 喱 (480 / 35 = 13.71)，美元貶值 41%。

2.固定匯率時期

　　各國訂定貨幣對美元的平價，並控制匯率在平價上下各 1% 的範圍內。雖然各國照樣規定貨幣的含金量，但事實上已沒有意義。只有美元的含金量有用，因為美國按 1 盎斯黃金值 35 美元的價格，對各國中央銀行買賣黃金。

　　各國因國際收支狀況可調整貨幣對美元的平價，但貶值超過 10% 時，應經 IMF 同意。

　　1971 年 8 月 15 日，美國總統尼克森宣布停止美元兌換黃金，布列頓森林體制因此崩潰。各國貨幣匯率自由浮動。

3.中心匯率時期

　　1971 年 12 月由 10 國會議決定全面調整匯率，各國貨幣對美元做不同程度的升值，稱為中心匯率，各國將匯率維持在中心匯率上下 2.25% 的範圍內。美元對黃金形式上貶值 7.89%，黃金 1 盎斯值 38 美元，但只維持到 1973 年 2 月，美國宣布美元再貶值 10%，黃金 1 盎斯值 42.22 美元。中心匯率不再實施，外匯市場進入浮動匯率時代。

　　在浮動匯率下，外匯市場上各國貨幣升貶仍以美元為標準。至於美元本身，已沒有升貶問題，因為黃金已成為一般商品。美元只有對特定貨幣而言，有升有貶，如歐元對美元貶值，也可以說美元對歐元升值。

4.匯率指數 (Exchange Rate Index)

各國貨幣通常有升有貶，即使全部都是升值或全部都是貶值，但各個升值或貶值的幅度也不相同。

為了瞭解一國貨幣在世界上的地位，各國中央銀行以及其他機構，會編製本國貨幣的匯率指數。其作法與編製物價指數類似，通常會選擇大約 10 個主要貿易對手國貨幣的匯率，以出口、進口或雙邊貿易量加權計算的數字與基期年數字比較，並以指數方式表示，稱為有效匯率指數 (Effective Exchange Rate Index)，代表本國貨幣匯率的變化，如匯率指數超過 100，表示與基期比較國幣升值，不利出口；反之，如低於 100，表示與基期比較國幣貶值，有利出口。匯率指數的變動，可作為中央銀行應付外匯市場變動的參考。

(五)匯率變動之原因

在自由的外匯市場上，外匯的價格與一般商品一樣，由供需法則決定。外匯供過於求，外匯匯率會上升（本國貨幣貶值）。影響外匯供需的原因，長期而言為國際收支，短期而言為預期心理、國際游資、中央銀行的態度，以及其他市況的突發與季節性變化等。

1.國際收支 (International Balance of Payments)

國際收支指在一定期間內（1 年或 3 個月），一國與其他國家經濟交易總金額，代表經濟基本面的狀況。如果因自主性收入大於支出，稱為順差 (Favorable Balance) 或盈餘 (Surplus)，如果支出大於收入，稱為逆差 (Unfavorable Balance) 或虧損 (Deficit)。順差時外匯收入大於支出，貨幣會升值；逆差時外匯支出大於收入，國幣會貶值。美國可能為例外，國際收支逆差時，美元沒有貶值，甚或是升值，是因為順差國家並未將多收入之美元在外匯市場上賣出，而係將美元存入美國銀行或投資美國公債，增加順差國家的外匯存底。

以下為影響國際收支之因素：

⑴外匯管制：實施外匯管制會控制外匯收入或支出。實施法定匯率之國

家，會掌握外匯收入並控制外匯支出，甚至量入為出，將外匯收入依經濟發展之需要分配。在經濟逐漸發展後，外匯收入會增高，外匯管制會逐漸放寬，終至國際收支平衡後，改由市場供需決定外匯匯率。

⑵通貨膨脹：通貨膨脹會造成物價上漲，有利進口、不利出口，會導致國際收支惡化。如果貿易對手國也有通貨膨脹，其對國際收支及匯率的影響，將取決於 2 國相對膨脹率。依照購買力平價理論 (Purchasing Power Parity Theory, PPPT)，2 國間預期即期匯率變動率 (Expected Rate of Change of the Spot Exchange Rate) 等於 2 國間預期通貨膨脹率之差異 (Expected Inflation Rate Differential)。

設 P_A 及 P_B 分別為 A、B 國之物價，S 為 2 國間的匯率，則依照一價法則 (Law of One Price)，在無貿易障礙且運輸費用不計時：

$$P_A = P_B \times S \cdots\cdots ①$$

設 $\dot{P}_A$ 及 $\dot{P}_B$ 分別為 A、B 國的通貨膨脹率，$\dot{S}$ 為即期匯率變動率，則：

$$P_A(1 + \dot{P}_A) = S(1 + \dot{S}) \times P_B \times (1 + \dot{P}_B) \cdots\cdots ②$$

將①式代入②式，得：

$$(1 + \dot{P}_A) = (1 + \dot{S}) \times (1 + \dot{P}_B)$$

簡化之得：

$$\dot{S} = \dot{P}_A - \dot{P}_B - \dot{S} \times \dot{P}_B$$

$\dot{S} \times \dot{P}_B$ 數額不大可忽略不計，因此得：

$$\dot{S} = \dot{P}_A - \dot{P}_B \cdots\cdots ③$$

③式表示預期 2 國即期匯率變動率，應等於 2 國預期通貨膨脹率之差異。

⑶利率：利率為使用資本之報酬。在國際資金自由移動情形下，各國之實際利率趨向相等。利率之高低隨通貨膨脹的高低而變動；各國之名目利率應等於實際利率加通貨膨脹率，此為費雪效果 (Fisher Effect)。

設 I_A 及 I_B 分別為 A、B 國之名目利率，$\dot{P}_A$ 及 $\dot{P}_B$ 分別為 A、B 國的通貨膨脹率，I_r 為實際利率，則：

$$I_A = I_r + \dot{P}_A, \quad I_B = I_r + \dot{P}_B$$

因此：

$$I_A - I_B = \dot{P}_A - \dot{P}_B \cdots\cdots ④$$

④式表示 2 國利率之差異等於 2 國通貨膨脹率之差異，由③式及④式，得

$$\dot{S} = I_A - I_B \cdots\cdots ⑤$$

⑤式表示預期即期匯率變動率等於 2 國利率之差異；此即利率平價論 (Interest Rate Parity Theory)。

設遠期匯率為 F，則遠期匯率變動率 $S' = \dfrac{F-S}{S}$，因此，$\dfrac{F-S}{S} = I_A - I_B$，所以：

$$F - S = S(I_A - I_B) \cdots\cdots ⑥$$
$$F = S + S(I_A - I_B) \cdots\cdots ⑦$$

⑥式 $(F-S)$ 為遠期匯率與即期匯率的差異，即升（貼）水點數。

⑦式為遠期匯率之定價公式。

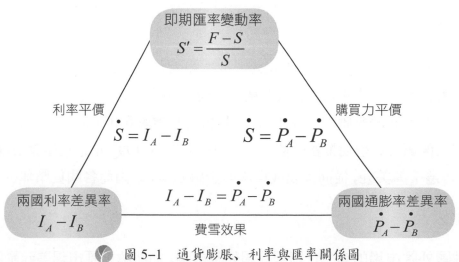

圖 5-1　通貨膨脹、利率與匯率關係圖

英國的中央銀行英格蘭銀行 (Bank of England)，過去常利用調整利率以影響匯率。在英鎊匯率下降時，提高利率，誘導國際短期資金流入，使英鎊匯率回升；反之，則降低利率，國際短期資金流出，使英鎊匯率回降。

2.預期心理

市場參與者對未來匯率走勢的預期，會影響當前外匯市場的供給與需求，從而使匯率變動提前反映。

(1)提前及延後原則 (Principle of Leads and Lags)：在預期新臺幣將會升值時，出口商會提前結售外匯，可辦理外銷貸款預售外匯，多國籍企業內部貿易會盡量利用預付貨款；進口商可延期結匯，並洽銀行以外幣貸款先行墊付。因此，外匯市場上增加了外匯供給，減少了外匯需求。供給提前與需求延後，當前的新臺幣匯率必定會升值。反之，在預期新臺幣將會貶值時，在進口結購提前及出口結售延後情形下，當前的新臺幣匯率必定會貶值。

(2)避險操作：在預期新臺幣將會升值（美元相對貶值）時，出口商會賣出遠期美元避險。銀行買入遠期美元後，為免將來美元貶值受損，會借入美元在現匯市場賣出。因此，現在的外匯市場會增加供給，使美元貶值，新臺幣升值；反之，預期新臺幣會貶值（美元相對升值）時，進口商會預購遠期美元。銀行賣出遠期美元後會在金融市場借入新臺幣，先行購買美元，使外匯市場上美元需求增加，美元會升值，新臺幣貶值。

3.國際投機

國際游資亦稱熱錢 (Hot Money)，金額龐大，尤其是避險基金，像禿鷹一樣注視著各國金融市場，如認為有機可乘時，下手絕不手軟，特別是對採行固定匯率或與美元聯繫匯率的外匯市場。著名的炒客索羅斯 (Solos) 曾於 1992 年打敗英格蘭銀行，迫使英鎊貶值，獲利 10 億美元；1997 年迫使泰銖 (Baht) 貶值，獲利幾千萬美元，從而演變成東南亞金融風暴，東南亞各國貨幣無一倖免。

4.其他因素

他國外匯市場的變化會影響我國外匯市場，如紐約外匯市場美元暴跌，次日東亞各國外匯市場開市，各國貨幣也必定升值；反之，如美元大幅升值，次日東亞各國貨幣也必定貶值。對新臺幣而言，會受到鄰近的中、日、韓3國貨幣變動的影響，特別是韓圜，因為韓國是我國對外貿易的主要競爭對手。此外，一國產銷如有季節性變化，也會使匯率產生變動。

㈥各國中央銀行職責與對外匯市場之干預

中央銀行發行貨幣，對內要避免通貨膨脹，對外要避免匯率的劇烈變動，以維護貨幣幣值的穩定，因此在外匯市場上就免不了得承受投機客攻擊。茲摘錄拙著〈漫談 Position──頭寸、部位、倉〉文中兩段，敘述關於我國與香港在東亞金融風暴中，如何應付投機客之攻擊（本文刊於 1999 年 2 月《臺灣經濟金融月刊》）。

‧金融風暴下對外匯部位的管理

1997 年 7 月，東南亞發生金融風暴，由泰國蔓延至其他東協國家，股價狂跌，貨幣急貶，我國、香港及中國大陸亦受波及，中央銀行在 10 月 16 日前，力守 28.70 的匯率，但外匯市場上空頭猖獗，國外炒客來勢洶洶，國人搶購美元，出口商拒賣美元，外匯存款暴增。同月 17 日中央銀行棄守防線，新臺幣匯率一路下滑，至 1998 年年中，已接近 35 美元，貶值 25% 以上。在這期間，中央銀行曾利用外匯管理的權力，採取多項措施，以緩和新臺幣貶值的壓力。

國外炒客主要為避險基金，動機就是在外匯市場上投機。它如預期新臺幣會貶，透過外匯銀行大買不交割的遠期美元 (Non-Delivered Forward, NDF) 並賣出遠期新臺幣，建立美元多頭與新臺幣空頭。前文提到的進口廠商為避險需要買進遠期美元，屆期需要交割美元，為需要交割的遠期美元，稱為交割遠期 (Delivered Forward, DF)。因為其屬實需交易 (Underlying Transaction)，中央銀行由 1991 年 12 月將銀行外匯部位之計算改採權責制，對 NDF 交易不再做任何限制，但對炒客的 NDF 交易帶來新臺幣貶值的壓力，心裡卻實在不好受。若關閉 NDF，又會被批評為金融國際化的倒車，所以中央銀行另闢蹊徑。

1997 年 10 月初新臺幣保衛戰初期，因結購外匯需要新臺幣，造成新臺幣利率上升，因而影響股價重挫；中央銀行為拯救股市實行寬鬆貨幣政策，但寬鬆的新臺幣又被用為操作外匯，顧此失彼。甚至造成股市、匯市雙雙失守。最後中央銀行採取中斷炒匯新臺幣資金來源之方法。因為搶購外匯，使各銀行新臺幣資金緊湊，能提供新臺幣資金者，只有中央銀行，中央銀行融通的條件就是不能使新臺幣流入炒匯銀行手中。因為炒匯銀行無法取得新臺幣，不能在即期市場買入美元，所以只有停止對國外炒客購買遠期美元的報價。炒客停止攻擊，使得中央銀行在匯率保衛戰中獲得初期勝利。

但在 10 月以後，韓國爆發金融危機，匯價又狂跌。我國與韓國在外銷市場上有競爭的關係，連帶使新臺幣貶值。至 1998 年 5 月，日圓大貶，炒客矛頭再度指向臺灣。接受國外炒客要做 NDF 買入遠期美元的外商銀行，為能對外報價而又能規避風險，採取了兩項策略，一是招攬機構投資人的新臺幣資金，一是慫恿無需辦理避險的廠商，一面買入 NDF，一面賣出 NDF。

機構投資人將新臺幣交付銀行購買美元辦理外幣存款，同時簽訂賣出遠期美元契約，屆期時投資人取得的是新臺幣，沒有匯率風險，但其報酬率比一般新臺幣存款高，所以資金會源源不斷。因為有投資人賣出 NDF，銀行對國外炒客的買入 NDF 就可報價。中央銀行的對策是：買入即期、賣出遠期及外匯存款雖然均是合法的交易，但合併起來操作，則是新種外匯業務，在未經中央銀行核准前不得辦理。在外匯管理規定下，中央銀行身兼選手及裁判，具有解釋權，說不能做，銀行也只能停止做。……中央銀行並命令禁止國內法人買賣 NDF。這在表面看起來，像是開自由化的倒車，也確是中央銀行在匯率保衛戰中不得已的措施。

・香港金融市場多空大戰

香港為東南亞金融中心，自由市場，資金自由進出，採聯繫匯率制，必要時可干預匯率，但從未干預股市，為自由化經濟學者視為新興經濟地區經濟發展的樣板。東亞金融風暴發生後，香港經濟亦受波及，國外炒客認為香港聯繫匯率不可能維持，遂採取對香港金融市場之攻擊，兵分三路，同時對股市、匯市及期貨市場一併大量放空。在初期頗有斬獲。由於港府為維持匯率，必定提高利率，導致股市下跌，使炒客在股市獲利。由於股市下跌，影響香港經濟基本面，聯繫匯率就更顯得不合事宜，因此招致炒客更猛烈的攻擊，如此惡性循環之交互影響的結果，使得香港恆生指數，由 1997 年 8 月 7 日的 14,673.27 點，急速下降至 1998 年 8 月 13 日的 4,660.42 點，香港也成為炒客的提款機。

香港政府鑑於東亞各國放棄固定匯率後，匯率會一瀉千里，聯繫匯率不能放棄，又眼看香港成為炒客的俎上肉。在忍無可忍情形下，於 8 月 14 日起在股市、匯市及期貨市場全面應戰。港府在匯市賣出美元❶，在股市大量買入匯豐銀行等幾家重要個股的股票，多空纏鬥半個月，至 8 月底港府獲得慘勝。港府動用大量外匯存底，買入上千億港元的股票，使恆生指數在 8 月底維持在 7,845.48 點，只有部分炒客認賠平倉撤離；但仍有很多炒客將期貨契約滾到 9 月，準備繼續對抗，港府遂行使行政權，規定某些股票不得賣空，迫使賣空炒客必須在 2 日內回補。港府同時提高期貨交易保證金 50%，以增加炒客操作成本。為穩定民眾對聯繫匯率的信心，並自 9 月 7 日起實施包括對有執照銀行 (Licensed Banks)，以固定匯率買賣外匯等 7 項措施。此時，美國長期資本管理合資公司 (Long-Term Capital Management, LTCM) 破產危機已爆發，其他避險基金相繼傳出不穩信息，炒客無心戀戰，遂相繼撤離。香港金融市場得以逐漸恢復平靜。至 10 月初，LTCM 破產危機效應擴大，投資人對美國金融市場信心動搖；兼以避險基金為彌補投資虧損，出售投資的美元資產，美元在全球外匯市場回貶，特別是日圓大幅升值，帶動東亞各國匯市、股市雙雙回升。東亞金融風暴暫息，香港之戰也暫告一段落。在保衛戰中，港府除已達成穩定金融市場目的外，也獲得不少操作利潤。剩下來的事情是如何恢復做為自由市場樣板的地位了。

由上述案例可知，中央銀行干預外匯市場，必須要有充分的工具應付。在對付貨幣中貶值時，要有充足的外匯；如東亞金融風暴中，韓、泰 2 國因外匯不足而干預失敗，最後只有求助於國際貨幣基金 (IMF)。在對付貨幣升值時，買進太多的外匯，放出太多的國幣，會造成通貨膨脹，也是中央銀行在干預國幣升值時必須衡量的後果。總之，對偏離經濟基本面的大幅升值或貶值，中央銀行是不可能坐視不管的。

最後摘錄一段經濟學家，2008 年諾貝爾經濟學獎得獎人克魯曼 (Paul Krugman)，於 1989 年 9 月 28 日，在《財星雜誌》發表的〈香港的痛苦教訓〉一文

---

❶ 發行港幣的銀行有匯豐、渣打及中國銀行。發行港幣時，必須徼付等值美元，所以港府有豐富的美元存款。

中表示：「……如果我放空美國企業的股票，那是違反美國的法律，但如果是紐約的避險基金攻擊海外的金融市場，那麼到底誰有管轄權。……針對企業的投機行為有法律規範，對付一個國家的同樣行徑，卻無法可管，也是這個故事的教訓」。（見〈克魯曼談未來經濟〉，齊思賢譯，時報出版。）

金融知識

外匯管制之作用

諾貝爾經濟學得主史蒂格利茲 (Joseph Stiglitz) 週日在美國經濟協會的年會上表示：「新興國家應該有能力來控制已開發國家的資本流入，以避免資產泡沫化興起。新興市場面臨的實質風險，在於英美等已開發國家的低利率正轉換成新興市場的泡沫。因此像是巴西與印度等國家必須裝置斷路器來遏止資金的流入。多數衝擊來自供應面，來自債權國家。」准此，開發中國家可以管制資本流入來維護匯率，同時也防止了房地產及股市的泡沫化。

第三節 即期外匯市場

$ 一、即期外匯市場之意義

㈠即期外匯市場

即期外匯市場 (Spot Foreign Exchange) 指成交後 2 個營業日雙方交割貨幣的外匯市場。

交割日 (Value Date/Settlement Date) 指貨幣收付的日子，必須是貨幣發行國家的營業日，否則應予順延。

即期交易 (Spot Transaction) 的匯率稱為即期匯率 (Spot Rate)，外匯交割契約絕大部分是 2 日交割，惟在北美洲市場的加元 (Canadian Dollar) 與墨西哥披索 (Mexican Peso) 例外，其交割日是成交日後 1 個營業日。

㈡即期交易之功能

1.提供顧客買入外匯及賣出外匯的服務。

2.銀行在與顧客交易中產生的即期部位 (Spot Position)，可在銀行間市場 (Interbank Market) 拋補。

3.如果銀行想保留外匯交易的部位，為因應資金的需要，可在銀行間市場做短期交換 (Short-Term Swap)，作適當的資金調度。

$ 二、即期市場之報價

㈠直接報價與間接報價

1.直接報價 (Dircct Quotation)

亦稱價格報價法 (Price Quotation)，即將外國貨幣視同商品，報出每單位外國貨幣的價格，世界上絕大多數市場採用此種方式。如臺北外匯市場，1 美元值新臺幣 32.20 元。

2.間接報價 (Indirect Quotation)

亦稱數量報價法 (Volume Quotation)，指每單位本國貨幣可買入或賣出若干單位的外國貨幣。採用此法者的國家為英國及若干英系的國家。

在倫敦市場採間接報價，1 英鎊可以買賣多少外國貨幣，如 1 英鎊可買賣 1.4500 美元。紐約市場採直接報價，1 單位外國貨幣值多少美元，其報價與倫敦市場報價相近，否則會產生套利 (Arbitrage)，即在低價市場買進，在高價市場賣出，賺取差價。

美國國內的外匯市場報價採直接報價，1 單位外國貨幣值若干美元，但美國銀行對外國銀行報價，為便利外國銀行交易，採間接匯率，即 1 美元買賣多少外國貨幣，但對英鎊報價則為 1 英鎊值多少美元。此外，1 英鎊值 1.4500 美元，1 美元值 0.6894 英鎊，兩者互為倒數，稱為倒數匯率 (Reciprocal Rate)。

㈡買價與賣價

銀行報價通常採買價 (Bid Rate) 與賣價 (Offer Rate) 的雙向報價 (Two-Way/Double-Barreled Quotation)，如："£1：US$1.4500 / 10"。在紐約，英鎊為外匯，銀行以 1.4500 美元買入 1 英鎊，以 1.4510 美元賣出 1 英鎊，銀行買低賣高 (Buy low, sell high)。在倫敦，美元為外匯，銀行以 1 英鎊買入 1.4510 美元，以 1 英鎊賣出 1.4500 美元，買高賣低 (Buy high, sell low)。買價與賣價的差額 10 個基本點為銀行作為造市者一買一賣的報酬；也是造市者承擔匯率瞬間變動風險的報酬。在市價變動劇烈時，差價會擴大至 20 基本點。

㈢認識報價規則

1.規則一

找出基礎通貨 (Base Currency)，亦稱商品 (Commodity) 或參考通貨 (Reference/Unit Currency)。國際市場報價採直接匯率時，美元為基礎通貨，買賣的外匯是 1 美元；採間接匯率時，英鎊（及澳元等）為基礎通貨 1 英鎊。

2.規則二

造市者買入基礎通貨的價格在左邊，賣出基礎通貨的價格在右邊。直接匯率是買低賣高，1.4500 / 10；間接匯率是買高賣低 1.4510 / 00。

$ 三、銀行間交易之管道

一是直接報價，一是經由經紀人，各有利弊。

㈠經紀人市場與銀行間直接交易比較

1.直接交易的優點

⑴在市場不活絡時，詢價銀行確定會找到市場，但對報價可能不滿意，但確定可做成交易；⑵可建立與其他銀行的人際關係。

2.直接交易的缺點

(1)與很多銀行交易需要很多人力；(2)銀行對交易顧客（包括銀行在內）多訂定信用額度，信用評等不同的銀行間直接交易有些限制；(3)對報價銀行而言，成交與否決定權在對方，報價銀行無法控制部位 (Position)，特別是接近收盤時間，過大的部位不易軋平。

3.經紀人市場的優點

(1)經紀人自不同的銀行取得報價，經紀人報價可選擇報出最高的出價與最低的要價。

(2)經紀人通常會瞭解銀行間的信用額度，可做合適的配對。

(3)經紀人對報價銀行匿名 (Anonymous)，對超過信用額度者，經紀人另找對手。

(4)一個經紀商有多個交易員，對於一筆大額交易，如 1 億美元，可分由數個交易員同時找尋市場成交，為時甚短，且不會影響市場價格。

4.經紀人市場的缺點

(1)銀行給的報價，可能只對特定通貨之特定數量的買價及／或賣價。不一定能做成市場。

(2)各報價銀行對其他銀行訂有信用額度，配對有困難。

(3)經紀人市場要支付經紀費，成交額萬分之一，由買賣雙方平均支付。

㈡銀行間直接報價之特點

1.係採互惠原則，即甲銀行向乙銀行詢價，乙銀行報價後，如乙銀行向甲銀行詢價，甲銀行亦應報價。

2.銀行報價為雙向報價，而且只有價格沒有數量。一般報價銀行可接受的數量，稱市場數量 (Market Amount)，因時而異，而且各個外匯市場也不相同。如果詢價銀行希望成交數量大於市場數量，可於詢價時表明。

3.習慣上報價為五位數，包括小數點下第四位。在市場波動不大時，報價只有小數，如 00 / 10，沒有大數，如 1.45。

㈢決定銀行報價之因素

1.市場趨勢：以 1 英鎊值 1.4500 / 10 美元為例，正常狀況下，報價為 00 / 10，如市場英鎊供過於求，報價銀行可調整為 95 / 05，即 1.4495–1.4505；如英鎊求過於供，報價銀行可調整為 05 / 15，即 1.4505 / 15。

2.報價銀行本身持有英鎊的部位：如報價銀行英鎊部位為多頭而且不想增加時，與市價 00 / 10 比較，可降低買價及賣價，如 95 / 05，增加賣出英鎊的機率；反之，如報價銀行英鎊部位為空頭，可提高買價及賣價，如 05 / 15，可增加買入英鎊的機率。

㈣銀行間直接報價案例

1.內　容

2009 年 11 月 20 日（週五），A 銀行向 B 銀行以電話詢價。經過如次：

A 銀行："Hi, friends, how about spot pound sterling, please?"

B 銀行："00/10."

A 銀行："At 00, I sell 5 pound sterling."

B 銀行："OK, done, I buy 5 million pound sterling at 1.4500 for November 24, and sell you 7.25 million dollars. My pound sterling to Lloyd's London please, for you?"

A 銀行："My dollars to Chase New York, thanks for the deal and bibi."

2.說　明

⑴ A 銀行為詢價銀行 (Calling Bank)，為市場使用者 (User)；B 銀行為報價銀行 (Quoting Bank)，為造市者，匯率對 B 銀行有利，但要不要成交由 A 銀行決定。

⑵ A 銀行要求 B 銀行報英鎊的即期匯率。習慣上英鎊為基礎通貨，美元為相對通貨 (Term Currency)。

⑶因為市場波動不大，報價銀行只報小數 00 / 10，不報大數 (Handle)1.45。其中 1.4500 是報價銀行買入英鎊的匯率，1.4510 是報價銀行賣出英鎊

的匯率。

⑷A 銀行接受報價銀行的買價，以 1.4500 價格將 500 萬英鎊賣給報價銀行。

⑸B 銀行同意成交，以匯率 1.4500 買入 500 萬英鎊，交割日為 11 月 24 日，即成交日後第 2 個營業日，賣出 725 萬美元。買入之英鎊交付倫敦勞埃銀行帳戶，並問美元存入那裡？

⑹A 銀行告知報價銀行美元請存入紐約大通帳戶，並謝謝交易。

㈤經紀人報價

經紀人在市場開始前，先自報價銀行取得報價，再對詢價銀行提出報價。經紀人的報價，大多不是雙向報價，有時只是特定通貨特定數量的買價及／或賣價。經紀人自不同的銀行取得買價及賣價，然後報出其最高的買價與最低的賣價，最能反映出市場的最新發展。茲舉例如下：

1.內　容

A 銀行：⒜ "What are pound sterling?" ⒝ "What do you pay for sterling?"
　　　　⒞ "What do you offer for pound sterling?"

經紀人：⒜ "I pay 00." ⒝ "I sell 05." ⒞ "Sterling/dollar 00 / 10."

A 銀行：⒜ "At 00, I give you 3, can do 5." ⒝ "At 10, I take 3."

經紀人："5 done, I'm still bidding, can do 7."

A 銀行："No more, thanks."

2.說　明

⑴詢價銀行有多個方式詢價。

⑵經紀人報出特定數量的買價或賣價，報價只有小數 00 / 10，沒有大數 1.45。

⑶A 銀行決定以 1.4500 的價格賣出 300 萬英鎊，其總共可賣出 500 萬英鎊；A 銀行也可以 1.4510 的價格買入 300 萬。

⑷經紀人決定買入 500 萬英鎊，並且繼續出價買進，或是說願意買進 700 萬英鎊。

⑸A 銀行說不用加了。

第四節 遠期外匯市場

一、遠期外匯市場之意義

㈠遠期外匯市場

遠期外匯市場 (Forward Foreign Exchange Market) 指於成交日約定於一未來特定日期，雙方各交付一定數量的不同貨幣。**貨幣數量與交付日期均已確定**，在約定日期未到前，雙方均不需交付貨幣。

㈡遠期外匯契約

遠期外匯契約通常以整月報價，如 1、2、3、6 及 12 個月。其非整月者，稱為畸零期 (Odd/Broken Date)。銀行例不主動報價。遠期契約交割日，係自即期交割日起算。如成交日為 2009 年 12 月 25 日（週五），即期交割日為 12 月 29 日（週二），1 個月遠期契約交割日為 1 月 29 日，2 個月遠期契約交割日，應為 2 月 29 日，但 2 月沒有 29 日，也不能順延（順延會延到 3 月份），所以只能倒算，以 2 月 28 日 2 月份為最後 1 個營業日，為 2 個月契約交割日，此為月末規則 (End-End Rule)。

遠期外匯契約期限，通常以 1 年為限，超過 1 年者，銀行例不主動報價，有待雙方洽商。

二、遠期外匯之功能

㈠避險功能 (Hedging Function)

1.對出口廠商：出口廠商以外幣（美元）訂定外銷契約，為避免外幣對新臺幣匯率貶值，出口商可與銀行訂定賣出遠期外匯契約。外銷契約為多頭，賣出遠期外匯契約為空頭，匯率變動的風險相互抵消。遠期契約到期時，銀行將按契約價格交付新臺幣，不受匯率變動的影響，可確定新臺幣收入金額。

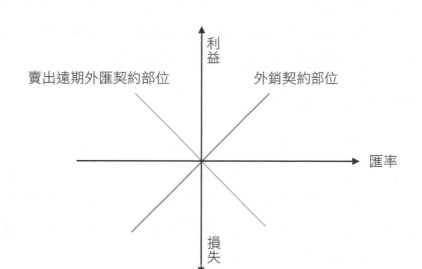

圖 5-2　出口廠商外匯避險

2.對進口廠商：進口廠商以外幣計價購買商品，為避免外幣對新臺幣匯率升值，可與銀行訂定買入遠期外匯契約，進口契約為空頭，買入遠期外匯契約為多頭，匯率變動的風險相互抵銷。遠期契約到期時，進口廠商可依約定價格買入外匯，可確定新臺幣支出金額。

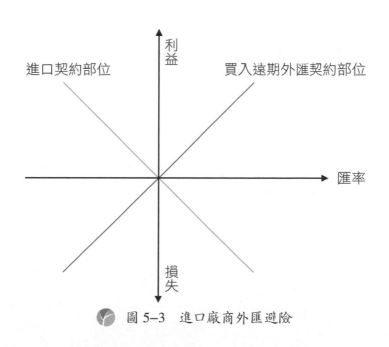

圖 5-3　進口廠商外匯避險

3. 遠期契約與出口押匯（結售外匯）或進口結購外匯的時間，不一定能完全吻合。為配合需要，廠商可與銀行簽訂選擇遠期契約 (Option Forward Contract)，將外匯交割的日期擴大為幾個月，如 2 個月內任一天均可交割。

另外一個方法是需要提前結購或結售，或需要延後結購或結售時，與銀行簽訂短期交換契約（詳見第八章第六節「短期交換」）。

㈡投資功能 (Investing Function)

投資（機）人沒有外幣外銷契約，沒有外幣貶值時會蒙受的損失，只是因預期外幣會貶值而賣出遠期外匯，俟外幣貶值時，再以低價買入外幣沖銷原賣出契約，高賣低買之差價即其操作利益；反之，投資（機）人因預期外幣會升值而買入遠期外匯，俟外幣升值時，再以高價賣出外匯沖銷原買入契約，低買高賣之差價，即其操作利益。

以上出口廠商賣出遠期外匯，屆期時有出口外匯收入交割；進口廠商買入遠期外匯，屆期時要結購外匯交割，所以此種遠期交易稱為交割遠期 (Delivery Forward, DF)；反之，投資人買賣遠期外匯，屆期不需要交割外匯，而是以一個相反契約沖銷，此種遠期則稱為不交割遠期 (Non-Delivery Forward, NDF)。

$ 三、遠期外匯報價

㈠遠期外匯報價之方式

1. 顧客交易之遠期外匯市場報價為直接遠期外匯 (Outright Forward)，如 3 個月英鎊遠期外匯為 1.4550 / 70。

2. 銀行間遠期外匯交易為交換遠期 (Swap Forward)，報價為點數法 (Points Method)，即報出遠期匯率與即期匯率之差額，高或低若干點。如英鎊即期匯率為 1.4500 / 10，3 個月遠期匯率為 1.4550 / 70，其差額為 50 / 60，稱為交換匯率 (Swap Rate)。

㈡報價實例

1.內　容

某年 3 月 20 日，A 銀行向 B 銀行詢價。其交易過程如次：

A 銀行："Hi, friends, how's your spot and forward dollar pound sterlings?"

B 銀行："One moment, please." "Spot 1.4500 / 10, 65 / 74, 110 / 108, 198 / 201, 310 / 325, 440 / 455, 510 / 530."

A 銀行："At 310 I buy and sell 10 million pound sterlings."

B 銀行："OK, that's done. I sell 10 million pound sterlings for value March 22 at 1.4500 and buy 10 million pound sterlings for value September 22 at 1.4810. My dollars to Chase New York, and my pound sterlings at maturity to Lloyd's London."

A 銀行："OK. I will take my pound sterlings at Lloyd's, and my dollars to BOA New York."

B 銀行："OK, that's done. Thanks for the deal and bibi."

2.說　明

⑴本例中，A 銀行為詢價銀行，B 銀行為報價銀行。依照銀行間慣例，如果 B 銀行向 A 銀行詢價，A 銀行也應提出報價，這是互惠原則。

⑵B 銀行為報價銀行，不論買進或賣出，成交價格對 B 銀行有利，但成交與否取決於 A 銀行。月份別、數量也是由 A 銀行決定。依銀行間慣例，視市場規模大小不同，大的市場可介於 500 萬美元（或英鎊）至 5,000 萬美元（或英鎊），成交數量可以基礎通貨為整數。本例的基礎通貨為英鎊，在以美元為基礎通貨的交易中，美元為整數。

⑶遠期交易月別，依市場慣例排列為 1、2、3、6 及 12 月，或 1、2、3、6、9 及 12 月，或 1、2、3、4、6、9 及 12 月。本例遠期月別共計 6 個，310 / 325 為第 4 個，所以成交的月別為 6 月份。

⑷銀行間遠期外匯交易，不是單純的遠期交易，而是合併遠期與即期的交換交易。本例中 A 銀行指定 310，表示 A 銀行要賣遠期英鎊給 B 銀行，

所以採行的匯率是 B 銀行買入 6 個月英鎊的匯率。A 銀行賣出 6 個月英鎊，並買進即期英鎊；B 銀行賣出即期英鎊，並買進 6 個月英鎊。即期英鎊匯率是 B 銀行英鎊賣價 1.4510 美元，遠期英鎊匯率是 B 銀行買入遠期的匯率 1.4810 美元。

$ 四、利率平價論與遠期匯率之定價

㈠利率裁定 (Interest Rate Arbitrage)

亦稱套利，指投資人將資金由一國貨幣市場移向另一國貨幣市場謀利的操作。例如，因英國利率高於美國，美國投資人可在美國貨幣市場借入美元 A，在外匯市場以匯率 S 購買英鎊，$\dfrac{A}{S}$ 為英鎊資金，投資於英國貨幣市場，利率為 I_b，本利和為 $\dfrac{A}{S}(1 + I_b)$。惟此項操作有匯率風險，如投資到期，英鎊貶值，將英鎊投資本和再兌換為美元，可能得不償失。為免除匯率風險，投資人在購買英鎊時，同時賣出遠期英鎊，其匯率為 F，其投資結果為 $\dfrac{A}{S}(1 + I_b) \cdot F$。

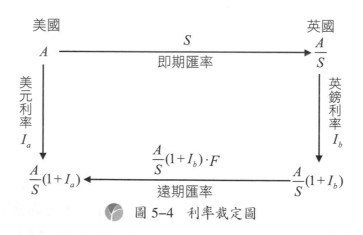

圖 5–4　利率裁定圖

另一方面，美元 A 投資在美國貨幣市場，利率為 I_a，其本利和為 $A(1 + I_a)$，兩者比較，如果投資英國更有利，則資金將持續流向英國，購買英鎊即期外匯者多，S 會上升；同時賣出遠期外匯者多，F 將下降。在買入即期、賣出

遠期的差額，即換匯成本 (Swap Cost)，等於 2 國利率差異時，投資人所獲高利率的利益，將為避險裁定操作之成本所抵消，資金將停止流動，此即利率平價理論 (Interest Rate Parity Theory, IRPT)。在均衡時無匯率風險，投資於 2 國報酬相等，即：

$$A(1 + I_a) = \frac{A}{S}(1 + I_b) \cdot F \cdots\cdots ⑧$$

㈡換匯點數之計算

將⑧式簡化：

$$(1 + I_a) = \frac{F}{S}(1 + I_b)$$

$$\Rightarrow \frac{F}{S} = \frac{1 + I_a}{1 + I_b}$$

$$\Rightarrow \frac{F}{S} - 1 = \frac{1 + I_a}{1 + I_b} - 1$$

$$\therefore \frac{F - S}{S} = \frac{(1 + I_a) - (1 + I_b)}{1 + I_b} = \frac{I_a - I_b}{1 + I_b} \cdots\cdots ⑨$$

取其近似值：

$$\frac{F - S}{S} = I_a - I_b \cdots\cdots ⑩$$

⑩式左邊為匯率差異百分比，等式右邊為利率差異百分比。如 $I_b > I_a$，英國利率高於美國利率，$F - S$ 為負值，即英鎊遠期匯率低於即期匯率，英鎊遠期匯率為貼水；如 $I_a > I_b$，美國利率高於英國利率，$F - S$ 為正值，英鎊遠期匯率為升水。

將⑨式變化為：

$$F - S = S \cdot \frac{I_a - I_b}{1 + I_b} \cdots\cdots ⑪$$

⑪式左邊，$F - S$ 即換匯點數，可由即期匯率及 2 國利率求出。

㈢遠期匯率之計算

由⑧式可求得：

$$F = S \cdot \frac{1 + I_a}{1 + I_b} \cdots\cdots ⑫$$

$$F = S \cdot \frac{1 + I_a \times d / dpy}{1 + I_b \times d / dpy} \cdots\cdots ⑬$$

⑬式中，I_a 為相對通貨利率，I_b 為基礎通貨利率。以英鎊為基礎通貨時，美元利率為 I_a，英鎊利率為 I_b。在以美元為基礎通貨時，美元為 I_b，日圓等為 I_a。d 為計息天數，如 3 個月期為 41 天，6 個月期為 182 天，1 年為 364 天。dpy 為每年天數，其中英鎊為 365 天，美元、日圓等為 360 天。

銀行對利率及匯率之報價，均有出價 (Bid) 與要價 (Offer) 之分別，遠期匯率計算⑬式可調整為：

$$F(\text{Bid}) = S(\text{Bid}) \frac{1 + I_a(\text{Bid}) \times d / dpy}{1 + I_b(\text{Offer}) \times d / dpy} \cdots\cdots ⑭$$

$$F(\text{Offer}) = S(\text{Offer}) \frac{1 + I_a(\text{Offer}) \times d / dpy}{1 + I_b(\text{Bid}) \times d / dpy} \cdots\cdots ⑮$$

 例一

已知即期匯率 1 = US$1.4500 / 10，91 天歐洲英鎊利率為 5.50 / 5.62，91 天歐洲美元利率為 3.00 / 10。求：91 天英鎊／美元遠期匯率：

$$F(\text{Bid}) = 1.4500 \times \frac{1 + 3.00\% \times 91 / 360}{1 + 5.62\% \times 91 / 365} = 1.4500 \times \frac{1.007583}{1.014010} = 1.4408$$

$$F(\text{Offer}) = 1.4510 \times \frac{1 + 3.10\% \times 91 / 360}{1 + 5.50\% \times 91 / 365} = 1.4510 \times \frac{1.0078}{1.0137} = 1.4425$$

$$£1 = US\$1.4405 / 25$$

（附註：取其近似值 1.4405 / 25。）

💲 五、保證金交易 (Margin Trading) ▶▶▶▶

係銀行承做的遠期外匯交易，採外幣期貨 (Foreign Currency Futures) 的保證金方式辦理。顧客與銀行簽約，由客戶提供一定成數的貨幣（如美元）存款，可以買賣若干倍的其他貨幣。在滿期前，可以一個相反的交易予以沖銷了結。適用於個人或企業投資，也可適用於在外匯銀行沒有信用額度，無法辦理遠期外匯交易的中小企業對匯率避險。

保證金交易可分為即期（2 天）與遠期（不超過 6 個月）2 種。帳戶存款可作為原始保證金 (Initial Margin)，每日按市價辦理結算 (Mark-to-Market)，存款餘額如低於維持保證金 (Maintenance Margin) 時，銀行會追加保證金 (Margin Call)。

即期交易必須在 2 天內按市價結算，遠期交易可以換匯交易，將遠期契約提前 (Rollback) 或延後 (Rollover) 辦理交割（參閱第八章第四節短期交換）。

第五節 ▶ 歐洲美元市場

💲 一、歐洲美元市場之意義 ▶▶▶▶

歐洲美元 (Eurodollar) 指存在歐洲銀行的美元存款，歐洲美元的借貸市場，稱為歐洲美元市場。

㈠歐洲美元市場之產生

1950 年代冷戰時期，前蘇聯政府唯恐在美國的存款為美國政府凍結，改存歐洲銀行，因而產生歐洲美元。其後由於美國利率上升，而銀行存款受到聯準會規則 Q 之上限限制，使很多存款人將在美國的美元存款轉存歐洲。另一方面，英國政府為保衛英鎊，禁止

> **📄 小百科**
>
> **美國聯邦準備銀行規則 Q (Regulation Q)**
> 規定：⑴ 30 天以內的存款不得支付利息；⑵定存利率設定上限。
> 上項規定係 30 年代景氣大恐慌時所定，於 1986 年 3 月廢止。

英國銀行對國外貸放英鎊。由於倫敦多年來為國際金融中心，倫敦的銀行習慣於對國外提供資金融通，既然英鎊不能貸放，遂積極吸引美元存款改貸美元。及至 1960 年代，由於美國政府為保衛美元，實施資本外流的限制。國外借款人無法利用美國市場，遂轉向歐洲美元市場。1970 年代開始，石油價格暴漲，石油國家累積大量美元，稱石油美元 (Oildollar) 部分改存歐洲銀行，促使歐洲美元市場迅速壯大。至 1974 年美國取消資本外流的限制，但歐洲美元市場已經壯大，具有與美國國內美元市場的競爭能力。

㈡歐洲美元市場擴張為境外金融市場

自 1973 年匯率開始浮動後，美國放棄對資本外流的限制，同時，美國等工業大國推行金融自由化，很多國家建立境外金融中心 (Offshore Banking Center)，積極吸收外幣存款辦理貸放業務。由於歐日各國於 1960 年代貨幣自由兌換，所以歐洲美元市場貸放的貨幣，除歐洲美元外也增加歐洲英鎊 (Europound)、歐洲日圓 (Euroyen) 及歐洲瑞士法郎 (Euro Swiss Franc) 等，即在貨幣發行國家境外發展這些貨幣的貸放，造成外在通貨市場 (External Currencies Market)，但仍然統稱為歐洲美元市場。

歐洲美元市場不獨在通貨方面擴大種類，即且在地域上也擴及亞洲及美洲，在亞洲，新加坡成功的創造了亞洲美元市場 (Asian-Dollar Market)。許多中南美洲小國家以避稅天堂為號召，建立境外金融中心。美國為促使歐洲美元回流，於 1981 年立法創設「國際金融業務部門」 (International Banking Facility, IBF)，招攬歐洲美元業務。

小百科

1960 年代美國實施資本外流的限制

⑴ 1963 年實施利息平衡稅 (Interest Equalization Tax, IET)：對美國人投資非美國股票及債券課稅 1.31% 至 5% 不等，其後數次調降，至 1974 年降至 0。

⑵ 1965 年對外授信與投資實施自願限制 (Voluntary Foreign Credit Restraint, VFCR)。

⑶ 1968 年實施強制性對外直接投資計畫 (Foreign Direct Investment Program)，1974 年廢止。

$ 二、歐洲美元市場之特性與分類 ⟫⟫⟫

㈠歐洲美元市場之特性

歐洲美元市場是一個具有高度競爭的批發市場，與美國國內市場比較，不需提存款準備，也不需繳付存款保險費，批發業務營運成本較低。存款利率可高於美國國內存款利率；放款利率可低於美國國內放款利率。

就貨幣類別而言，歐洲美元市場以美元為主，約佔 60%；其他較多者，為歐元、英鎊、日圓及瑞士法郎等。就地區而言，倫敦為最重要的金融中心，其次為巴黎、法蘭克福、東京、新加坡、香港及盧森堡等。此外，還有很多地區提供稅捐優惠，設立紙上銀行分行，不辦理實際業務，所以又稱為記帳中心 (Booking Center)，包括開曼群島、賽普勒斯、馬爾他、模里西斯、百慕達、聖馬利諾、巴哈馬、巴林、巴拿馬等地。

㈡歐洲美元市場之分類

1.歐元貨幣市場 (Euro-Money Market)

為短期資金市場，由隔夜至 1 年。在倫敦，銀行間放款利率稱 LIBOR (London Interbank Offered Rate)，已成為國際間借貸利率的準繩，貸放利率以 LIBOR 加碼即可；在新加坡，銀行間放款利率稱為 SIBOR (Singapore Interbank Offered Rate)；在巴黎稱 PIBOR (Paris Interbank Offered Rate)；在東京稱 TIBOR (Tokyo Interbank Offered Rate)。

2.歐元信貸市場 (Euro Credit Market)

為中長期資金市場，期限可達 10 年，通常為 5 年。對大額貸款採聯貸方式。由借款人選擇 1 家銀行為主辦行 (Leading Manager)，由後者邀集其他銀行組成銀行團，經與借款人洽妥貸款案件後，邀請其他銀行參加聯貸。聯貸利率為 3 或 6 個月 LIBOR 加碼，視借款人的信用及市場狀況而定。

3.歐元債券市場 (Eurobond Market)

為歐洲美元的資本市場 (Eurodollar Capital Market)。歐元債券發行方式有二：(1)聯貸：與歐元信貸市場手續相同，只是放款時間較長，募集比較困難，費用較高；(2)私募：由單一銀行或一組銀行包銷，再售與投資人。

㈢亞洲美元市場

廣義的市場，包括香港及東京等地的外在通貨市場。狹義的市場，指在新加坡貨幣管理局 (The Monetary Authority of Singapore, MAS) 指定辦理的非居住民存款的貸放市場，該項存款稱亞洲通貨帳戶 (Asian Currency Unit, ACU)，以優惠條件吸引國外存款，所得稅 10%，利息支出免扣繳稅 (With-Holding Tax)，以及發行債券免除印花稅等。

㈣美國之國際金融業務部門

1981 年美國為爭取歐洲美元回流，美國銀行設立國際金融業務部門 (IBF)，修改聯準會規則 Q 及規則 D，各州也立法配合，存款機構、愛知法及協議公司 (Edge Act and Agreement Cooperations) 可單獨設帳經營歐洲美元業務；免提存款準備，免州及地方稅，存款來源限於非居住民；存提款最低金額為 10 萬美元，吸收資金，最短期為隔夜之定存或 2 個營業日之通知存款。IBF 不得發行可轉讓定存單、銀行承兌匯票或其他可轉讓及持有人 (Bearer) 形式之工具；不得開設交易帳戶 (Transaction Account)。

本章習題

一、選擇題

( ) 1. 1934 年美國實施黃金法，將黃金價格提高為每盎斯：　(A) 23.22 美元　(B) 35 美元　(C) 38 美元　(D) 42.22 美元

( ) 2. 下列理論何者正確？　(A)依照購買力平價論，2 國的預期即期匯率變動率等於 2 國間預期通貨膨脹率　(B)依照利率平價論，2 國的預期即期匯率變動率等於 2 國間利率的差異　(C)依照費雪效果，2 國各自之名目利率應等於實際利率加通貨膨脹率，在均衡時，各國實際利率相等，所以利率差需等於通貨膨脹率差異　(D)以上各理論均屬正確

( ) 3. 關於東南亞金融風暴之敘述，下列何者不正確？　(A)發生於 1987 年 7 月　(B)由泰國爆發，後者蔓延至其他各國，股市大跌，貨幣大貶　(C)韓國要求 IMF 救助　(D)以上皆是

( ) 4. 1998 年香港金融危機中，下列何者不正確？　(A)投機客兵分三路同時發起攻擊香港金融市場　(B)在外匯市場上賣出美元　(C)在股票市場上賣出港股，在期貨市場上賣出港幣期貨　(D)初期投機客勝利，但最後港府反擊，投機客撤退

( ) 5. 諾貝爾經濟學獎得主史蒂格利茲表示，新興國家應該有能力來控制已開發國家的資本流入以避免資產泡沫化興起，所以開發中國家可採取下列何項措施？　(A)管控外資以買賣股票理由匯入大筆資金　(B)限制或禁止外資炒做房地產　(C)限制外資大規模進入債券市場　(D)以上皆是

( ) 6. 下列敘述何者有誤？　(A)歐洲美元市場包括歐洲日圓是批發市場　(B)歐洲美元市場不能提領現鈔　(C)歐洲美元債券市場 1 年付息 1 次　(D)以上皆是

( ) 7. 下列有關 SWIFT 的資訊，何者有誤？　(A)它是 1 個非營利事業的財團法人　(B)總部設在紐約　(C)參加會員國分別設立集線中心　(D)它是 1 個專業化資料處理及電訊系統

( ) 8. 下列有關我國中央銀行辦理的同業資金調撥清算業務，何者有誤？　(A)中央銀行與參加銀行建立電腦連線的即時轉帳系統　(B)處理業務包括準備金帳戶資金收付移轉票據市場、同業拆款市場及外匯交易的新臺幣收付　(C)可以為即時轉帳及指定時點轉帳　(D)每筆轉帳金額最低為新臺幣 100 萬元

( ) 9. 下列敘述何者有誤？　(A)貨幣貶值有利出口　(B)貨幣升值有利進口　(C)匯率是一個重要的價格　(D)匯率應完全由市場決定，中央銀行不宜干預

(　　) 10.歐元與美元臺灣銀行的即期外匯交易,關於其交割貨幣日期的內容何者正確? (A)交割日為成交後第 2 個營業日 (B)該日與臺灣的銀行是否營業沒有關係 (C)該日美國及歐元國家必須是營業日 (D)為成交當日

(　　) 11.銀行間外匯市場直接報價何者有誤? (A)採互惠原則 (B)只報小數 (C)在市場劇烈變動時,也報出大數 (D)必須報出買賣數量

(　　) 12.下列關於歐洲美元市場的特性,何者正確? (A)高度競爭的批發市場 (B)沒有現金的存貸 (C)存款利率可高於美國國內,但沒有存款準備金,也沒有存款保險的保險費,資金成本低 (D)放款利率高於美國內市場利率

 二、名詞解釋

1. Reverse Remittance
2. Letter of Credit, Usance L/C, Sight L/C
3. Special Drawing Rights, SDRs
4. Convertible Currency
5. Society for Worldwire Interbank Financial Telecommunication, SWIFT
6. Trans-European Automated Real-time Gross Settlement Express Transfer, TARGET
7. Cross Rate
8. Effective Exchange Rate Index

9. Interest Rate Parity Theory
10. Principle of Leads and Lags
11. Non-Delivered Forward, NDF
12. Direct Quotation, Indirect Quotation
13. Two-Way/Double-Barreled Quotation
14. Bid, Offer
15. End-End Rule
16. Long Position, Short Position
17. Interest Rate Arbitrage
18. Interest Rate Parity Theory, IRPT
19. International Banking Facility, IBF
20. Margin Trading

三、問答題

1. 說明外匯的意義。
2. 說明順匯與逆匯的意義。
3. 試述匯率的重要性。
4. 試述布列頓森林體制的重要內容。
5. 試述國際收支的意義以及影響國際收支的因素。
6. 說明利率平價論的意義,並請導出其關係式且說明其意義。
7. 說明 1997 年東亞金融風暴形成的原因及其影響。
8. 說明即期交易的意義及其功能。

9. 說明即期交易的報價規則。

10. 說明經紀人市場的優點與缺點。

11. 說明遠期交易的意義及其功能。

12. 說明歐洲美元市場之意義及其特性。

 四、計算題

1. 1970 年代以前, 1 美元等於新臺幣 40 元, 1992 年某日 1 美元等於新臺幣 24.50 元, 目前價位為 32 元, 請求出新臺幣升貶的比率。

2. 某日外匯市場, £1 = US$1.5550 / 60, US$1 = SF1.1240 / 50, 求英鎊與瑞士法郎 (SF) 之交易匯率。

3. 某日外匯市場, US$1 = SF1.1240 / 50, US$1 = ¥100.50 / 60, 求瑞士法郎與日圓的交易匯率。

4. 已知即期匯率 £1 = US$1.5550 / 60, 91 天英鎊利率 4.00 / 4.10, 91 天歐洲美元利率 2.30 / 2.40, 求 91 天遠期英鎊美元匯率。

5. 倫敦美國銀行買賣美元報價為 £1 = US$1.5550 / 60, 因此買進 5 百萬美元, 求其成本。後於報價 £1 = US$1.5450 / 60 時將美元 5 百萬美元賣出, 計算其盈虧。

6. 某英國公司購入 1,000 萬瑞士法郎, 為期 6 個月, 利率 1.5% p.a., 以 £1 = SF1.9500 兌換的英鎊。為避免匯率風險買入遠期外匯, 遠期保證金為 –0.0500, 求存款利率及其避險成本。

第一節 期貨市場概況

💲 一、期貨市場發展史

㈠傳統期貨市場

期貨交易歷史悠久，但世界第一個期貨交易所產生，是 1848 年美國芝加哥期貨交易所 (Chicago Board of Trade, CBOT) 成立，早期是為了便利現貨交易，1860 年開始買賣期貨契約 (Futures Contract)，以穀物及大豆等為主，也有黃金及白銀交易。第二個成立的期貨交易所是芝加哥商業交易所 (Chicago Mercantile Exchange, CME) 的前身，Chicago Produce Exchange 於 1874 年成立，買賣的商品主要為牛油、鴨蛋等農產品，與現在期貨交易量的規模相比都不大。

㈡金融期貨交易市場興起

1960 年代末期，美國因連年對外實施軍經援助，先後參加韓戰及越戰，詹森總統又推動大社會計畫，國力衰退，國際貿易由出超轉為入超，國際收支由順差轉為逆差，反映在外匯市場上，美元由不足轉為過多。二戰後實施以美元與黃金連結的布列頓森林體制，美國對各國中央銀行以每盎斯 35 美元價格買賣黃金，各國貨幣訂定對美元的平價 (Parity)，並維持對美元匯率在平價上下 1% 範圍內波動。

美國因國際收支逆差使黃金流失，當美國的短期外債已超過美國的黃金存量時，美元的價值受到質疑。在外匯市場上一再出現美元危機，讓美國政府深感心勞力絀。尼克森總統遂於 1971 年 8 月 15 日宣布停止美元兌換黃金，美元匯率改採浮動，布列頓森林體制崩潰。同年 12 月，10 國財經首長於美國史密松甯博物館 (Smithosonian Institute) 達成協議，決定多邊調整各國匯率，對美元做不同程度的升值。各國匯率維持在中心匯率 2.25% 上下範圍內波動，金價由每盎斯 35 美元調整為 38 美元。但這些舉動對美國國際收支狀況並無多大改善，外匯市場上美元仍然供過於求。1973 年 2 月，美國宣布美元再度貶值 10%，金價由 38 美元提高為 42.22 美元，中心匯率停止實施，開始浮動匯率時代。

　　布列頓森林體制崩潰後，匯率風險大增。CME 於 1972 年 5 月設立國際貨幣市場 (International Monetary Market, IMM)，買賣英鎊等 6 種外幣期貨契約 (Currency Futures Contract)，開啟金融期貨時代。

　　1973 年發生石油危機，油價大漲，導致世界各地通貨膨脹、金價上漲、利率上升、利率風險提高。1974 年 12 月，CME 上市黃金期貨；1975 年 10 月，CBOT 上市 GNMA CDR (Government National Mortgage Association or Collateral Depository Receipt) 利率期貨。其中 CDR 屬於轉手房貸擔保證券 (Pass-Through Mortgage Security)，這是第一個利率期貨。1976 年 1 月 CME 上市美國國庫券期貨，1977 年 6 月 CBOT 上市美國長期債券期貨。1979 年 10 月，美國聯準會為對抗通膨調整政策，嚴格控制貨幣供給而不管利率。1980 年美國利率兩度升高達 20% p.a.，股價上漲。1981 年 12 月 CME 上市 3 個月 LIBOR 利率期貨，1982 年 2 月堪薩斯期貨交易所 (Kansas City Board of Trade) 上市價值線股票指數 (Value Line Index) 期貨，同年 4 月 CME 成立 Index and Option Market，上市 S&P500 股價指數期貨。1983 年 1 月上市 S&P500 股價指數選擇權，1984 年 1 月上市西德馬克期貨的選擇權契約。

　　除美國市場以外，期貨交易如同雨後春筍蓬勃發展。1982 年 9 月英國成立倫敦國際金融期貨交易所 (London International Financial Futures Exchange, LIFFE)；1992 年因與 London Traded Options Market 合併，改稱 London International Financial Futures and Options Exchange，惟簡稱不變；1984 年 9 月，新加坡成立新加坡國際金融交易所 (Singapore International Monetary Exchange, SIMEX)；1985 年 10 月，東京證券交易所 (Tokyo Stock Exchange, TSE) 上市日本國債選擇權；1988 年 9 月上市 Topix 股價指數選擇權。同年，大阪證交所上市日經指數 225 選擇權；1989 年東京國際金融期貨交易所

(Tokyo International Financial Futures Exchange, TIFFE) 成立，上市 Euroyen 期貨，2 年後上市 Euroyen 選擇權；1991 年 CBOT 上市利率交換 (Interest Rate Swap)；1998 年 7 月臺灣期貨交易所 (Taiwan Futures Exchange, TAIFEX) 成立，上市臺灣證券交易所股價指數期貨，翌年上市臺灣證券交易所電子及金融類股股價指數期貨。

$ 二、期貨契約之意義及類別

㈠意　義

　　期貨市場指買賣期貨契約的場所，即集中交易市場，稱為期貨交易所。上市的契約，須依交易所管理規則所定各項條件，買賣雙方承諾以一定價格，於未來特定日期，交付 (Delivery) 或接受交付 (Take Delivery) 一定數量的特定商品、證券或工具的協議。

　　契約上市須經主管機關核准，稱為指定契約 (Designated Contract)，特定商品稱為標的商品 (Underlying Commodity)，包括有形的商品，如黃金與小麥等，以及無形的商品，包括美國國庫券與股價指數，以及權利及利益。

㈡類　別

　　1.商品期貨 (Commodity Futures)：為傳統的期貨，包括農林及礦產品。
　　2.金融期貨 (Financial Futures)：為 1970 年代以後開發的期貨，包括通貨期貨 (Currency Futures)、利率期貨 (Interest Rate Futures) 及指數期貨 (Index Futures) 等。

$ 三、期貨契約之特性與功能

　　1.期貨交易是在一個集中且有規範的交易所，採公開喊價或利用電腦公開競價，資訊透明、價格只有一個，是買價也是賣價。遠期交易是在交易商（如銀行櫃檯）議價，通常係由交易商報價，分買價與賣價，兩者差額是交易商的利潤。

2.期貨契約標準化，不論每單位數量、品質及交易日期等均有一定。遠期交易則可協商，而且可量身定做。

3.交易所為確保交易履約安全，規定買賣雙方均要繳付保證金，而且每日按市價辦理結算，發生虧損者應追加保證金，由清算所 (Clearing House) 負責結算。在成交後清算所是所有買方的賣方，也是所有賣方的買方，買賣雙方都不需顧慮對手的信用。

4.因為期貨契約標準化，每個契約的數量、品質一定，不一定符合避險的需要，而且現貨價格與期貨價格間的差距持續在變動。利用期貨避險，只是將現貨絕對價格變動的風險，轉變為較低的現貨與期貨相對價格（基差）變動的風險，所以利用期貨不能做到完全避險 (Perfect Hedging)。

5.因為期貨契約標準化，所以可以相反的交易予以沖銷。因此，期貨契約流動性高，有轉讓效果。遠期契約因為交易數量、品質及交割日期等可完全符合市場需要，期貨與遠期兩者均有避險與投資的功能，但期貨更適合用於投資，所以 95% 的交易，都是以一個相反的交易了結；遠期契約較適合避險，所以 95% 的交易都辦理交割。

6.期貨交易旨在投資 (Investment)，事實上也多是投機 (Speculation)，投機又與避險是一體兩面，缺一不可。一個市場沒有投機者則避險者找不到對手，市場不容易發展。

💲 四、期貨市場之參與者 》》》》

1.避險人 (Hedger)

指持有現貨部位 (Cash Position) 或預期將持有部位，為避免價格變動之風險，可在期貨市場取得相反的部位避險。若現貨部位為多頭，期貨部位則為空頭；若現貨部位為空頭，期貨部位則為多頭。不論價格如何變動，多空損益可相互沖銷。

2.投資人 (Investor)

亦稱交易人 (Trader)，指本身沒有現貨部位，旨在謀取價格預期變動的利益，但如價格變動與預期相反，則將遭受損失。

3.經紀商 (Broker)

為代顧客下單期貨交易所並收取佣金的商號。場內經紀商 (Floor Broker) 指在場內為他人計算而買賣期貨者。

4.場內交易商 (Floor Trader)

指在場內為自己計算買賣期貨者，因其專業領域不同，可分為：
⑴基差交易 (Basis Trading)：因期貨與現貨的差距 (Basis) 脫軌 (Out of Line) 時一買一賣的謀利交易。
⑵價差交易 (Spread Trading)：指 2 個相關期貨間差距（價差）不合理或會有擴大或縮小的演變時，一買一賣的謀利交易。
⑶部位交易 (Position Trading)：指買入或賣出期貨謀取價格變動的利益。因取得部位為期長短不同，可細分為：(a)長期持有為期 1 週或長達數月者，稱長線交易者 (Position Trader)；(b)為期不長甚或不超過 1 日者為短線交易者 (Day Trader)；(c)見利就了結，賺幾點即可者，為搶帽子者 (Scalper)。
以上各種交易商，對期貨市場的流動性都有幫助。

5.期貨交易所 (Futures Exchange)

期貨交易所提供期貨交易場地、制定交易規則、對社會大眾提供交易資訊等功能。其附設或連結的結算單位或結算所提供結算服務，並負責買賣雙方的信用。

$ 五、期貨市場之發展趨勢

1.電子交易取代人工喊價，提高效率。
2.組織變革，由會員制改為公司制，加強競爭力。
3.集中市場彼此間競爭，以及與店頭市場之競爭，產品日新月異，淘汰率也很高，在競爭中產生合併或結盟。
4.網路交易擴大市場規模。

第二節 通貨期貨

$ 一、通貨期貨之意義與類別

㈠意 義

通貨期貨亦稱外幣期貨 (Foreign Currency Futures) 或外匯期貨 (Foreign Exchange Futures)，指買賣外國貨幣的期貨，是第一個創新的金融期貨，旨在規避匯率風險。

㈡類 別

1.美國的期貨交易所上市的通貨期貨，是以美元買賣其他貨幣，如英鎊、歐元、日圓及瑞士法郎等。其他如 LIFFE 及 SIMEX，也是以美元買賣其他貨幣。

2.其他國家的期貨交易所買賣的通貨期貨，最常見的是以本國貨幣買賣美元，如 TIFFE 上市以日圓買賣美元的期貨。

3.此外，通貨期貨尚有：(a)不涉及美元的交叉匯率期貨，如 CME 上市 GBP/EUR，以歐元買賣英鎊；(b)匯率指數期貨，如美國洲際交易所 (Intercontinental Exchange, ICE) 上市美元指數期貨 (US Dollar Index Futures)，係由美元對歐元、日圓、英鎊、加元、瑞典克朗及瑞士法郎等 6 國貨幣的匯率，經由加權平均數計算所得，是純屬美元在國際外匯市場匯率變化的一種綜合指標。

$ 二、通貨期貨之內容

1.買賣貨幣的名稱：如英鎊、歐元或日圓等。

2.契約月 (Contract Month)：月別多的優點是方便，缺點是交易量不集中，會缺乏流動性，通常為 3、6、9 及 12 月份，或者增加交易當月，以利沖銷交易。

3.契約金額 (Contract Size/Amount)：又稱交易單位 (Trading Unit)，指 1 個

契約買賣標的貨幣的數量，通常為整數，如日圓契約為 12,500,000 日圓，英鎊契約為 62,500 英鎊。在間接匯率的國家，如澳大利亞期貨交易所之美元期貨，澳幣為整數。

4. 最低價格變動幅度 (Minimum Price Fluctuation)：即升降單位，俗稱檔 (Tick)。以日圓為例，100 日圓之萬分之一美元變動（0.0001 美元）為一檔，則 1 個契約一檔變動的價值變動為 12,500,000 / 100 × 0.0001 = 12.50 美元。

5. 每日價格變動限制 (Daily Limit)：由於外匯市場沒有價格變動限制，通貨期貨市場也沒有限制，但 CME 則在開盤 15 分鐘有限制，稱開盤限制 (Opening Limit)，逾此即無限制。也有交易所規定變動限制不適用交割當月 (Spot Month)，以便利契約部位之沖銷。

6. 交割 (Delivery)：指契約雙方交付貨幣，是契約的結算。交付貨幣的銀行由清算單位指定。結算價格 (Settlement Price) 為以美元買賣外幣時，指買方應支付的外幣金額，由清算單位通知。交割的發票金額 (Invoice Amount) = 契約金額 × 結算價格 × 期貨數量。至於賣方應繳付的外幣數額 = 契約金額 × 契約數量。例如交易數量為 100 個日圓期貨，結算價格為 88.12 日圓，則賣方應支付日圓數量為 12,500,000 × 100 = 1,250,000,000 日圓；買方應交付美元金額為 (12,500,000 × 100) / 88.12 = 14,185,202 美元。

◆ 表 6-1　重要上市通貨期貨契約內容表

買賣貨幣的名稱	交易所	商品代碼	最低價格變動幅度	契約金額	契約月	最後交易日
歐　元	CME	EC	0.01 美分 ($12.5)	125,000 歐元	3、6、9、12	當月第三個星期一
英　鎊	CME	BP	0.01 美分 ($6.25)	62,500 英鎊	3、6、9、12	當月第三個星期一
日　圓	CME	JY	0.0001 美分 ($12.5)	12,500,000 日圓	3、6、9、12	當月第三個星期一
加　元	CME	CD	0.0001 美分 ($10)	100,000 加元	3、6、9、12	當月第三個星期一
澳　幣	CME	AD	0.0001 美分 ($10)	100,000 澳幣	3、6、9、12	當月第三個星期一
瑞士法郎	CME	SF	0.01 美分 ($12.5)	125,000 瑞士法郎	3、6、9、12	當月第三個星期一

資料來源：國泰期貨

第三節 利率期貨

$ 一、利率期貨之意義與類別

㈠意 義

　　利率期貨指契約買賣雙方，有權於一特定日期，以一定價格買入或賣出一定數量有關利率的金融工具。利率期貨交易始於 1975 年 10 月 CBOT 上市買賣吉利美的過手證券 (Passthrough Security) 即 GNMA CDR，其後，陸續出現美國國庫券、中期債券、長期債券、商業本票、歐洲美元及 LIBOR 等期貨，金融機構可利用利率期貨規避利率變動的風險。

㈡類 別

　　1.長期利率期貨的標的為債券，稱為債券期貨 (Bond Futures)，因為要交割實體 (Bond)，但現貨市場的債券並非同質性 (Homogeneous)，票息不同，到期日也不一樣。所以是最複雜的金融期貨契約。

　　長期利率期貨報價係以平價百分比表示。美國長期債券期貨 (T-Bond Futures)，係以息票利率 8% 之 20 年國庫債券為標準，因為利率漲跌與債券價格變動有反向關係，如現在利率高於 8%，利率期貨將以貼水報價；如現在利率低於 8%，利率期貨將以升水報價。英國國債期貨係以息票利率 9% 之 20 年期國債為準，報價方式相同。

　　2.短期利率期貨的標的是存放款利率或票券，稱為利率期貨 (Interest Rate Futures)，不以實體交割。為了維持價格變動與利率變動的反向關係，因此短期利率期貨報價採指數方式，如 100 − 利率。如利率為 3.50% p.a.，報價為96.50，其隱含之利率為 3.50% p.a.。利率上升，期貨價格下跌，借款人為避免利率上升遭受損失，可賣出利率期貨；投資人為避免利率下降遭受損失，可買入利率期貨。

二、利率期貨契約之內容

1. 期貨契約的名稱：如美國長期債券、日本 20 年國債 (JGB)、英國金邊公債 (Gilt) 等。

2. 契約月：通常為 3、6、9 及 12 月。CME 之 LIBOR 契約，每個月都有，CME 3 個月歐元定存期貨，增加當月 (Spot Month)。

3. 契約金額：美國長期債券、5 年及 10 年中期債券，契約金額為 10 萬美元；2 年期債券為 20 萬美元。短期期貨如 3 個月 LIBOR 及 T-Bill 為 100 萬美元；日本國債契約金額為 1 億日圓。

◆ 表 6-2　重要上市利率期貨契約內容表

期貨契約的名稱	交易所	契約金額	最低價格變動幅度	契約月	每日價格變動限制
美國政府長期債券 (US)	CBOT	10 萬美元	1 / 32 點 ($31.25)	3、6、9、12	無
10 年美國中期債券 (TY)	CBOT	10 萬美元	0.5 / 32 點 ($15.625)	3、6、9、12	無
5 年美國中期債券 (FV)	CBOT	10 萬美元	0.5 / 32 點 ($15.625)	3、6、9、12	無
2 年美國中期債券 (TU)	CBOT	20 萬美元	0.25 / 32 點 ($15.625)	3、6、9、12	無
30 天利率 (FF)	CBOT	500 萬美元	0.005 點 ($30.835)	3、6、9、12	無
美國 3 個月國庫券 (TB)	CME	100 萬美元	0.005 點 ($12.5)	3、6、9、12	無
3 個月歐洲美元 (ED)	CME	100 萬美元	0.01 點 ($25)	3、6、9、12	無
1 個月 LIBOR(FM)	CME	300 萬美元	0.005 點 ($12.5)	連續 12 個月	無

資料來源：國泰期貨

4. 最低價格變動幅度：(1)長期債券最低變動幅度為 1 / 32 點，1 點指 1%。一檔變動的契約價值為 $100,000 \times 1 / 32 \times 1\% = 31.25$ 美元；(2)中期債券最低變動幅度為 1 / 64 點，一檔變動的契約價值為 $100,000 \times 1 / 64 \times 1\% = 15.625$ 美

元；(3) 3 個月歐洲美元及國庫券契約價值約為 $100,000 \times 0.01\% \times 90 / 360 = 2.5$ 美元；(4)日本國債契約為 $100,000,000 \times 0.01 \times 1\% = 10,000$ 日圓；(5) 3 個月歐洲日圓期貨為 $100,000,000 \times 0.01 \times 1\% \times 90 / 360 = 2,500$ 日圓。

5.每日價格變動限制：即 1 個契約的每日最大損益，為交易所為了避免價格劇烈變動訂定。如美國中長期債券契約每日價格變動限制為 3 點，契約價值為 $100,000 \times 3 \times 1\% = 3,000$ 美元；2 年期債券為 1 點，契約價值為 $200,000 \times 1 \times 1\% = 2,000$ 美元。

價格變動達限制點後市場停止交易，上漲時不能繼續漲，此點稱為漲停板 (Limit Up)；下跌時不能繼續跌，此點稱為跌停板 (Limit Down)。惟為配合市場需要，如連續 2 日價格變動，均為漲停或跌停，則第 3 日漲跌幅度擴大 50%，如仍然達到漲停或跌停，第 4 日漲跌幅度再擴大 100%，如仍然達到漲停或跌停，第 5 日則取消限制，惟如任一日價格變動未達到限制時，則恢復原來的變動限制。

6.交割 (Delivery)：

(1)長期債券期貨屆期時需辦理交割手續。契約規定交割 20 年 8% 息票利率的債券，但市場可能沒有或沒有足夠的現貨，所以交易所規定交割長期債券到期日至少 15 年的非提前收回債券 (Non-Callable Bond) 即可。交割金額採轉換因素發票制度 (Conversion Factor Invoicing System)，可使不同的交割債券等值。以每月息票利率 8% 為標準，息票利率高於 8% 者，轉換因素大於 1；息票利率低於 8% 者，轉換因素小於 1。交割除本金外，加計應付利息，按交割債券所帶之利息（轉換因素係交易所規定）。

本金發票金額 = 期貨結算價格 × 契約金額 × 轉換因素
發票總金額 = 本金發票金額 + 應計利息

債券期貨交割規定不是非常完善，賣方在交割時有 3 個較有利的選擇：(a)交割月內可選擇交割日；(b)部位日 (Position Day) 期貨交易收盤時間為下午 2 點，通知交易所交割指示截止時間為下午 8 點，如現貨市場變動有利時，賣方可通知交割；(c)交割債券可選擇最便宜者 (Cheapest-to-Delivery)，亦稱 Top Delivery Choice，指發票金額超過市價利潤最大者，或發票金額低於市價損失最小者，通常在債券收益率超過 8% 時，指息票利率較低、滿期日最長的債券；債券收益率低於 8% 時，指息票利率較高、滿期日較短者。

(2)短期利率期貨通常係以現金結算 (Cash Settlement)，對於國庫券期貨可以實物交割，對於 3 個月歐洲美元利率期貨 (Eurodollar Interest Rate Futures)，CME 之規則，係自 12 個參考銀行提供 3 個月歐元定存利率報價，刪除最高與最低各 2 個，以其餘 8 個報價求其平均利率 (Mean Rate)，每日收盤時及最後 90 分鐘各作一次的平均數來計算。結算價格 = 100 – 平均利率。將成交價格與結算價格間之差額，貸記或借記雙方保證金帳戶，帳戶餘額退還交易人，並結束部位。

第四節 股票指數期貨

$ 一、股票指數之意義與類別

(一)意　義

股票指數期貨 (Stock Index Futures) 指以股票指數為契約標的的期貨。股票指數亦稱股價指數，係綜合股票價格而編製的指數，以基期年為 100，用以顯示目前相對於基期年股票價格的變化。如低於 100，表示股價下跌；如高於 100，表示股價上漲。

(二)類　別

1.股票指數依編製方法不同，可分為：

(1)價格等量加權指數 (Price-Equally-Weighted Index)：即利用算術平均數計算出來的指數，最早採用者為道瓊工業指數 (Dow Jones Industrial Average, DJIA)，包含 30 種在 NYSE 上市的公司股票，其與 20 種運輸公司股票平均數及 15 種公用事業公司股票平均數合併編成 65 種股票

綜合平均數 (Dow Jones 65 Composite Average)。主市場指數 (Major Market Index) 亦屬此類。

⑵報酬等量加權股價指數 (Return-Equally-Weighted Index)：係按股價水平加權，高價股票有高的權數，如價值線股票指數 (Value Line Index) 即屬於此類。

⑶價值加權指數 (Value-Weighted Index)：指以股票發行量加權的股價指數，採用者有 S&P500 及 NYSE Composite Index 等。臺灣證券交易所編製的股價指數以及中華民國證券櫃檯買賣中心所編製的櫃買指數亦屬此類。

 2.股票指數依其選擇股票多寡，可分為：

⑴廣基指數 (Broad-Based Index)：旨在反映整個股票市場變動。如 S&P500, NYSE Composite Index、Value Line Index、NASDAQ Composite、Russell 3000、Willshire 5000，以及臺灣證券交易所所編製的股票指數均屬此類。

⑵狹基指數 (Narrow-Based Index)：旨在反映某一行業股票市場的變動。如道瓊工業指數可反映製造業股市變化，又如 Oil Index、Computer Index、Utility Index，均在反映某一行業股市變化。

 3.股票指數依股票交易市場不同，可分為：

⑴交易所股票指數 (Exchange Index)：指以股票交易所上市股票所做的股票指數。

⑵店頭市場指數 (OTC Market Index)：指以店頭市場上櫃股票為對象所做的股票指數。

　　兩者比較，上市公司規模較大，上櫃公司多為中小企業。臺灣科技公司股票多在店頭市場交易。

$ 二、股票指數期貨之功能

1.避　險

股票指數期貨的功能之一為避險。投資股市時必須面對 2 種風險：

⑴系統風險：亦稱市場風險，指因總體經濟變化或政治等因素導致整個股市的波動，所有股票投資都會暴露在市場風險下，如利率水平的變動、政府對股市交易的政策、總體經濟的興衰、稅法的改變以及戰爭與和平的情勢，均會影響所有股票的價格。

⑵非系統風險：亦稱企業特有風險 (Firm Specific Risk)，指影響各個行業或各個企業營運，及整個行業或某個企業股票的價格。如競爭性產品或科技的創新、領導人的變動或財務危機等，會影響整個行業或各個企業的股票價格。

由於基金經理人都持有大量資金，為提高收益率並為規避信用風險，均投資多種股票、債券與貨幣市場工具，稱為投資組合。股票投資組合有系統風險，可賣出股票指數期貨，以消除股票下跌的風險，如係投資於多種行業的股票，可利用廣基指數的期貨契約，如美國的 S&P500 期貨、日本的日經 225 期貨；如係投資於某一行業的股票，可利用狹基指數期貨；如係投資於多個科技公司股票，可利用 Computer Index 期貨，亦可利用 NASDAQ Composite 指數期貨。

對於投資單一企業股票風險的規避，是否可利用股票指數期貨避險，要看個股股票與期貨契約間的 β 係數 (β Coefficient)，即個股股價變動相對於整體市場變動的關係。如 β 係數大於 1，表示該個股的價格變動率高於整體市場變動率，表示投資風險高，適合積極型投資人使用；反之，如 β 係數小於 1，表示個股股價變動率低於整體市場變動率，風險較低，適合保守型投資人使用；如 β 係數接近 1，利用指數期貨的效果會較好。

股票指數期貨可用於投資組合保險 (Portfolio Insurance)，是基金經理人的一種動態避險策略 (Dynamic Hedging Strategy)，因應市場變動持續調整避險比例 (Hedging Ratio)，定期買入及賣出股票指數期貨，取得不同的空頭部位，以平衡股票投資組合的多頭部位，惟在 1987 年 10 月 19 日股市大崩盤時，期貨市場喪失流動性，該項策略避險操作失敗。

現貨價格減期貨價格的差額，稱為基差，因為利率變動等多種因素的影響，基差會發生變化。因此利用期貨避險，不是完全避險 (Perfect Hedging)。而且股票指數期貨的波動性大於現貨指數的變動性，如 1987 年股市崩盤時 S&P500 現貨指數下跌 22%，S&P500 期貨指數下跌達 36%，此時賣出期貨避險，成效並不理想。

2.投　資

　　持有現貨多頭或空頭部位而賣出或買入期貨之操作為避險，其沒有現貨部位而買賣期貨之操作為投資。買賣股票指數期貨繳付保證金即可，成本遠低於買賣現貨。所以股票指數期貨交易，更適合投資人操作。

3.參與資產分配與提高收益率

　　資產分配 (Asset Allocation) 指投資組合中各項資產如何配置。通常投資組合含有股票、債券、貨幣市場工具及現金，但基金經理人偏愛利用股票指數期貨去改變組合，因為利用期貨較便宜，而且比相對的現貨市場更具流動性。

　　股票指數期貨還有提高收益率 (Yield Enhancement) 的功能。含有股票指數期貨多頭加國庫券的投資組合，其風險、報酬與股票投資組合相同。股票指數期貨之定價，係依現貨價格加持有淨成本 (Net Carry)。如果定價不正確，或者實際價值大於或小於其理論價值時，股票指數期貨加國庫券的投資組合，風險相同但收益率會提高。

$ 三、股票指數期貨契約之內容

　　1.契約名稱：如 S&P500 Index、Nikkei 225 Stock Average 等。

　　2.交割月：通常為 3、 6、 9 及 12 月份。

　　3.契約金額：S&P500、NYSE Composite Index、Major Market、Value Line，及 National OTC Market，均係 500 × 指數，如指數為 800，則 1 個契約的價值為 $500 \times 800 = 400,000$

　　4.最低價格變動幅度：如 S&P500 一檔為 5 點，一檔的契約價值為 $500 \times 1\% \times 5 = 25$ 美元。

股票指數期貨的名稱	交易所	商品代碼	最低價格變動幅度	契約金額	契約月	最後交易日
S&P500	CME	SP	0.1 點 ($25)	$250 × SP	3、6、9、12	契約月份第三個星期四
道瓊工業指數	CBOT	DJ	1 點 ($10)	$10 × DJ	3、6、9、12	契約月份第三個星期四
NASDAQ 100	CME	ND	0.5 點 ($50)	$100 × ND	3、6、9、12	契約月份第三個星期四
E-mini S&P 500	CME	ES	0.25 點 ($12.5)	$50 × ES	3、6、9、12	契約月份第三個星期四
E-mini 道瓊	CBOT	YM	1 點 ($5)	$5 × YM	3、6、9、12	契約月份第三個星期四
E-mini NASDAQ 100	CME	NQ	0.5 點 ($10)	$20 × NQ	3、6、9、12	契約月份第三個星期四
FTSE-100	LIFFE	FTSE-100	0.5 點 (£10)	£10 × FTSE-100	3、6、9、12	契約月份第三個星期四
日經 225 指數	SIMEX	SSI	5 點 (¥2,500)	¥500 × SSI	3、6、9、12	契約月份第二個星期五的前一個營業日

資料來源：國泰期貨

第五節　期貨市場之操作

$ 一、部位交易

可分為 2 類：

1.單純買入 (Outright Purchase)：指買入期貨契約，為取得多頭部位或了結先前的空頭部位。

2.單純賣出 (Outright Sell)：指賣出期貨契約，為取得空頭部位或了結先前的多頭部位。

買賣期貨是為了規避現貨部位的風險，如現貨為空頭，為防標的物價格上漲蒙受損失而賣出期貨；如現貨為多頭，為防標的物價格下跌蒙受損失而買入期貨，這是避險操作。

如果沒有現貨部位而買賣期貨，為投資或投機操作。如認為價格會上漲而買入期貨，如認為價格會下跌而賣出期貨，判斷正確可獲得利益，判斷錯誤會蒙受損失。

期貨市場交易，大都是以反向交易沖銷來結算。一買一賣或一賣一買兩筆交易的差額，對投資人而言，這是他的損益；但對避險人而言，期貨交易的損益並不重要，因為期貨市場盈餘，現貨市場必為虧損；期貨市場虧損，現貨市場必為盈餘，盈虧大致可以沖抵，這是避險的目的。

$ 二、基差交易

基差為現貨價格與期貨價格間的差額，如果遠期價格 (Forward Price) 或期貨價格 (Futures Price) 高於即期價格，為正價差 (Contango)；反之，遠期或期貨價格低於即期價格時，為逆價差 (Back Wardation)，在利息收入大於融資成本時會發生此種情形。

在基差偏離常軌或預期基差會發生變化時，買入現貨賣出期貨或買入期貨並賣出現貨，同時一買一賣的操作，稱為基差交易。兩者一為多頭，另一即為空頭，而兩者漲跌方向相同，所以基差變動遠低於現貨或期貨之變動。基差交易風險很小，損益也很小；基差交易的結果，可以使期貨價格維持在合理的範圍內。

$ 三、價差交易

價差指期貨市場各個期貨契約間價格之差異。價差交易 (Spread Trading) 指買入 1 個期貨契約同時賣出另 1 個期貨契約的操作。可分為：

1. 交割期間價差交易 (Inter-Delivery Spreading)：指同一時間在同一交易所，對 2 個交割期間不同而為同一類期貨契約一買一賣的操作，可能是買入近期賣出遠期或買入遠期賣出近期。因為 2 個契約交割時間不同，所以又稱為時

間價差 (Time Spread)；因為是同一市場內的價差，所以又稱為市場內價差 (Intramarket Spread)。其買入近期賣出遠期者，稱為買入價差 (Buy Spread)、多頭價差 (Long Spread) 或看漲價差 (Bullish Spread)；賣出近期買入遠期者，稱為賣出價差 (Sell Spread)、空頭價差 (Short Spread) 或看跌價差 (Bearish Spread)。2 個期貨契約，一為多頭，一為空頭，漲時都漲，跌時都跌，只是漲跌幅度不同，所以價差交易風險不大，損益亦不高。

2. 市場間價差交易 (Intermarket Spreading)：指在 2 個不同交易所，對同一期貨契約一買一賣的操作，亦稱空間價差 (Location Spread)。如 GBP/USD 相同的期貨契約，同時在 CME、LIFFE 及 SIMEX 等交易所上市；美國長期債券相同的期貨契約，同時在 CBOT 及 NYSE 上市；以及歐洲美元相同的期貨契約，同時在多個期貨交易所上市。如果同一期貨契約在不同的交易所價格不同，即可在低價市場買進，並在高價市場賣出。此項操作風險不大，盈虧也不大。由於通訊發達，此種裁定機會也不多見。

3. 商品間價差交易 (Intercommodity Spreading)：指對 2 個不同但相關性高（即漲時同漲，跌時同跌）的商品期貨一買一賣的操作。如美國國庫券期貨與歐洲美元期貨，相關性很高。兩者差距為：國庫券期貨價格 − 歐洲美元期貨價格 = TED，只要 TED 偏離正常，即可做一買一賣的價差操作。

第六節 期貨市場之交易與管理

$ 一、期貨市場之交易制度 ▶▶▶▶

(一)交易程序

期貨市場之交易程序與股票市場相仿，目前已採用電子交易取代人工喊價，也有的交易所採電子交易與人工喊價並行。其交易程序如下：

1. 顧客委託：分為買入委託與賣出委託，即顧客告知經紀商欲進行交易之內容。

2.經紀商之營業員將委託內容經由電話傳達至經紀商派駐交易所之電話記錄員。

3.記錄員依委託之內容，填寫委託單 (Order Slip) 或交易卡 (Trading Card)，並加打時間戳記，交由跑單員 (Runner) 將委託單送交易所經紀人執行交易。

4.場內經紀人經公開喊價或電腦湊合成交後，填註交易時間、成交價格、成交數量、對手經紀人及清算會員號碼，確認交易並交付跑單員送還電話記錄員。同時交易場內報告員將成交資料記錄於看板，並經由電信網路傳達外界。

5.電話記錄員收到確認成交之委託單後，即通知經紀商營業員確認成交。營業員以口頭通知顧客並寄發書面確認書。

㈡結算程序

1.經紀商之營業員於收到確認成交通知後，即將成交內容送請清算會員辦理清算事宜。清算會員將交易內容的清算單 (Clearing Slip)，經由電腦終端機與連線作業系統，傳送至清算所辦理結算。

2.清算所於收到買賣雙方成交資料後，利用電腦辦理配對 (Match)，配對成功後，立即確認買賣雙方清算會員的清算記錄。自此時起，清算所成為每筆交易之主體，對買賣雙方承擔履約的責任。清算所並通知買賣雙方清算會員向指定之清算銀行 (Clearing Bank) 繳付原始保證金 (Initial Margin)。清算所為便利保證金之繳付，指定若干銀行為清算銀行，清算會員可擇一開戶，並對清算銀行出具授權後，授權銀行得以依清算所指示，在其帳戶內撥付資金。

3.清算銀行即由清算會員之清算帳戶將資金撥付清算所，並對清算所發出確認保證金之付款。

4.清算所於每日市場收盤後，依結算價格辦理結算，並將結算之盈虧分別通知清算會員之清算銀行，貸記或借記保證金帳戶。如因借記帳戶使保證金帳戶餘額低於維持保證金標準時，將發出追加保證金通知，清算會員應於規定時間內，將保證金帳戶餘額補充至原始保證金標準。

㈢交割程序

1.期貨契約不論買入或賣出，在契約屆滿前必須了結 (Liquidation)。其為多頭者，可賣出相同數量的相同契約；如係空頭者，可買入相同數量的相同契約，如此，原先交易得以沖銷 (Offset)，其未沖銷者，即須辦理交割。空頭者交割實物 (Make Delivery)；多頭者接受實物 (Take Delivery)，並辦理貨款交付。期貨交易絕大部分均採沖銷了結，辦理實物交割者只有 5%。其為通貨期貨交易，實物也是貨幣，通常都是以其他貨幣買賣美元，一方交付美元，他方交付其他貨幣。

2.交割時，賣方對於交割的商品、交割時間及地點有選擇權。自交割月第一日起，賣方即可通知清算所辦理交割：

⑴在許可交割第一日前 2 個營業日，稱部位日 (Position Day)，多頭應通知清算所其未平倉部位，交割月持續申報。

⑵第一日 (Day 1) 為最後通知日 (Last Notice Day)，也是最後交易日 (Last Trading Day)。逾此日，交易人已不能再以相反交易沖銷其部位，必須辦理交割。清算所宣布期貨契約結算價格。空頭通知清算所交割，以美元買賣外幣為例，多頭通知其美元存款銀行將足夠美元資金存入清算所帳戶，空頭則安排對清算所交付外幣。

⑶第二日 (Day 2)，以通貨期貨交易為例，清算所收到存款銀行通知，已自多頭收進美元，並自空頭收進外幣。

⑷第三日 (Day 3) 為交割日 (Delivery Day)。清算所於外幣發行國家指定之銀行，對多頭提供外幣，對空頭提供美元，並將保證金退還雙方 (交割日因契約而異，各交易所也不相同)。

二、期貨市場之財務保障制度

㈠財務保障制度

財務保障制度 (Financial Safeguard System) 為所有交易所必須具備的條件，否則無法取得顧客的信任。通常包括下列措施：

1.替代原則 (Principle of Substitution)：所有交易於完成配對後，即由清算所擔任交易之主體，替代交易雙方。它替代所有買方的賣方，也替代所有賣方的買方，消除了買賣雙方間或經紀商間的信用障礙。

2.實施保證金制度 (Margin System)：顧客對經紀商提供每一契約的擔保資金 (Collateral Fund)，經紀商對清算會員提供保證金，清算會員對清算所提供保證金。

3.每日按市價結算 (Daily Mark-to-Market Settlement)：亦稱釘市或洗價，每日收市後，對未平倉部位 (Open Position) 依結算價格重新計算其價值。所以所有期貨契約均只有一日風險。

4.顧客資金分離存放 (Separation of Customer's Funds)：對於顧客依法提供之保證金等資金，應與經紀商本身資金分離記帳與存放，以免因經紀商營運不善而影響顧客的利益。

5.交易所創設信託基金 (Trust Funds)：係交易所會員依規定提供之資金，必要時可用以支持個別經紀商履行交割義務。

6.對於清算會員訂定資本標準 (Capital Requirements)：有淨部位限制 (Position Limits)，不准做信用交易，亦不得對保證金部位融資，以免增加風險。

7.實施市場監視 (Market Surveillance)：防止市場操縱 (Manipulation)、設立稽核部門 (Audit Department)、加強實地稽核 (On-the-Site Audit)，並審查清算會員報告。

8.實施聯保制度 (Common Bond System)：所有清算會員都對清算所整體的財務健全共同負責。如有清算會員破產，而保證金及信用基金均不足以彌補虧損時，其餘額由全體清算會員出錢彌補。

(二)保證金制度

保證金制度是交易所財務健全的中心，包括顧客繳納的保證金及清算會員對清算所繳納之保證金。

1.顧客繳納之保證金，可分為原始保證金、維持保證金與變動保證金 (Variable Margin)。

(1)原始保證金：為交易開始時繳付的存款金額，其標準視標的商品的價格水平及其波動性而定，惟不得低於規定標準。一般交易所規定的原始保證金為期貨契約價格每日變動額加 3 個標準差：$\mu + 3\sigma$。

例如：黃金期貨每份契約為 100 盎斯。設每盎斯黃金市價 800 美元，每日價格變動平均數每盎斯 20 美元，標準差為 5 美元，則原始保證金為：

第六章　期貨市場與遠期市場

193

$20 \times 100 + \$5 \times 3 \times 100 = \$3,500$。

⑵維持保證金：指顧客保證金帳戶應維持之最低金額，通常規定為原始保證金之 50% 至 75%。如因每日按市價結算而使保證金帳戶餘額低於此標準，應追加保證金或補倉。追加點 (Margin Call Point) 對多頭而言，為市價下跌達到原始保證金減去維持保證金加一檔；對空頭而言，為市價上漲達到原始保證金減去維持保證金加一檔。一般通貨期貨契約原始保證金為 $\$12.50 \times 160 = \$2,000$；維持保證金為 $\$12.50 \times 120 = \$1,500$；追加點 $160 - 120 + 1 = 41$ 點。

⑶變動保證金：保證金追加後，保證金帳戶餘額應恢復為原始保證金標準，追加之保證金稱為變動保證金。

⑷保證金因期貨風險不同而有不同的標準，通常避險交易風險比投資風險低，保證金的標準約為一般標準的一半。基差交易風險亦低，保證金也低，又當日對沖交易的保證金亦低。

⑸期貨市場之保證金與股票市場信用交易之保證金意義不同。股票市場買方以信用交易買入股票所繳付之保證金為頭款或先期付款，其餘額由經紀商或證券金融公司貸款支付；期貨市場之保證金為誠意金 (Good Faith Money)，買賣雙方均要繳付，旨在確保履行交割或接受交割的義務。

2.清算會員之保證金 (Clearing Members Margin)：指清算會員因承做交易及清算業務應對清算所提供的保證金，包括本身持有部位之保證金、顧客部位之保證金，及代非清算會員辦理清算業務之保證金。保證金可分為原始保證金與變動保證金，前者按增減部位計算，後者按結算價格之變動及未變動部位之保證金，計算如次：

新增（減）部位原始保證金＝（增）減部位 × 每個契約原始保證金

新增部位原始保證金＝（成交價格 − 新結算價格）× 10,000 × 12.50 × 新增契約數

了結契約保證金＝（成交價格 − 舊結算價格）× 10,000 × 12.50 × 了結契約數

舊存部位變動保證金＝（舊結算價格 − 新結算價格）× 10,000 × 12.50 × 舊存契約數

清算會員保證金之計算，有毛額 (Gross) 與淨額 (Net)2 種，前者多頭與空頭相加，後者多頭與空頭相減。採淨額計算者，客戶部位與會員本身部位應分別計算。

清算會員保證金繳納方式，除現金外，可用長期債券、清算公司股票及銀行開發之擔保信用狀。

💲 三、防弊制度 ≫≫≫

期貨市場是一個管理市場 (Regulated Market)，管理的目的為：

1.財務安全：防止交易人或經紀商不履約，如前述保證金制度。

2.公平交易：防止非法交易，如防止市場操縱、防止非競爭性交易 (Non-Competition Trading)，包括內線交易與串通交易，以防止詐欺 (Fraud)。

第七節 我國之期貨市場

💲 一、我國期貨市場之發展 ≫≫≫

㈠地下期貨交易階段

1. 1979 年 9 月，香港經紀人將香港的期貨交易引進臺灣，設立機構辦理地下期貨交易。買賣之期貨包括日本之紅豆、棉花、生絲與美元，稱日盤，另有美國之黃金等，稱美盤。因為期貨公司多係與顧客對賭，或轉交大盤商承接，並未下單到國外交易所，所以糾紛迭起，於 1983 年遭受取締而結束。

2. 1987 年 7 月，我國外匯開放，資金匯出方便；兼以路透社 (Reuters) 及美聯社 (Telerate) 以螢幕報導期貨市場價格，地下期貨交易再度復活，其買賣的商品包括美國之黃金、白銀、白金、美國長期債券及 S&P500 股票指數期貨、香港之黃金及日本的紅豆。

㈡開放國外期貨交易

1. 1971 年政府公布《大宗物資國外期貨交易管理辦法》，美商美林 (Merill Lynch) 來臺灣設分公司，辦理玉米、黃豆、小麥及棉花等期貨下單美國期貨交易所。大宗物資進口廠商可以合法買賣國外期貨，以規避物價上漲的風險。

2. 1992 年立法院通過《國外期貨交易法》，翌年 1 月起施行。證券管理委員會依法訂定相關法規，進行國外期貨交易種類及國外期貨交易所之選定，期貨交易服務事業及其從業人員之管理。1994 年 1 月行政院核定開放 11 家國外交易所及期貨商品 60 項，以利進行國外期貨交易。

3. 1997 年 1 月，美國 CME 上市道瓊臺灣股票指數 (DJGI Taiwan) 期貨契約，係以 117 種股票市值加權計算，經由 Globex 電子撮合交易。同時新加坡 SIMEX 上市標的為摩根臺灣指數 (MSCI Taiwan Index)，係由 77 種股票的市值加權計算。

㈢臺灣期貨交易所成立

1997 年 3 月，立法院通過《期貨交易法》(《國外期貨交易法》同時廢止)，臺灣期貨交易所成立（以下簡稱期交所），採公司制，股東成員包括期貨、證券、銀行及證券期貨相關機構等 4 個行業，持股比率各約佔 25%。1998 年 7 月上市第一個期貨商品臺灣證券交易所股價指數期貨（簡稱股指期貨），翌年再上市臺證所電子類股與金融保險類股股價指數期貨，以後陸續上市 10 年期公債期貨、30 天期利率期貨、美元計值與新臺幣計值之黃金期貨，及櫃買中心股價指數期貨等。

2010 年 1 月 25 日臺灣期貨交易所上市 35 檔個股期貨（簡稱股票期貨），為了避免市場操作個股股價，兼顧市場性，其交所選擇交易標的應具備下列條件：

1. 個股市值必須在新臺幣 250 億元以上。

2. 最近 3 個月成交股數佔已上市股份總額的比例達 20% 以上，或最近 3 個月平均交易量達 1 億股以上。

3. 最近 3 個月超過半數交易日之收盤價不低於新臺幣 10 元。

4. 為符合股權分散原則，個股記名股東人數達 1 萬人，持有 1,000 股至 5 萬股之股東人數不少於 5,000 人，且所持有股份合計超過發行股份總額 20%

或 1 億股以上。

$ 二、重要期貨契約之內容 ▶▶▶▶

(一)臺灣股價指數期貨契約之內容

1. 上市月為當月連續 2 個月，再加 3、6、9 及 12 月共計 5 個契約。

2. 契約價值為指數乘以新臺幣 200 元。

3. 每個契約原始保證金為新臺幣 14 萬元，維持保證金為新臺幣 11 萬元；結算保證金為 9 萬元。同年 8 月分別調降為 12 萬元、9 萬元及 8 萬元，惟期貨商可要求交易人提高保證金，以降低信用風險。

4. 部位限制指交易人任何時間持有各月份契約未平倉部位總和的限制，自然人為 100 口，法人機構為 300 口，翌年可提高 1 倍。

5. 升降單位：指數 1 點，價值為新臺幣 200 元。

6. 漲跌幅限制為 7%，與股市相同。

7. 最後交易日為各交割月第三個星期三，次一營業日為最後結算日及新契約開始交易日。

8. 交割方式為現金結算。

9. 稅負：交易稅 0.025%。

10. 手續費：買賣雙方各付新臺幣 1,200 元。

(二)個股股票期貨契約上市之內容

1. 代碼：各標的股票依序以英文代碼表示：如南亞期貨為 CAF，中鋼期貨為 CBF 等。

2. 交易時間：與臺灣證券交易所正常營業日交易時間相同，即上午 8:45 至下午 1:45。若為期貨到期月份，最後交易時間提前於 1:30 截止。

3. 契約單位：標的證券 2,000 股稱 1 口 (Lot)，表示 1 張契約。

4. 契約到期交割月份：自交易當月起連續 2 個月，另加 3、6、9 及 12 月中 3 個連續的季月，共計 5 個月份（最長不超過 1 年）。

5. 每日結算價：原則上採當日收盤前 1 分鐘的所有交易之成交量加權平

均價。

6.每日漲跌幅：現行漲跌幅依照股票漲跌幅 7%。

7.最小升降單位：(1) 價格未滿 10 元者 0.01 元；(2)10 元至未滿 50 元者 0.05 元；(3)50 元至未滿 100 元者 0.1 元；(4)100 元至未滿 500 元者 0.5 元；(5)500 元至未滿 1,000 元者 1 元；(6)1,000 元以上者 5 元。

8.最後交易日：也是最後結算日，為各該契約的交割月份第三個星期三（其次一營業日為新契約的開始交易日）。

9.最後結算價：以最後結算日證券市場當日交易時間後盤前 60 分鐘內算的證券之算術平均價訂之。

10.交割方式：以現金交割，交易人於最後結算日依最後結算價之差額的淨額進行現金之交付或收買。

11.部位限制：

⑴交易人於任何時間持有同一標的證券期貨契約同一方面未了結部位總和，除期貨交易所另有規定外，不得逾該部位之限制標。

⑵同一標的證券之股票期貨及股票選擇權和了結部位表影按股數於任一交易的收盤後，逾該標的證券在外流通股數 15%，除另有規定外，期交所得自次一交易日起限制該股票期貨交易以了結部位為限。

⑶該項比例低於 12% 時，本公司得於次一交易日起解除限制。

12.保證金：

⑴期貨商向交易人收取的交易保證金及保證金追繳標準，不得低於期交所公告的原始保證金及維持保證金水準。

⑵期貨所公告之原始保證金之維持保證金，與期交所結算保證金收取方式以標準計算之結算保證金的基準，按期交所訂定之成數計算之。

為期期貨及選擇權交易不影響個股股價之變動，期交所規定：(1)持有同一方向部位（買入期貨、買入 Call 及賣出 Put，為看漲一面的交易，賣出期貨、賣出 Call 及買入 Put 為看跌一面之交易），不得超過個股在外流通股數之 15%；(2)規定以現金交割，以免增加結算日的交易量；(3)每日漲跌幅度之限制。

$ 三、認識市場報導

在此簡單介紹股票指數期貨行情簡表、股票期貨行情簡表。先看股票指數期貨行情簡表：

1. 6 月 11 日是 1 個多頭市場，股票指數都上漲 100 多點，期貨市場上漲幅度比現貨市場高。

2. 6 月 11 日已接近滿期日，投資人了結契約，所以 6 月契約未平倉數量下降，但 7 月契約新投資人進場，未平倉數量上升。

◆ 表 6-4 股票指數期貨行情簡表（2010 年 6 月 11 日）

商　品	月份	升　盤	最　高	最　低	收盤價	漲　跌	成交量	未平倉數量	未平倉變動
臺股指數現貨		7,302.97	7,321.60	7,273.70	7,299.49	117.72	87,269	–	–
臺股指數期貨	06	7,316.00	7,317.00	7,244.00	7,293.00	132.00	84,575	54,735	–4,694
臺股指數期貨	07	7,122.00	7,175.00	7,103.00	7,151.00	124.00	5,613	17,873	1,733

資料來源：臺灣期貨交易所

表 6-5 顯示，6 月 11 日的期貨市場裡，股票期貨幾乎全部上漲。

◆ 表 6-5 股票期貨行情簡表（2010 年 6 月 11 日）

商　品		月份	升盤價	最高價	最低價	最後成交價	每日結算價	漲跌 (%)	成交量	本日未平倉量
CAF	南亞期貨	06	51.50	51.50	51.50	51.50	51.50	0.60	3	20
CBF	中鋼期貨	06	29.90	29.90	29.90	29.90	29.90	0.25	2	33
CCF	聯電期貨	06	14.05	14.30	14.05	14.25	14.25	0.35	390	732
CDF	台積電期貨	06	59.70	60.40	59.70	60.40	60.40	0.80	58	196
CGF	仁寶期貨	06	38.95	38.95	38.00	38.00	38.00	0.05	4	234

資料來源：臺灣期貨交易所

第八節 遠期市場

$ 一、遠期市場

㈠意　義

　　遠期市場可分為 2 種：遠期外匯市場與遠期利率協議市場 (Forward Rate Agreement Market, FRA Market)。兩者都是銀行業做成的店頭市場，也都是衍生金融商品市場，但兩者也有很大的不同。

　　遠期外匯與即期外匯的差別在於交割日不同，即期外匯的交割日為成交後的第二個營業日，但交割日未超過 7 天者，亦視為即期交易。超過 7 天者為遠期外匯（參見圖 6–1）。

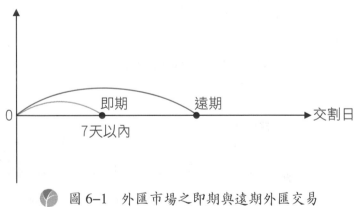

圖 6–1　外匯市場之即期與遠期外匯交易

　　遠期利率協議 (FRA) 係確定未來一段期間的利率協議，如圖 6–2。時間點 t_0 至任何時間的交易點的交易均為即期交易，2 個未來時間點，如 t_1 至 t_2 的交易為遠期交易。

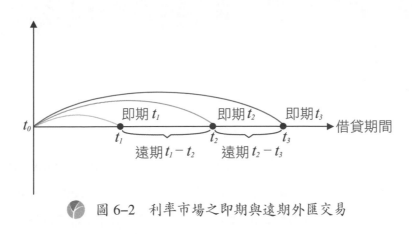

圖 6-2　利率市場之即期與遠期外匯交易

　　遠期外匯交易市場歷史悠久，通常均在外匯市場內討論，本節只討論遠期利率協議。

(二)遠期利率協議之特性

　　1. FRA 主要為銀行間交易市場，銀行與顧客間交易只佔 10% 的比例，而且為批發性市場，最低交易額為 500 萬美元，而以 1,000 萬美元交易額最為常見。倫敦為最重要交易中心，交易貨幣以美元為主，其次為歐元、英鎊、日圓及瑞士法郎等。

　　2. FRA 協議的只是利率，不做實際的存貸，因為沒有資金的移轉，信用風險只限於市場利率計算的利息與協議利率計算的利息兩者間之差額。所以實務上交易不需要繳付保證金或權利金。

　　3. FRA 可以作為避險工具，浮動利率借款人為避免利率上升增加負擔，可買入 FRA 鎖住借款利率，因而同時也放棄了利率下降時的好處；反之，投資於浮動利率本票的投資人為避免利率下降使收入減少，可賣出 FRA 以確保收益，但同時也放棄了利率可能上升時的好處。

　　4. 沒有部位存在的投資人，也可以利用 FRA 謀取利率變動的利益。如預期利率會上升可買入 FRA；預期利率下降可賣出 FRA，但如果利率變動與預期相反時，將蒙受損失。

　　5. 銀行業也可利用 FRA 市場平衡其借貸部位。如在顧客市場存貸交易中為多頭，可在銀行間市場賣出 FRA；反之，若為空頭，可在銀行間市場買入 FRA。

1.意　義

FRA 指契約雙方約定未來一定期間 (Specified Future Contract Period)，以約定利率 (Agreed Contract Rate) 借貸一定名目金額 (Agreed Nominal Amount) 的協議 (Agreement)。協議內容主要有 3 項：(1)契約期間；(2)契約利率；(3)名目金額。

2.適用範圍

FRA 交易適用 FRABBA，以英國銀行公會 (British Bankers Association, BBA) 於 1985 年訂定的 FRA 標準用語及規則 (Terms and Conditions)。所有定價日、交割日，不論交易貨幣，不能是英國的星期例假日。

3.契約期間之表示方法

如借貸期間為 3 個月後為期 3 個月，其表示為 3×3 或 $_3V_3$ (Three against Three over Spot)。

標準契約期間為 1、3、6、9 及 12 個月，超過 12 個月者流動性較差。非標準期間，雙方可以協商。

4.銀行間報價

銀行間市場為雙向報價 Offer/Bid，前者適用於借款人買入 FRA，後者適用於投資人賣出 FRA。標準差價為 5bp，顯示流動性很高。

如某日銀行報價 $_3V_6$FRA 為 11.84/11.79，其中 11.84 為銀行賣出 FRA 的利率，亦即借款人買入 FRA 的利率，11.79 為銀行買入 FRA 的利率，亦即投資人賣出 FRA 的利率。

$ 三、補償金額

1. FRA 結算

　　FRA 結算時係按照市場利率、契約利率、名目金額及契約期間天數計算差額，稱為補償金額 (Compensation Amount)，並於契約期間開始日以貼現方式支付，如市場利率高於契約利率，FRA 賣方支付貼現值；如契約利率高於市場利率，FRA 買方支付貼現值。

2. 補償金額計算式

$$CA = \frac{R_M - R_C}{100} \times \frac{F}{dpy} \times A$$

式中，CA 為補償金額，R_M 為市場利率，R_C 為契約利率，均以百分比表示，F 為契約期間天數，dpy 為每年天數，美、德、日等國按 360 天計算，英、澳等國按 365 天計算；A 為契約（名目）金額。如 $R_M > R_C$，CA 為正值，FRA 賣方應對買方支付補償金額；如 $R_M < R_C$，CA 為負值，FRA 買方應對賣方支付補償金額。

　　FRA 規定契約期間開始日為結算日，所以實際補償金額為貼現值，R_M 為貼現利率，計算式為：

$$\frac{\dfrac{R_M - R_C}{100} \times \dfrac{F}{dpy} \times A}{(1 + \dfrac{F}{dpy} \times \dfrac{R_M}{100})} = \frac{(R_M - R_C)_y \times F \times A}{dpy \times 100 + F \times R_M}$$

$ 四、遠期利率報價

　　由圖 6–2（頁 201）可知，t_1 至 t_2 間遠期利率，可由 t_0 至 t_1 及 t_0 至 t_2 間即期利率求出，其公式為：

$$(1 + R_{t_0-t_1} \times \frac{d_1}{360}) \times (1 + R_{t_1-t_2} \times \frac{d_2}{360}) = 1 + R_{t_0-t_2} \times \frac{d_3}{360}$$

$$R_{t_1-t_2} = (\frac{1 + R_{t_0-t_2} \times \frac{d_3}{360}}{1 + R_{t_0-t_1} \times \frac{d_1}{360}} - 1) \times \frac{360}{d_2} = (\frac{36,000 + R_{t_0-t_2} \times d_3}{36,000 + R_{t_0-t_1} \times d_1} - 1) \times \frac{36,000}{d_2}$$

式中，R 係以百分比表示。

　　銀行報價分要價 (Offer) 與出價 (Bid)，分別以 O 與 B 表示。d_3 為長期，以 L 代表；d_1 為短期，以 S 代表；R_L^B 代表長期 Bid，R_S^O 代表短天 Offer，R_L^O 代表長期 Offer，R_S^B 代表短期 Bid，d_2 為契約期間天數，以 C 代表；則銀行報價公式為：

$$FRA_B = (\frac{1 + R_L^B \times \frac{L}{36,000}}{1 + R_S^O \times \frac{S}{36,000}} - 1) \times \frac{36,000}{C} = (\frac{36,000 + R_L^B \times L}{36,000 + R_S^O \times S} - 1) \times \frac{36,000}{C}$$

$$FRA_O = (\frac{1 + R_L^O \times \frac{L}{36,000}}{1 + R_S^B \times \frac{S}{36,000}} - 1) \times \frac{36,000}{C} = (\frac{36,000 + R_L^O \times L}{36,000 + R_S^B \times S} - 1) \times \frac{36,000}{C}$$

$ 五、遠期利率協議作業實務

㈠遠期利率協議各個日期之關係

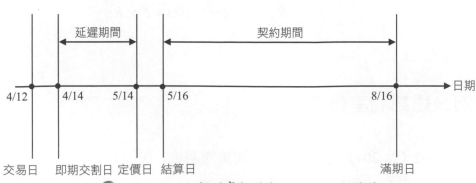

🌱 圖 6-3　遠期利率契約內各個日期之關係

說明:

1. 4/12 為交易日，雙方訂定 $_1V_3$ FRA 契約利率，$_1V_3$ 表示延遲 1 個月後，為期 3 個月的遠期利率協議。

2. 4/14 為即期交割日，由該日確定延遲期間 (Deferred Period) 1 個月為 4/14 至 5/14。

3. 5/14 為定價日 (Fixing Date)，確定 5/16 為即期交割日，為結算日，因為係採貼現方式，於本日辦理結算。

4. 契約期間 (Contract Period) 為 3 個月，其滿期日為 8/16。

㈡買入遠期利率協議規避風險

某公司 6 月預期翌年 3/10 至 6/10 需借入資金 1,000 萬英鎊，為免屆時利率上升，於 6/11 向銀行買入 $_9V_3$ FRA，契約利率為 9% p.a.。

交易日為 6/11，即期交割日為 6/15，定價日為翌年 3/15，結算日為翌年 3/17，滿期日為翌年 6/17。

1. 設至翌年 6/15，市場利率為 10%，則補償金額為:

$$\frac{10-9}{100} \times \frac{92}{365} \times £10,000,000 = £25,205.48$$

因係正值，銀行應補償借款人，並按市場利率 10% 計算貼現值:

$£25,205.48 / (1 + \frac{92}{365} \times 10\%) = £24,585.80$

該公司依市場利率借入 £10,000,000 成本為:

$$10\% \times \frac{92}{365} \times £10,000,000 = £252,054.79$$

實際成本為 £252,054.79 − £24,585.80 = £227,468.99。

2. 設至翌年 6/15，市場利率降為 7%，則本案應補償金額為:

$$\frac{7-9}{100} \times \frac{92}{365} \times £10,000,000 = -£50,411$$

$$-£50,411 / (1 + \frac{92}{365} \times 7\%) = -£49,536.90$$

因為補償金額為負值，公司應支付 £49,536.90。

該公司依市場利率 7% 借入 £10,000,000，成本為：

$$7\% \times \frac{92}{365} \times £10,000,000 = £176,440$$

借入資金成本加對銀行支付之補償金額，借款總成本：

$$£176,440 + £49,539.60 = £225,976.90$$

　　3.該 FRA 契約利率為 9%，成本應為 £226,849。實際成本在市場利率為 10% 時，為 £227,468.99，市場利率為 7% 時，為 £225,976.90，均與契約利率成本相差不多。

本章習題

一、選擇題

( ) 1.日圓期貨變動一檔的契約價值為： (A) 100 美元 (B) 10 美元 (C) 12.50 美元 (D) 25 美元

( ) 2.美國長期債券期貨變動一檔的契約價值為： (A) 15.625 美元 (B) 31.25 美元 (C) 25 美元 (D) 50 美元

( ) 3. S&P500 期貨，一檔變動的契約價值為： (A) 50 美元 (B) 25 美元 (C) 12.50 美元 (D) 10 美元

( ) 4.臺灣證券交易所所編製的股價指數屬於： (A)價格等量加權 (B)報酬等量加權 (C)價值加權指數 (D)以上皆非

( ) 5.下列何者不是期貨契約標準化的內容？ (A)契約數量 (B)商品品質 (C)交割日期 (D)成交價格

( ) 6.下列何者是歷史最久的衍生金融商品？ (A)即期外匯 (B)遠期外匯 (C)外匯期貨 (D)外匯選擇權

( ) 7.店頭市場辦理期貨交易的歷史悠久，但都是中途失敗，芝加哥商業交易所開辦外幣期貨後，期貨市場迅速成長，原因是： (A)標準化契約 (B)買賣雙方繳付保證金制度 (C)主管機關嚴格管理 (D)以上皆是

( ) 8.下列報價何者錯誤？ (A) T-Bill 期貨報價方式為 100 – 利率，如 96.50，則利率為 3.50% (B) T-Bond 係以平均百分比表示，美國 T-Bond 期貨以 8% 利率為準，超過 8% 者以為溢價 110–05, 05 指 5/32 (C)日圓報價 0.9440，為 100 日圓，值 0.9440 美元，相當於每美元值 105.93 日圓 (D)以上皆是

( ) 9.臺股指數一檔變動的契約價值為： (A)新臺幣 500 元 (B)新臺幣 250 元 (C)新臺幣 200 元 (D)新臺幣 100 元

( ) 10.下列何者不是 FRA 的特性？ (A)主要為銀行間市場 (B)是 1 個批發市場，每筆最低金額為 500 萬美元 (C)最大市場中心為紐約 (D)補償金額採貼現方式於契約的期間開始日支付

二、名詞解釋

1. Basis Trading

2. Spread Trading

3. Position Trading

4. US Dollar Index Futures

5. Bond Futures

6. Conversion Factor Invoicing System

7. Dow Jones Industrial Average, DJIA   10. Open Position

8. Systematic Risk   11. Foward Rate Agreemet, FRA

9. β Coefficient   12. FRABBA

 **三、問答題**

1. 試述期貨契約的意義及其功能。

2. 說明基差交易 (Basis Trading) 及價差交易 (Spread Trading) 的意義及其功能。

3. 說明通貨期貨的意義及其類別，以及其與遠期外匯之異同。

4. 說明利率期貨的意義及其類別。

5. 說明股票指數期貨的意義類別及功能。

6. 試述期貨交易的保證金制度的主要內容。

7. 試述遠期利率協議 (FRA) 的意義及其特性。

8. 說明期貨市場的經濟功能及其成功的因素。

 四、計算題

1. 說明日圓期貨契約最低變動幅度一檔的價值。

2. 依交易所規定原始保證金為 1,500 美元，維持保證金為 1,000 美元，假設買賣交易雙方保證金帳戶餘額均為 1,400 美元，日圓結算價格為 −100 點，請分析雙方盈虧及其保證金帳戶的變動情形。

3. 某日本出口商出口 100 萬美元，預計 3 個月收款，為免美元貶值（日圓升值）擬利用日圓期貨避險，請就上述資料分析：⑴該出口商實際收入；⑵避險結果及其差異原因。

4. 某投資人持有美國 T-Bond，息票利率 4%，面值 1,000 萬美元，轉換因素為 1.6216，為免因利率上升遭受損失，擬利用期貨市場避險。已知：

	現貨市場	遠期市場
買入時	@120	@73–16
賣出時	@115	@70–29

求其避險結果。（註：本題取材自 LBOT 資料。）

5. 某公司借入 500 萬美元，利率為 LIBOR+0.75% p.a., 3 個月展期 1 次，為免因利率上升蒙受損失，擬利用歐洲美元期貨避險，已知：

現貨市場	期貨市場	基差
7/1 歐洲美元利率 6%	歐元期貨價格 93.75（隱含利率 6.25%）	0.25
10/1 歐洲美元利率 7.5%	歐元期貨價格 92.35（隱含利率 7.65%）	0.15

求避險結果。

6. 某投資人於 2010 年 6 月 10 日以收盤價買入 10 個臺股指數期貨契約，其當日結算價（即收盤價）為 7,181.77 點。試求：

　⑴買入期貨的契約價值。

　⑵翌日收盤價為 7,299.49 點。請說明交易盈虧及保證金帳戶存款狀況。

　⑶假設第三日國際發生重大事件，國際市場一片慘綠，臺股指數期貨下跌 250 點。請說明保證金帳戶存款狀況。

7. 某投資人買入歐元 12 月期貨 10 口，請就下表內容說明該投資人的盈虧狀況。

期貨月	最後成交價	漲　跌	前日收盤價	開　盤	最　高	最　低	數　量
2010 年 09 月	1.2285	−0.0037	1.2322	1.2312	1.2322	1.2269	12,025
2010 年 12 月	1.2296	−0.0036	1.2332	1.2305	1.2307	1.2294	18
2011 年 03 月	1.2326a	−0.0017	1.2343	−	−	1.2326a	0
2011 年 06 月	1.2353a	−0.0003	1.2356	−	−	1.2353a	0
2011 年 09 月	−	−	1.2371	−	−	−	0
2011 年 12 月	−	−	1.2386	−	−	−	0

8. 某投資人買入 12 月 S&P500 股價指數期貨 10 口，請就下表內容說明該投資人的盈虧狀況。

期貨月	最後成交價	漲　跌	前日收盤價	開　盤	最　高	最　低	數　量
2010 年 06 月	1,066.00	−37.50	1,103.50	1,104.00	1,107.75	1,059.25	3,210,481
2010 年 09 月	1,062.00a	−37.25	1,099.25	1,099.25	1,103.00b	1,055.25	62,761
2010 年 12 月	1,058.25b	−36.75	1,095.00	1,093.25	1,098.50b	1,051.50	35
2011 年 03 月	1,054.00b	−37.50	1,091.50	−	1,094.25b	1,049.00a	0
2011 年 06 月	−	−	1,088.50	−	−	−	0
2011 年 09 月	−	−	0.00	−	−	−	0

一、選擇權之意義

㈠意　義

選擇權 (Option) 亦稱期權，是一個契約，契約的買方，於支付契約價格 (Option Price) 後，取得權利 (Right)，可於一未來日期或其以前，以一定價格自契約賣方買入或對其賣出一定數量的特定標的商品。契約價格一般稱為權利金，相當於保證業務的保險費。一定價格稱為行使（或履約）價格 (Exercise Price)，或敲進價格 (Strike Price)。標的商品亦稱標的利益、工具或標的證券，包括農產品、礦產品、債券、指數或期貨契約。

㈡選擇權與期貨之比較

1.選擇權交易的買方於支付權利金後所取得者，為權利而非義務。如行使沒有利益，他可以放棄。如果他行使選擇權，則賣方有義務對其賣出或買入特定商品。期貨契約對買賣雙方而言，都有權利，也都有義務。

2.對於期貨契約的選擇權，如買方行使買權，買方成為期貨多頭，賣方為空頭；如買方行使賣權，買方為空頭，賣方成為多頭。

3.在功能上，期貨可用以定價 (Price Fixing)，選擇權可作為保險，以確定不受價格上漲或下跌的影響。

4.在風險與報酬上，期貨雙方都有無限的風險，也都有無限的利益（參見圖 7–1）；對選擇權買方而言，為有限的風險及無限的利益；對選擇權賣方而言，則是有限的利益（權利金）與無限的風險（參見圖 7–2 及圖 7–3）。

　　5.對市場的預期，如為強烈利多 (++)，買入期貨最有利；如為中度利多 (+)，買入買權，或者賣出賣權；如為強烈利空 (––)，賣出期貨最有利；如為中度利空 (–)，可買入賣權，或者賣出買權。

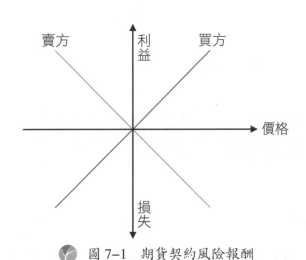

圖 7–1　期貨契約風險報酬

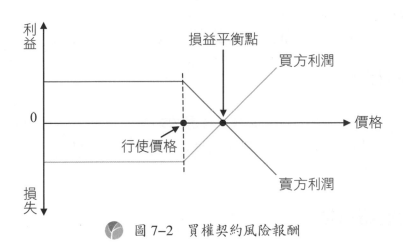

圖 7–2　買權契約風險報酬

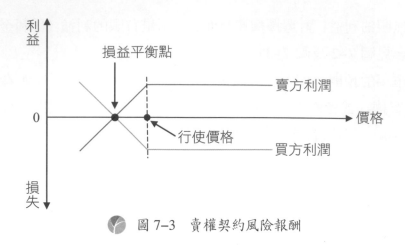

圖 7-3　賣權契約風險報酬

$ 二、選擇權之類別

(一)依買或賣分類

選擇權可分為 2 個類別 (Type)，即買權 (Call) 與賣權 (Put)。買權指可以一定價格，在某未來日或其以前，買入一定數量的標的商品的權利。賣權指可以一定價格，在某未來日或其以前，賣出一定數量的標的商品。

(二)依契約月分類

因契約月滿期日不同，買權及賣權的契約均分成多個級別 (Class)。如 1、2、3 等月份。契約月愈多，交易愈方便，但流動性會降低。所以上市的選擇權契約月最重要為 3、6、9 及 12 月別。最長不超過 2 年。

(三)依行使價格分類

同一類別、同一級別的選擇數，因行使價格不同，選擇權契約可分為不同序列 (Series)。例如英鎊匯率為 1.5 美元，則上市選擇權契約的行使價格，可定 1.50、1.55、1.60、1.45 及 1.40 等 5 個序列。

舉例來說，$800 March Gold Call Option 的選擇權契約，代表標的商品為黃金，滿期月為翌年 3 月，行使價格為一盎斯黃金 800 美元的買權。

㈣依行使日期分類

1. 美式選擇權 (American Option)

指契約買方在契約滿期日前任一日均可行使選擇權者。

2. 歐式選擇權 (European Option)

指契約買方只能在到期日行使選擇權。因為行使時點有限制，所以歐式選擇權的權利金較低。

3. 改良歐式選擇權 (European Option Modified, EOM)

指契約買方可在幾個限定的日期，或某一段時日 (Range of Date) 內行使選擇權。

㈤依行使價格與市場價格關係分類

1. 價平 (At-the-Money, ATM)

也可稱為平身價，指行使價格與市價相等，如果只是相近，稱為近價平或近身價 (Near-the-Money, NTM)。

2. 價內 (In-the-Money, ITM)

也可稱為有身價，指買權的行使價格低於市價，或賣權的行使價格高於市價，契約買方行使選擇權有利，買賣權利金較高。

3. 價外 (Out-of-the-Money, OTM)

也可稱為無身價，指買權的行使價格高於市價，或賣權的行使價格低於市價，因行使時沒有利益，買方不會行使，買賣權利金較低。高度價外或高度無身價 (Deep OTM)，權利金很低。如在市價劇烈變動時變成價內，獲利的槓桿倍數很高。

4.期貨式選擇權 (Futures-Style Option)

　　指選擇權交易之保證金繳付方式，不是一次繳足，而是採期貨交易方式繳付原始保證金，並每日按市價調整保證金，英國的 LIFFE 採用此方式，保證金（買方即權利金）較低。

$ 三、選擇權市場之類別

㈠店頭市場

　　係由銀行所做成，亦稱交易商市場 (Dealer Market)，在銀行櫃檯當面或經由電話等做成交易，其最大特色是可提供訂做契約，數量、品質、行使價格及交割時間等，均可切合顧客需要。

　　銀行是店頭市場的造市者、選擇權交易所市場的避險者，也是這 2 個市場的裁定者，在低價市場買進，在高價市場賣出，有平衡 2 個市場價格及提高市場效率的功能。

㈡交易所市場

　　係集中交易市場，目前有 3 種交易所上市選擇權契約:

1.選擇權交易所

　　為專門買賣選擇權的交易所，如芝加哥選擇權交易所 (Chicago Board of Options Exchange, CBOE)，為第一個設立的選擇權交易所，於 1973 年 10 月成立，上市 16 種股票的買入選擇權，非常成功。其後陸續上市股票的賣出選擇權，股票指數選擇權 (Stock Index Option) 及長短期利率選擇權 (Interest Rate Option)。

2.證券交易所

　　第一個上市買賣股票指數選擇權的是費城證券交易所 (Philadelphia Stock Exchange, PHLX) 的價值線指數。此外，東京證券交易所 (Tokyo Stock

Exchange, TSE) 買賣的是日本國債選擇權。

3.期貨交易所

買賣通貨、長短期利率、股票指數、穀物、礦產及石油等期貨契約的選擇權。

㈢依標的性質分類

選擇權市場依其標的性質可分為 5 類：

1.匯率選擇權 (Foreign Exchange Rate Option)：包括以美元買賣英鎊、歐元及日圓等；以各國貨幣買賣美元；美元對英鎊／日圓的交叉匯率以及美元指數 (USDX) 等選擇權。

2.利率選擇權 (Interest Rate Option)：包括各國長期債券、中期債券、LIBOR、歐洲美元、銀行承兌匯票、債券指數、利率交換等選擇權。

3.股票選擇權 (Stock Option)：包括個股買權與賣權、交易所綜合指數、S&P 500、Nikkei 225 Index、Computer Index、Utility Index、OTC Index 等選擇權，以及個股認購（售）權證。

4.農牧業產品 (Commodity Option)：包括金、銀、銅、石油、咖啡、糖、小麥、棉花等選擇權。

5.信用選擇權 (Credit Option)：包括企業及主權國家信用的選擇權。

6.其他選擇權：如波羅的海運費指數 (Baltic Freight Index) 及美國商品研究所 (Commodity Research Bureau) 編製的 CRB Future Price Index 等選擇權。

$ 四、選擇權市場之功能 >>>>

1.保險功能

選擇權可對匯率、利率、股價及商品價格不利變動提供保障，但仍保有有利變動的利益。選擇權契約具有保險價值 (Insurance Value)。

出口商以外幣計價，可買入外幣 Put，可確保最低收入；進口商以外幣計價，可買入外幣 Call，可鎖住最高成本。由於貨幣交易係以貨幣買賣貨幣，以英鎊與美元交易為例，美國出口商及英國進口商，可買入英鎊 Put，或買入美元 Call，也可以賣出英鎊 Call 或美元 Put；美國進口商及英國出口商，可買入英鎊 Call，亦即買入美元 Put，也可以賣出英鎊 Put 或美元 Call。兩者差異為賣出選擇權者，在匯率有利變動時可確保權利金收入；買入選擇權者，可保有匯率有利變動時的利益。

此外，選擇權還具有外幣投標的保險功能。投資人以外幣投標時，因為不一定能得標，所以不能利用遠期外匯或期貨外幣。如買入外幣 Put，未得標時可放棄行使。

2.槓桿價值 (Leverage Value)

投資人可以少量資金（權利金）購買選擇權，可保有以特定價格買入或賣出標的商品的權利。特別是高度價外選擇權，實現的機率很低，只有在重大事件發生，價格劇烈變動時，選擇權由價外變成價內，投資人的報酬，具若干倍的槓桿效力。

3.改善投資報酬的功能 (Improvement of Capital Return)

如投資人持有標的股票，賣出該股票的 Call，稱為涵蓋備抵或沒有風險的賣出 Call (Covered Call Writing)。賣出權利金的收入，可使其投資報酬比一般投資人為高。

 例一

某投資人持有某種股票，市價 50 元，股利為 4 元，投資報酬率為 8%，設該投資人以 5 元價格賣出 Call，行使價格為 55 元 (OTM)，如屆期股價未變，或股價雖有上漲，但未超過 55 元時，買方放棄行使，投資人的投資報酬為 (5+4) / 50 = 18%；如股價上升至 60 元，買方行使選擇權，投資人的報酬率為 (5 + 5) / 50 = 20%，報酬率也很好。如股價下跌為 45 元，該投資人有權利金彌補資本損失，比一般投資人表現優異。

第二節 交易所市場

$ 一、交易所市場之特性 》》》》

㈠為公開集中市場

買賣選擇權的交易所是一個公開集中交易市場 (Public Concentration Trading Market)，以公開喊價或電腦撮合方式做成交易，並立即經由路透社或彭博社等傳播世界。此外，交易所是有管理的市場，交易人、交易方式及上市商品均有規定及管理。

㈡信用風險由清算所承擔

信用風險由清算所負責，清算所是買賣雙方的對手。對買賣雙方的信用，係利用繳付保證金的方式處理。由於買賣雙方的信用風險不對稱，所以保證金制度也不相同。選擇權買方的信用風險以權利金為限，所以買方一次繳付全額權利金，即不再有其他要求。惟 LIFFE 對買賣雙方的規定相同，即按期貨交易方式繳付原始保證金，並每日按結算價格辦理結算。

美國聯準會對選擇權保證金的規定：⑴買入選擇權因為選擇權沒有貸款價值 (Loan Value)，買方應繳付全額權利金，不能分期繳付；⑵賣方如為未拋補的賣出 (Uncovered Writing)，沒有相反部位的保護，應依規定繳付原始保證金，且經紀商可規定更高的標準，稱為內規 (House Rules)；⑶賣方如為備抵或拋補的賣出 (Covered Writing)，如賣方擁有標的商品，或另一個可沖銷部位 (Offsetting Option Position)，因為沒有風險，可以免繳保證金。

㈢對持有的部位訂有限制

交易所對持有的部位訂有限制 (Position Limits)，且將買權與賣權合併計算，Buy Calls 及 Sell Puts，屬於上漲一邊 (Up Side)；Sell Calls 及 Buy Puts，屬

於下跌一邊 (Down Side)。對於交易活絡的證券限額較高，不活絡者限額較低，芝加哥商業交易所 (CME) 將期貨與期貨選擇權合併計算。其中對選擇權係採 δ Adjusted Basis 計算，如 δ 為 0.5 時，2 個選擇權等於一個期貨。

㈣行使限制

交易所為防止投資人囤積部位操作市場，對投資人在連續 5 個營業日內行使選擇權的數量有限制，稱為行使限制 (Exercise Limits)。Put 與 Call 分開計算。交易所並規定投資人在多頭或空頭達到 100 個契約時，經紀人應每日向交易所申報，稱為申報部位 (Reportable Position)。

$ 二、上市選擇權契約之內容

1.買賣標準化契約

交易所買賣之選擇權契約為標準化契約 (Standardization Contract)，契約金額 (Contract Amount) 均為一定。其在期貨交易所上市之選擇權契約為便於避險操作，其契約金額與期貨契約相同。如 CME 上市之日圓選擇權契約的契約金額為 12,500,000 圓，英鎊為 62,500 鎊等。費城證券交易所上市買賣外幣選擇權契約為 CME 契約金額之一半，可兼顧避險與選擇權市場流動性的需要。

2.兼顧流動性與便利沖銷

契約月 (Contract Month) 亦稱交割月 (Delivery Month)，通常交易所均採 3、6、9 及 12 月，每季循環 (Quarterly Cycle)，為兼顧流動性並便利沖銷，會增加最近 3 個連續月 (Consecutive Month)。

3.滿期日之規定

滿期日 (Maturity Date)，如 PHLX 規定的契約月第三個星期三前之星期六中午 12 時，逾此時刻，選擇權契約即失去效力，惟經紀商多將交易截止時間 (Cut-Off-Time) 訂在星期五。

4.行使價格之規定

行使價格 (Exercise/Strike Price) 以現貨市場價格為準（期貨交易所以期貨價格為準），上下共計 5 個至 6 個。如現貨價格變動劇烈時，行使價格將隨之調整，惟舊有行使價格仍予保留，以利沖銷交易。行使價格乘以契約金額為行使總價 (Aggregate Exercise Price, AEP)，為買方行使時應支付之金額。

5.行使日之規定

行使日 (Exercise Date) 指選擇權契約買方決定行使交割或接受交割標的商品的日期。歐式選擇權買方要行使選擇權，只可在契約滿期日；美式選擇權買方可在滿期日或其以前任一日均可行使。買方決定行使時，應依規定通知賣方。

6.結算日之規定

結算日 (Settlement Date) 指買賣雙方辦理交割標的商品與貨幣的日子，通常規定在行使日後 1 或 2 日。對於通貨選擇權，行使後 2 個營業日為結算日，亦即 2 個貨幣的即期交割日 (Spot Value Date)。交割日如逢到假日，則予順延。

$ 三、交易所市場之規定

㈠委　託

俗稱下單，選擇權交易之委託與股票市場委託類同，除委託內容包括買入或賣出、買權或賣權、契約數量、標的證券、滿期日、行使價格不同外，委託類別為市價委託或限價委託等相同。

㈡保證金

1.在美國，聯準會、交易所及經紀商均有規定，聯準會規則 T (Regulation T) 係規定股票買賣保證金；規則 U (Regulation U) 係規定銀行對顧客買賣證券之保證金，交易所有較詳細的規定，最後是經紀商的內規更為嚴格，歸納如

下❶:

(1)交易所規定開戶最低存款 (Minimum Equity) 為 2,000 美元。

(2)證券買賣原始保證金: 股票、轉換證券 (Convertible Security) 及上市認購權證 (Listed Warrant) 為 50%; 國庫證券為 5%; 選擇權為 100%, 須全額繳付。

(3)維持保證金: 股票、轉換證券及上市認購權證, 買方為市價的 25%, 賣方為市價的 30%, 經紀商可規定更高標準。國庫證券與選擇權, 買賣雙方維持保證金與原始保證金相同。

(4)選擇權賣方可利用權利金收入降低保證金, 權利金收入國庫證券, 市價的 95% 可作為保證金。

(5) Call 選擇權有拋補的賣方, 除持有證券的原始及維持保證金外, 毋需額外保證金。

(6)選擇權無拋補的賣方, 權利金 100% 繳付保證金, 加標的證券價值的 $X\%$, 減價外金額, 惟不得低於權利金全部加標的證券價值的 $Y\%$。其中 X 與 Y 因選擇權類別而異, 旨在反映標的證券的波動性, 如表 7-1。

⬥ 表 7-1　選擇權無法拋補賣方的保證金

選擇權類別	$X\%$	$Y\%$
普通股	15	5
工業指數	15	5
廣基指數	10	5
中期債券及長期債券	3.5	0.5
外　幣	4	0.75

(7)股票與選擇權因價格變動的維持保證金不同。

(8)賣出無拋補等價對敲 (Straddle), 適用 Call 與 Put 各自計算保證金之較高者, 加較低價內金額。

(9)上市選擇權價差交易保證金規定: (a)如多頭滿期日比空頭早, 投資人必須支付多頭選擇權成本 10%, 以及按無拋補空頭選擇權規則支付保證金; (b)如空頭滿期與多頭同時或更早: ①如空頭 (Call Put) 的行使價格

---

❶ *The Options Manual*, Gary L. Gastinean 著, p. 320–324.。

等於或大於（少於）多頭 (Call Put) 行使價格，保證金為多頭權利金減空頭權利金。②如空頭 (Call Put) 的行使價格低（高）於多頭行使價格，空頭選擇權所需保證金為不以價差對待時所需保證金，或 2 個選擇權行使價格之差距較低者。

⑽如 Call 係以轉換的證券或認購權證拋補時，證券本身必須全部付款，投資人應繳保證金等於權利金加轉換價格超過 Call 行使價格的金額。轉換證券或認購權證滿期日不能早於空頭 Call，評估認購權證價值也不能高於 Call 的內在價值 (Intrinsic Value)。

2. 紐約證券交易所 (NYSE) 規定：

⑴會員在店頭市場買賣選擇權，依照該所規定標準收取保證金，其標準為股價之 50%，加價內金額或減價外金額，再減權利金後之金額，最低為 250 美元。

⑵賣出股票指數選擇權的保證金，通常原始保證金為權利金加股票指數價值 5%，減價外金額。最低金額為權利金加股票指數價值 2%。對於狹隘指數選擇權，保證金較高，權利金加股票指數價值 15%，減價外金額，最低金額為權利金加股票指數價值 5% ❷。

3. 芝加哥期貨交易所 (CBOT) 之規定：

⑴買方只要繳權利金即可。

⑵賣方交付保證金，每日按市價調整加以下兩者較大者：(a)標的期貨保證金 −1/2 價外金額；(b)標的期貨保證金金額。

4. CME 採 SPAN 保證金制 (Standard Portfolio Analysis of Risk)，係利用投資組合分析，因投資組合包括不同月別、不同行使價格多種期貨與選擇權。

$ 四、市場操作 ▶▶▶▶

㈠單純買賣

指只做一買或一賣的交易，包括買入買權、賣出買權、買入賣權及賣出賣權。如果交易人有現貨或期貨部位 (Cash/Futures Position)，而利用買選擇權交

---

❷ *Options*, Peter Ritchken 著，p. 141.。

易以消除價格變動的風險，稱為避險。如果沒有現貨或期貨部位，為了謀取價格變動的利益而買入選擇權，則稱投資或投機。

買入選擇權，包括買入買權及買入賣權，可用以避險，也可用以投機；賣出選擇權，包括賣出買權及賣出賣權，唯一目的是在謀取權利金。如果交易人有現貨或期貨部位，而賣出選擇權，稱為拋補的賣出，如果沒有現貨或期貨部位而賣出選擇權，稱為無拋補的賣出。

買入買權：預期標的商品價格上漲時可買入買權，為買權多頭 (Long Call)、買方利多 (Bullish) 操作。在標的商品價格上漲時有利，且利潤無限。如果市場走勢與預期相反，價格下跌時不利，損失以支付的權利金 (−C) 為限。損益平衡點為行使價格 (K) 加權利金 (C)。

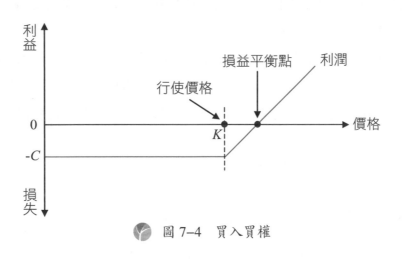

圖 7–4　買入買權

㈡賣出買權

預期標的商品價格下跌或平穩時，可賣出買權，為買權空頭 (Short Call)、賣方利空 (Bearish) 操作，在標的商品價格上漲時風險無限，價格下跌時最大利潤以權利金 (C) 為限。損益平衡點為行使價格加權利金。

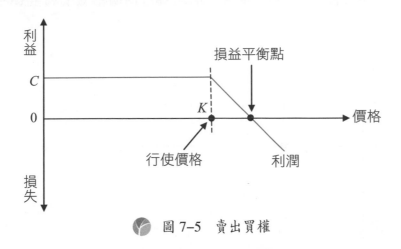

圖 7-5　賣出買權

㈢買入賣權

　　預期標的商品價格下跌時可買入賣權,為賣權多頭 (Long Put),買方利空操作。在標的商品價格下跌時有利,但以價格為零時為限;價格上漲時買方損失以權利金 (−P) 為限。**損益平衡點為行使價格減權利金。**

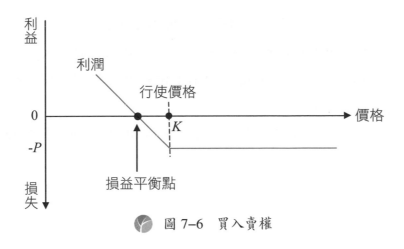

圖 7-6　買入賣權

㈣賣出賣權

　　預期標的商品價格平穩或上漲時可賣出賣權,為賣權空頭 (Short Put)、賣方利多操作,在標的商品價格下跌時不利,但以價格為零時為限;價格上漲時有利，最大利潤為權利金 (*P*)。損益平衡點為行使價格減權利金 (*K−P*)。

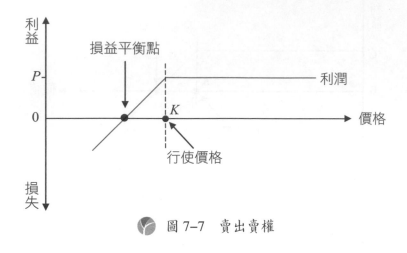

圖 7–7　賣出賣權

(五)複合操作

複合操作 (Compound Trading) 指買權與賣權、買入與賣出的合併操作，可分為 3 類：

1. 價差交易：買入 1 個 Call 並賣出 1 個 Call 為買權價差 (Call Spread)，買入 1 個 Put 並賣出 1 個 Put，為賣權價差 (Put Spread)。

2. 組合交易 (Combination Trading)：買入 1 個 Call 並買入 1 個 Put，為多頭組合 (Long/Bottom Combination)；賣出 1 個 Call 並賣出 1 個 Put，為空頭組合 (Short/Top Combination)。

3. 合成交易 (Synthetic Trading)：買入 1 個 Call 並賣出 1 個 Put，為合成多頭 (Synthetic Long)；買入 1 個 Put 並賣出 1 個 Call，為合成空頭 (Synthetic Short)。

合成多頭（①＋④）	買權價差（①＋③）	合成空頭（②＋③）
多頭組合（①＋②）	①買入買權　③賣出買權 ②買入賣權　④賣出賣權	空頭組合（③＋④）
合成空頭（②＋③）	賣權價差（②＋④）	合空多頭（①＋④）

資料來源：于政長，〈選擇權市場投資與操作策略〉，刊於《臺灣經濟金融月刊》
　　　　　第 25 卷，第 9 期，1989 年 9 月

 圖 7-8　選擇權複合操作關係圖

$ 五、複合交易

㈠價差交易

　　指同類選擇權，一買一賣的交易。買賣都是 Call 者，為買權價差，買賣都是 Put 者，為賣權價差。價差交易因係同類選擇權，價格變動方向相同，差距變化不大，風險低，利潤亦低，只有在差距發展不正常時才有套利的機會。經由價差交易，可使差距恢復正常。

表 7-2　選擇權價格表

行使價格	買權			賣權		
	3月	6月	9月	3月	6月	9月
50	A	B	C	J	K	L
60	D	E	F	M	N	O
70	G	H	I	P	Q	R

　　1.同類選擇權同一滿期日，以不同的行使價格一買一賣的交易，稱垂直價差 (Vertical/Perpendicular Spread)。

2.垂直價差有 4 種情形:

⑴利多垂直買權價差 (Bullish Vertical Call Spread): 如選擇權價格表（表7-2）買 A 賣 G 同為 3 月期貨，因為買入 Call 行使價格 (K_1) 較低，賣出 Call 行使價格 (K_2) 較高，權利金付出 (C_1) 大於權利金收入 (C_2)，所以這是 1 個借方價差 (Debit Spread)；因為買入行使價格低，價格上漲時有利，所以是 1 個利多價差 (Bullish Spread)，最大利潤為 2 個行使價格之差減 2 個權利金之差後的餘額 $(K_2-K_1)-(C_1-C_2)$；最大損失為 2 個權利金之差 (C_1-C_2)。損益平衡點為較低行使價格加最大損失 $K_1+(C_1-C_2)$，亦即較高行使價格減最大利益 $K_2-[(K_2-K_1)-(C_1-C_2)]$，最大利潤與最大損失之和等於 2 個行使價格之差額，如圖 7-9。

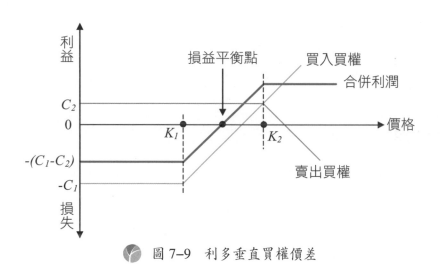

圖 7-9 利多垂直買權價差

⑵利空垂直買權價差 (Bearish Vertical Call Spread): 指以較低行使價格賣出 Call，並以較高行使價格買入 Call（如買 H 賣 B 同為 6 月期貨），價格下跌時有利，所以是利空價差 (Bearish Spread)，在交易人賣出 1 個 Call 後，以免價格上漲蒙受太大損失，再以權利金收入的一部分買入 1 個行使價格較高的 Call (K_2)，以限制價格上漲的風險。由於賣出 Call 行使價格 (K_1) 較買入 Call (K_2) 低，權利金收入 (C_1) 大於權利金支出 (C_2)，所以為貸方價差 (Credit Spread)。合併後操作結果，價格下跌時有利，最大利潤為 2 個權利金之差；價格上漲時有損，最大損失為 2 個行使價格之差減去 2 個權利金之差後之餘額。損益平衡點為較低行使價

格加最大利潤，或較高行使價格減最大損失。

(3)利多垂直賣權價差 (Bullish Vertical Put Spread)：指以較低行使價格買入 1 個 Put，並以較高行使價格賣出 1 個 Put，如買入 J 賣出 P。價格上漲時有利，所以是利多價差。由於賣出 Put 的行使價格高於買入 Put 的行使價格，權利金收入大於權利金支出，所以是貸方價差，此項操作可視為交易人賣出 1 個 Put 後，為免價格下跌蒙受太多損失，而以權利金收入一部分買入 1 個 Put，以限制價格大幅下跌的風險。合併操作的結果，價格上漲時有利，最大利益為 2 個權利金之差；價格下跌時不利，最大損失為 2 個行使價格之差減 2 個權利金之差（最大利益）後的餘額。損益平衡點為較高行使價格減最大利潤，或較低行使價格加最大損失。

(4)利空垂直賣權價差 (Bearish Vertical Put Spread)：指以較低行使價格賣出 1 個 Put，並以較高行使價格買入 1 個 Put，如買 R 賣 L。由於價格下跌時有利，所以是利空價差。由於買入 Put 的行使價格高於賣出 Put 的行使價格，權利金支出大於權利金收入，所以是借方價差。合併操作結果，價格下跌時有利，最大利益為 2 個行使價格之差減最大損失後之餘額；價格上漲時不利，最大損失為 2 個權利金之差。損益平衡點為較高行使價格減 2 個權利金之差，或較低行使價格加最大利潤。

3. 水平價差 (Horizontal/Time/Calendar Spread)：指同一標的商品、同一行使價格，但滿期日不同，買入 1 個並賣出 1 個 Call 或 Put 的選擇權，在選擇權價格表中，如買 A 賣 C 或買 R 賣 P 等。此項操作乃在利用短期與長期選擇權時間價值遞減速度差異的利益。由於滿期日長者權利金較高，所以買入遠期日選擇權並賣出近期日選擇權，如買 R 賣 P，權利金支出大於收入，稱為借方水平價差 (Debit Horizontal Spread)；反之買入近期賣出遠期，如買 A 賣 C，權利金收入大於支出，稱貸方水平價差 (Credit Horizontal Spread)。其為 Call 價差者，如遠期日標的商品價格上漲幅度大於近期日，則利潤擴大或損失減少；如遠期日標的商品價格下跌幅度大於近期日，則利潤減少或損失擴大；如為賣權價差者則相反。

4. 對角價差 (Diagonal Spread)：指買入 1 個 Call（或 Put）並賣出 1 個 Call（或 Put），同一標的商品，但兩者滿期日及行使價格均不相同，含有垂直與水平 2 個價差的特點。其買入較低行使價格且較長滿期日 Call 或 Put，並賣出較高行使價格且較短期滿日 Call 或 Put，如買入 C 賣出 G 或買入 L 賣出 P，為利多價差；其買入較高行使價格且較短滿期日 Call 或 Put，並賣出較低行使價格且較長滿期日 Call 或 Put，如買入 G 賣出 C 或買入 P 賣出 L，為利空價差。

在 Call 方面，利多價差付出權利金比收入權利金多，因有現金流出，所以稱為買入價差 (Purchased Spread)；反之，利空價差亦稱賣出價差 (Sold/Written Spread)。在 Put 方面則相反，利多價差為賣出價差，利空價差為買入價差。

5.蝶形價差 (Butterfly Spread)：含有 4 個選擇權交易，其全為 Call 者，為買權蝶形價差 (Butterfly Call Spread)；其全為 Put 者，為賣權蝶形價差 (Butterfly Put Spread)；其為 2 個 Call 與 2 個 Put 合成者，可視為 1 個 Call 價差與 1 個 Put 價差的合併；也可視為 1 個買入對敲 (Straddle) 與 1 個賣出對敲的合併。如圖 7–10，以 C_1 權利金買入 1 個價內 Call，行使價格為 K_1；再以 C_3 權利金買入 1 個價外 Call，行使價格為 K_3；再以 C_2 權利金賣出 2 個 Call，行使價格為價平或接近價平 K_2，合併操作結果，價格平穩時有利，但利潤有限，最大利益為最高與最低行使價格之差距減最大損失之半；價格上漲或下跌時不利，但損失有限，最大損失為 4 個權利金之差額。損益平衡點有二：一為最低行使價格 K_1 加最大損失；一為最高行使價格 K_3 減最大損失。

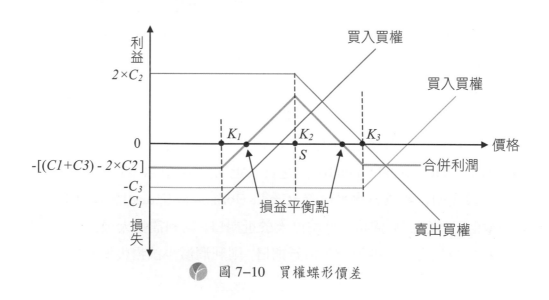

圖 7–10　買權蝶形價差

㈡組合交易

俗稱對敲交易，為 2 個不同類的選擇權 Call 與 Put，2 個都買或 2 個都賣的結合，旨在謀取市場波動性變大的利益，而不管標的商品價格變動的方向。兩者都買者為買入對敲。因其圖形由下而上，所以又稱為；兩者都賣者為賣出對敲。如認為波動性會增加時，可買入對敲，反之，可賣出對敲。

標的商品相同、滿期日相同，其行使價格相同，且通常為價平或近價平，稱等價對敲；其行使價格不同且均為價外稱異價對敲 (Strangle)；行使價格不同，且均為價內，稱為價內對敲 (Gut)。

1.買入等價對敲 (Purchased Straddle)：指以市價或近市價為行使價格，買入 1 個 Call 及 1 個 Put。合併操作結果，價格平穩時不利，價格等於行使價格時，損失最大，為 2 個權利金之和。價格上漲或下跌時，利益無限。損益平衡點有 2 個，行使價格加或減 2 個權利金之和，如圖 7–11。

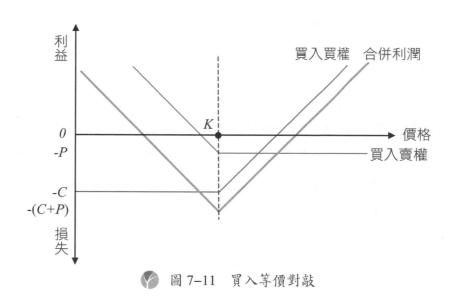

圖 7–11　買入等價對敲

2.賣出等價對敲 (Sold Straddle)：如將圖 7–11 做上下 180 度反轉，即成為賣出等價對敲，利益有限、風險無限。如果標的商品價格大幅震盪時，賣方損失可能很大。

3.買入價外異價對敲 (Purchased/Bottom Vertical Strangle)：指以低於標的商品價格 S 的行使價格 K_1（價外），買入 1 個 Put，並以高於商品價格 S 的行

使價格 K_2（價外）買入 1 個 Call，合併操作結果，標的商品價格介於 2 個行使價格之間時，損失最大，等於 2 個權利金之和；價格上漲及下跌時利益無限。損益平衡點有二，高行使價格加 2 個權利金之和及低行使價格減 2 個權利金之和。與等價對敲比較，權利金較低，損益平衡點距離標的商品價格較遠，亦即要價格波動較大一點才有獲利機會，如圖 7–12。

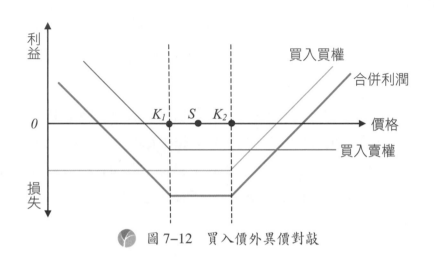

圖 7–12　買入價外異價對敲

如將圖 7–12 做上下 180 度反轉，即為賣出價外異價對敲 (Sold/Top Vertical Strangle)，賣方利益有限，損失無限。

4.買入價內異價對敲 (Purchased/Bottom Vertical Gut)：指以低於標的商品價格 S 的行使價格 K_1 買入 1 個 Call，並以高於標的價格的行使價格 K_2 買入 1 個 Put。操作如價外異價對敲相似，因為權利金較高、損益平衡點較遠，因是價內，買方一定行使 2 個選擇權，因為權利金較高，不合經濟原則，故很少人做此操作，如圖 7–13。

如將圖 7–13 如做上下 180 度旋轉，即為賣出價內異價對敲 (Sold/Top Vertical Gut)，損益狀況兩者相反。

5.其他組合：以上買權與賣權數量相同，一對一，如 2 個 Call 與 1 個 Put 的組合，稱為 Strap；2 個 Put 與 1 個 Call 的組合，稱為 Strip。

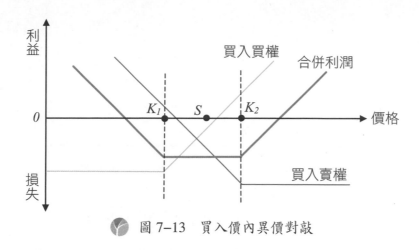

圖 7–13　買入價內異價對敲

㈢合成交易

指同一標的商品，Call 與 Put 一買一賣的交易。

1. 以標的商品價格（價平）同時買入 1 個 Call 並賣出 1 個 Put，做成合成多頭 (Synthetic Long Position)；如同時賣出 1 個 Call 並買入 1 個 Put，做成合成空頭 (Synthetic Short Position)，兩者損益狀況，如買賣現貨或期貨狀況相同，合成多頭是看漲操作 (Bullish Trading)，合成空頭是看跌操作 (Bearish Trading)。

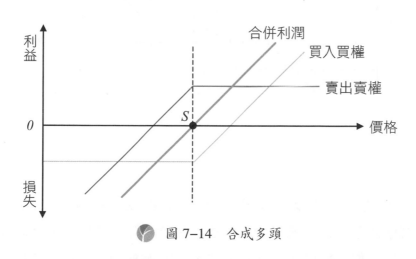

圖 7–14　合成多頭

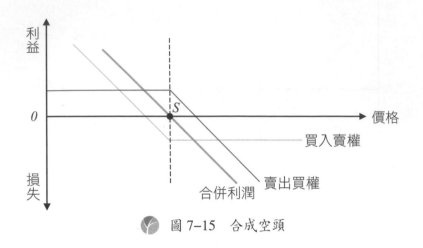

圖 7-15　合成空頭

2.以價外行使價格買入 Call，並以價外行使價格賣出 Put，2 個權利金相等 (*P=C*)，合成零成本柵欄 (Zero-Cost Fence)。標的商品價格在 2 個行使價格之間時無盈虧；價格上漲超過高行使價格時，利益無限；價格下跌低於行使價格時，損失無限，如圖 7-16。

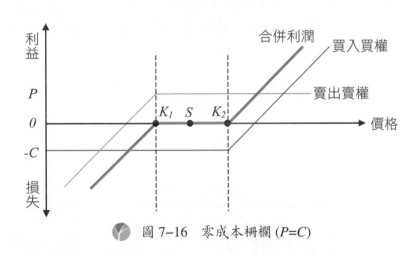

圖 7-16　零成本柵欄 (*P=C*)

將圖 7-16 左右 180 度反轉，即成為逆柵欄 (Zero-Cost Reverse Fence)，以價外行使價格賣出 Call 並買入 Put 做成，兩者權利金相等，零成本。超過高行使價格後，損失無限；低於低行使價格後，利益無限，如圖 7-17。

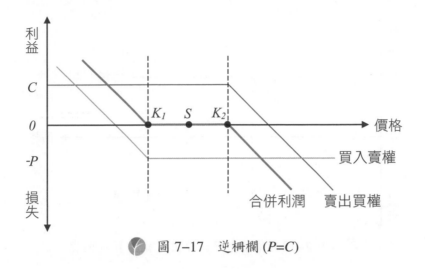

圖 7–17　逆柵欄 (*P=C*)

六、選擇權與標的商品市場之聯合操作

(一)轉換與逆轉換

利用標的商品期貨部位，將 Call 部位轉換為 Put 部位，或將 Put 轉換為 Call 部位。原為多頭轉換後仍為多頭；原為空頭轉換後仍為空頭，但對標的商品的價格變動的影響，轉換前後卻正相反。

如以期貨為標的商品，轉換有 4 種情形，其中(1)、(2)利用期貨多頭為轉換 (Conversion)，(3)、(4)利用期貨空頭為逆轉換 (Reversal)。

(1)賣出賣權 = 賣出買權 + 買入期貨，如圖 7–18。

中度利多 (+) = 中度利空 (−) + 強烈利多 (+ +)

如交易人原認為價格可能下跌（中度利空），而賣出 Call；其後市場發生變化，價格有上漲趨勢，交易人遂買入期貨，操作結果變成賣出 Put 中度利多，損益平衡點為 Call 行使價格減賣出 Call 的權利金。此項操作之優點是仍保有權利金，可作為標的商品（期貨）價格下跌的緩衝。

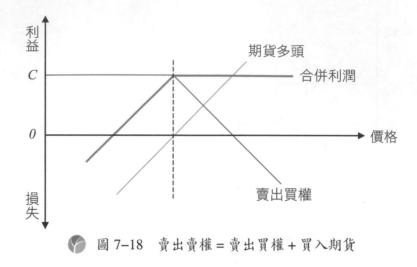

圖 7-18　賣出賣權 = 賣出買權 + 買入期貨

(2)買入賣權 + 買入期貨 = 買入買權，如圖 7-19。

中度利空 (−) + 強烈利多 (＋＋) = 中度利多 (＋)

投資人對市場看法與(1)同，認為價格會下跌，但不是賣出 Call，而是買入 Put，支付權利金。其後市場發生變化，價格有上漲趨勢，遂買入期貨，保有價格上漲時的利益，而且沒有價格下跌的風險。

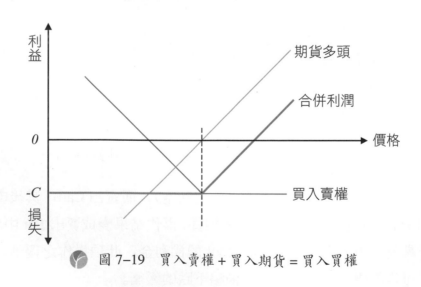

圖 7-19　買入賣權 + 買入期貨 = 買入買權

(3)買入買權 + 賣出期貨 = 買入賣權，如圖 7-20。

中度利多 (+) + 強烈利空 (－－) = 中度利空 (－)

　　合併結果，最大損失為已付權利金。價格下跌時，利益無限，損益平衡點為行使價格減權利金。

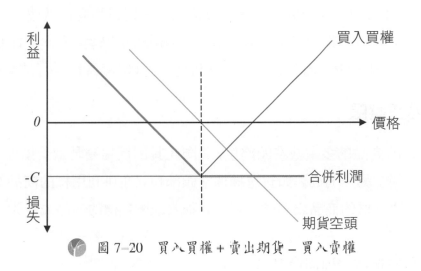

圖 7–20　買入買權 + 賣出期貨 = 買入賣權

⑷賣出賣權 + 賣出期貨 = 賣出買權，如圖 7–21。

中度利多 (+) + 強烈利空 (－－) = 中度利空 (－)

將圖 7–20 上下 180 度反轉，即成圖 7–21。

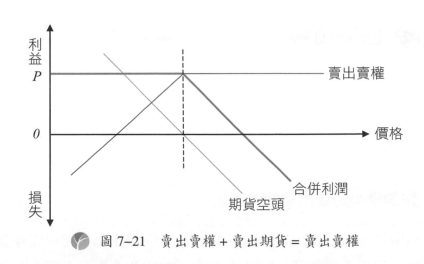

圖 7–21　賣出賣權 + 賣出期貨 = 賣出賣權

轉換與逆轉換之功能: ⑴順應市場變化，調整部位; ⑵可作為選擇權市場之代替品，如買入 Call 加上賣出期貨，相當於買入 Put。在 Put 不易取得時，可以此項操作取代；(3)賣出 Call 並買入 Put，兩者行使價格及滿期日相同，做成 1 個合成期貨空頭，同時買入 1 個期貨（多頭），此項沒有風險的轉換操作，有獲利的機會，其套利報酬＝Call 權利金－Put 權利金－（期貨價格－行使價格）；(4)買入 Call 並賣出 Put，兩者行使價格與滿期日相同，做成 1 個合成期貨多頭，同時並賣出期貨（空頭），此項沒有風險的逆轉換操作，有獲利的機會，其套利報酬＝（Put 權利金－Call 權利金）－（期貨價格－行使價格）。

㈡避險與逆避險

對於標的商品的多頭或空頭部位，為防止其因價格變動蒙受損失，可用選擇權交易避險。另一方面，如有選擇權空頭部位，亦可利用標的商品部位（期貨）避險。通常標的商品為多頭之操作，稱為避險；標的商品為空頭之操作，稱為逆避險 (Reverse Hedging)，兩者數量相等，稱為一對一避險，兩者不相等者，稱為可變避險 (Variable Hedging)。

現貨市場的多頭或空頭風險，可利用期貨或選擇權避險；期貨市場的多頭或空頭風險，只有利用選擇權避險。反之，如持有股票而賣出股票的 Call，可規避賣出 Call 的風險，稱為拋補備兌的買權賣出 (Covered Call Writing)，是一種逆避險。又如將來需要購買外匯的進口商賣出外幣 Put，也是一種有利的操作。

第三節 店頭市場

$ 一、金融業與選擇權市場

1.金融業是選擇權店頭市場的造市者

自交易所於 1970 年代開發出金融期貨，及 1980 年代初期開發金融商品的選擇權後，衍生金融商品交易迅速成長。1984 年金融業在壓力下，開發出店頭市場的利率上限選擇權及通貨匯率上限選擇權，非常成功。

2. 金融業是集中交易市場的避險者

金融業在店頭市場選擇權交易產生的部位可在集中市場辦理避險。例如金融業在外匯市場上擁有多頭部位，可在集中市場買入 Put，以沖銷外幣匯率下降的風險；如擁有空頭部位時，可買入 Call，以規避外幣匯率上升的風險。

3. 金融業是集中市場與店頭市場間的裁定者 (Arbitrageur)

2 個選擇權市場的參與者不盡相同。標的商品的選擇權價格發生較大差距，金融業可在低價市場買入，同時在高價市場賣出，可平衡 2 個市場的價格。CME 在 1980 年代開發集中市場外幣期貨的選擇權時，為免 2 個市場間發生價差，所以在集中市場為主要銀行設計特別的席位 (Seat)，以便利銀行發生穩定價格的功能。

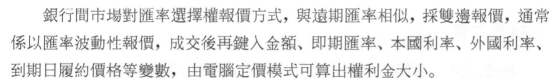

二、選擇權報價

銀行間市場對匯率選擇權報價方式，與遠期匯率相似，採雙邊報價，通常係以匯率波動性報價，成交後再鍵入金額、即期匯率、本國利率、外國利率、到期日履約價格等變數，由電腦定價模式可算出權利金大小。

銀行間市場亦可直接報價。茲介紹 1 個在歐元實施前，某銀行對馬克選擇權報價（權利金為每美元之美分數）。說明如下：表 7-3 中 1 個月 Call，銀行買入 Call 價格為 1.46 美分，賣出 1 個月 Call，價格為 1.56 美元；1 個月 Put，買入 1.58 美元，賣出 1.68 美分。

◆ 表 7-3　銀行馬克對美元匯率之選擇權報價

	買權	賣權
	ATMF	ATMS
1 個月	1.46–1.56	1.58–1.68
2 個月	2.01–2.65	2.23–2.43
3 個月	2.45–2.65	2.77–2.97
6 個月	3.60–3.80	4.14–4.34

表中 ATMF 指遠期外匯的馬克價平匯率，ATMS 指即期市場馬克的匯率。因為時當兩德統一，德國馬克利率高，美元利率低，馬克為貼水，買入 Call 採 ATMF 低匯率，賣出 Put 採 ATMS 對報價銀行有利。

$ 三、利率選擇權

㈠類　別

依浮動利率計息，借款人與投資人均有利率風險。利率上升時，借款人利息負擔加重。為規避此風險，銀行可對借款人提供借款人選擇權 (Borrower's Option, B.O.)。當利率上升超過利率上限 (Cap) 時，超過部分由銀行負擔。

當利率下降時，投資人會減少收益。為規避此項風險，銀行可對投資人提供放款人選擇權 (Lender's Option, L.O.)。當利率下降超過下限 (Floor) 時，超過部分的損失由銀行負擔。上限及下限均為多期選擇權 (Multiperiod Option)。每期支付利息時，均與市場參考利率合併計算。

㈡利率上限

指協議賣方（通常為放款的銀行）承諾在約定期間內，於每一計息期末，在參考利率超過事先約定之上限利率 (Cap Rate) 時，由銀行補償其差額，可視為借款人選擇權。買方為借款人，須支付權利金，通常係於成交日支付。貸款利率加上限，稱上限貸款 (Cap Loan)。國際間交易的參考利率通常採用 LIBOR。美國國內銀行承做利率上限時，也可採用基本利率，如國庫券利率或商業本票利率。

如圖 7–22，借款人因買入上限而付出權利金，提高了借款成本。其好處是獲得最高利率成本的保障，而在利率下降時，仍可享受浮動利率的好處。

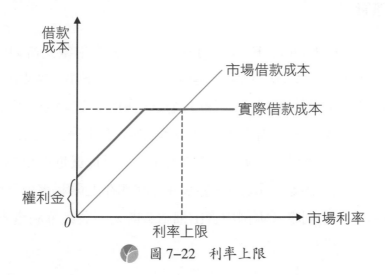

圖 7-22　利率上限

(三)利率下限

指協議賣方承諾在約定期間內，於每一計息期末，在參考利率低於下限利率 (Floor Rate) 時，由賣方補償其差額。買方通常為投資人，所以又稱為投資人的選擇權 (Investor's Option)，如保險公司期望獲得最低報酬。利率下限可視為一系列放款人選擇權，如圖 7-23。

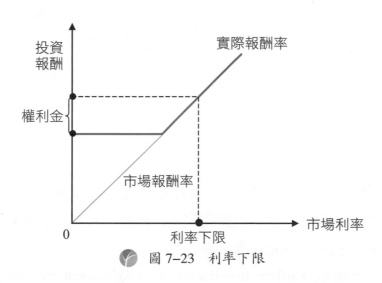

圖 7-23　利率下限

㈣利率上下限

利率上下限 (Collar/Cap-Floor Agreement) 是指當借款人自銀行買入 1 個利率上限，為了減少成本，而對銀行再賣出 1 個利率下限。若支出大於收入，實際成本為圖 7-24 中的 B 線，2 個權利金收支相等，實際成本則為 A 線。因為買入利率上限，所以最高借款利率為利率上限，在上升至此點後，即成為固定利率；因為賣出 1 個利率下限，有權利金收入，所以最低借款成本為利率下限，在利率下降至此點後，即成為固定利率。利率在上限利率與下限利率之間時，借款利率為浮動利率（本例中賣出權利金收入與買入權利金支出相等）。

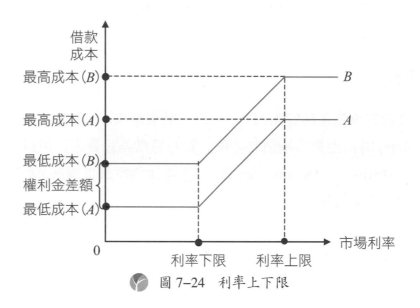

圖 7-24　利率上下限

㈤其他利率協議

1. 雙上限 (Corridor)：指浮動利率借款人自銀行買入 1 個 Cap，為減少權利金支出，對銀行賣出 1 個利率更高的 Cap。如此操作，借款人的利率問題只有在 2 個 Call 行使利率之間，是固定利率，低於買入 Call 行使利率及高於賣出 Call 的行使利率時，均是浮動利率。

2. 參加利率協議 (Participating Interest Rate Agreement, PIRA)：亦稱參加上限 (Participating Cap)，為浮動利率借款人自銀行買入 1 個 Cap，並對銀行賣出

1 個 Floor，兩者行使利率相同，後者名目本金只是前者的一部分。如此操作原因，通常係買進與賣出權利金相同，操作成本為零。

　　3.利率保證 (Interest Rate Guarantee, IRG)：為對 FRA 的選擇權 (Option on FRA)。FRA 為店頭市場的利率期貨，FRA 選擇權相當於 1 個 1 次訂定的 Cap 或 Floor，惟在結算時不同；Cap 或 Floor 係於利率期間終了時結算，利率保證則是在利息期間開始時結算。

　　利率保證可分為：(1)上限保證 (Cap FRA) 為借款人的選擇權；(2)下限保證 (Floor FRA)，為放款人的選擇權。

$ 四、匯率選擇權與外幣選擇權　>>>>>

1.匯率上限 (Cap)

　　為一連串的外幣 Call，可適用於定期支付外幣的進口商及外幣借款人，在每一期付款前外幣匯率超過 Cap 的行使匯率時，超額部分由賣方（銀行）負擔。買入匯率上限，可保障買方的最高成本。

2.匯率下限 (Floor)

　　為一連串的外幣 Put，可適用於定期收入定量外幣的出口商及投資人，在每一期付款前外幣匯率低於 Floor 的行使匯率時，其差額部分由賣方（銀行）補足。匯率下限可保障買方的最低收益。

3.匯率上下限 (Collar/Range Forward/Cylinder Option)

　　與利率上下限相似，進口商為取得 Cap 的保障，自銀行買入 1 個匯率 Cap；惟為降低權利金支出，再對銀行賣出 1 個 Floor，也放棄匯率可能低於下限的好處。出口商為取得 Floor 的保障，自銀行買入 1 個 Floor，為降低權利金支出，對銀行賣出的 1 個 Cap，也放棄匯率可能超過上限的好處，Call 與 Put 一買一賣（進口商）或一賣一買（出口商）的結果，匯率在 2 個行使匯率之間時為浮動匯率；超過任一個行使匯率時即為固定匯率。

4. 二元貨幣貸款 (Dual Currency Loan)

亦稱貨幣轉換融通 (Currency Conversion Facility, C.C.F.)，指借款人授權貸款人（投資人）可於預定未來日期，以預定匯率將某一貨幣貸款轉換為另一貨幣貸款。

5. 複合選擇權 (Compound Option)

為選擇權的選擇權 (Option on Option)，買方於支付初次選擇權的權利金後，有權進行第二個選擇權，適用於國際投標業務。

$ 五、其他選擇權

1. 可收回債券 (Callable Bond)

指債券發行人有權在某限期後，以一定價格提前贖回債券。此項權利相當於持有債券的投資人對債券發行人賣出 1 個 Call，所以此項債券的票息要比一般債券為高。

如美國長期債券，寫作 $5\frac{1}{4}$ May 10–15，表示息票利率為 5.25%，滿期日為 2015 年 5 月，發行公司可在 2010 年 5 月起提前贖回。

1 個 5 年後可提前贖回的 10 年期債券，可視為 1 個 5 年期債，加上 1 個借款人可延長至 10 年的 Put 選擇權，也可視為 10 年期債券，加上 1 個發行人可提前贖回的 Call 選擇權。所以此項債券的價格，應相當於 1 個 5 年期普通債券減 Put 的權利金，或 1 個 10 年期普通債券價格減 Call 的權利金。

2. 可展期債券 (Extensible Bond)

指債券持有人可將債券贖回期間予以展期。如 5 年期債券可展期為 10 年的債券，可視為 1 個 5 年期普通債券，加上 1 個 5 年期 Call 選擇權，其價格為 5 年期債券價格，加 5 年期 Call 的權利金；也可視為 1 個 10 年期普通債券，加 5 年期 Put 的權利金。

3.可轉換公司債 (Convertible Bond)

指債券持有人有權依一定比例將債券轉換為發行公司或其關係子公司的普通股或優先股，其轉換比例 = 債券面值 / 轉換價格。**轉換價格通常高於股票市價**，如某債券面額為 1,000 元，股票市價為 40 元，轉換價格 50 元，屬於溢價發行。每張債券可轉換股票股數：1,000 元 / 50 元 = 20 股，在股價上漲超過 50 元時，債券持有人可轉換為股票，但一經轉換，債權人也轉換為股東。

4.認股權證 (Warrant)

指股票發行公司於發行公司債時附帶發行的有價證券，可單獨轉讓，持有人有權在一定期間內，依一定價格購買該公司或其相關公司的普通股票。許多公司利用認股權證作年終獎金，以鼓勵員工認真工作。

第四節 權利金──選擇權契約之價格

一、權利金之意義

1.意 義

選擇權交易買賣的是選擇權契約，契約中各種條件均屬一定，只有契約價格即權利金係由雙方直接在店頭市場決定；或經由經紀商在交易所（集中交易）公開減價或由電腦撮合做成。由於選擇權契約有保險功能，所以契約價格也是買方對賣方提供的保險費，賣方為保險人 (Writer)。

在店頭市場，權利金通常係於成交後 2 個營業日繳付，在交易所則依交易所規定辦理。

2.選擇權契約的價格

如同其他契約一樣，選擇權契約的價格決定於供需。依供需法則，需求量超過供給量時，價格會上漲；供給量超過需求量時，價格會下跌。但選擇權價格的決定，除供需因素，尚有若干客觀因素構成選擇權的公平價值 (Fair Value)。如果市價太高或太低，就有投資人進行裁定 (Arbitrage)。

二、影響選擇權價格之因素

影響選擇權價格之因素共有 5 個：⑴行使價格與現（期）貨市場價格的關係；⑵時間價值；⑶預期市場波動性 (Volatility)；⑷無風險利率 (Riskless Interest Rate)；⑸ 2 種貨幣間利率差距（適用於外幣選擇權）。

㈠行使價格與現（期）貨市場價格之關係

如選擇權交易係在店頭市場或股票市場，採現貨價格；如在期貨交易所交易，採期貨價格。

1.行使價格一定，現（期）貨價格愈高，買權價格愈高；賣權的價格愈低。反之，現（期）貨價格愈低，買權的價格愈低，賣權的價格愈高。

2.現（期）貨價格一定，行使價格愈高，損益平衡點愈高，買權的價格愈低，賣權的價格愈高。反之，行使價格愈低，損益平衡點愈低，買權的價格愈高，賣權的價格愈低。

3.買權的價格不能少於現（期）貨價格減行使價格；賣權的價格不能少於行使價格減現（期）貨價格，即：

買權價格 ≥ 現（期）貨價格 – 行使價格

賣權價格 ≥ 行使價格 – 現（期）貨價格

4.買權現（期）貨價格超過行使價格部分，或賣權行使價格超過現（期）價格部分，稱為內在價值。

買權現（期）貨價格 – 行使價格 = 內在價值 > 0

賣權行使價格 – 現（期）貨價格 = 內在價值 > 0

㈡時間價值

選擇權價格通常高於內在價值，其超出的部分稱為外在價值 (Extrinsic Value)。選擇權買方購買的是時間，行使期間長、獲利的機率愈高，所以外在價值亦稱為時間價值 (Time Value)。

選擇權價格 = 內在價值 + 時間價值

1. ATM 選擇權價格與時間的關係，兩者雖然變動效果相似，但並非線型 (Linear)，而是與時間的平方根 $\sqrt{t}$ 成等比的關係。如 3 個月 ATM 選擇權的價格是 1 個月的 $\frac{\sqrt{3}}{\sqrt{1}} = 1.7$ 倍；1 年期 ATM 選擇權的價格是 6 個月的 $\frac{\sqrt{12}}{\sqrt{6}} = \sqrt{2}$ = 1.4 倍。所以對買方而言，購買長時間選擇權比較便宜。

2. ITM 及 OTM 選擇權的時間價值，亦因時間的消失而下降，惟與 ATM 選擇權比較，較為直線型。

3. 影響時間價值的最重要因素是至滿期的時間。選擇權為一種消耗性資產 (Wasting Asset)，至滿期時，時間價值為零，選擇權價格等於內在價值。

4. 選擇權為 ATM 時，即行使價格等於現（期）貨價格，時間價值最大。

5. 影響時間價值的第二個因素為波動性 (Volatility)，預期波動性高，時間價值就大，選擇權價格就高。

㈢波動性

1. 波動性可視為未來價格發生變動的機率 (Probability) 及市價變動的速度 (Speed)，高速度有提高市價越過行使價格的可能。

波動性愈大，標的商品價格提高（或降低）越過行使價格，使 OTM 選擇權變成 ITM 選擇權的機會愈大，選擇權的價格愈高。

估計市場波動性，通常使用變異數 (Variance) 或其平方根，即標準差或標的商品價格每日百分比變動的標準差。年波動率 20%，表示在 1 年內標的商品價格上下波動不超過 20% 範圍內的機率是 68%，有 32% 的機率會超過 20% 的範圍。

2. 年波動性除以每年的天數（按營業日計算，1 年為 250 天）。

例如英鎊即期價格為 1.50 美元，20% 波動性則每日英鎊匯率一日內波動不超過 2 美分（$1.50 \times 20\% \times \sqrt{\dfrac{1}{250}} = 0.3 \times 0.06325 = 0.01897$，不足 2 美分）。

3. 歷史波動性 (Historical Volatility)，指由一定期間內，計算現貨價格變動率的標準差。

$$V = \sqrt{\sum_{t=1}^{n} \frac{(p_i - \overline{p})^2}{n+1}}$$

公式中 V 為波動性，即標準差，p_i 為每日價格，$\overline{p}$ 為價格平均值，n 為觀察天數，將年波動率轉換為一定期間者，可採用此式：

$$V_t = V_A \times \sqrt{t_0}。$$

如年波動率為 10%，則 3 個月波動率為 $10\% \times \sqrt{\dfrac{1}{4}} = 5\%$；2 年為 $10\% \times \sqrt{2} = 14.1\%$。

4. 隱含波動性 (Implied Volatility)，指由選擇權市場價格、標的價格、時間、行使價格及利率等資料，輸入模式 (Model) 計算出來的波動性。

㈣無風險利率

因為權利金先付，在店頭市場，行使前賣方可利用此項資金，即以無風險利率調整權利金，以反映其時間價值，以國庫券利率計算。

㈤兩種貨幣間利率差距

由於外幣期貨或遠期匯率與 2 國貨幣利率有關，如美元利率相對於外幣利率上升，買入外幣的成本會提高，外幣 Call 的價格會上升，因為買入外幣與買入外幣 Call 是可以相互替代的策略。

1. 如即期匯率不變，美元利率相對於外幣利率上升，以美元買入外幣的成本提高，會使外幣 Call 價格上升，Put 價格下降。

2. 如即期匯率不變，美元利率相對於外幣利率下降，會使外幣 Call 價格下降，Put 價格上升。

3.美式選擇權可在滿期前任一日行使,而歐式選擇權只能在滿期日行使,所以美式選擇權價格較歐式選擇權價格高或至少相等。

$ 三、選擇權導函數 ▶▶▶▶

(一)意 義

影響選擇權價格的因素有現行標的商品價格等多項,所以這些因素發生變動時,選擇權價格也隨之變動,測量這種變數關係,如 δ、γ、Veta 及 θ 等,稱為選擇權的導函數 (Options Derivative),其所具有的避險功能非常重要。

✦ 表 7-4 決定選擇權的因素

決定因素	買權	賣權
現行標的商品價格	↑	↓
行使價格	↓	↑
至滿期日時間	↑	↑
波動性	↑	↑
利 率	↑	↓
股票紅利 *	↓	↑

* 限股票選擇權

(二)避險比率

1.標的商品價格每變動一單位,權利金變動的金額即避險比率 (Delta, δ):

$$\delta = \frac{權利金變動的金額}{標的商品價格變動金額}$$

惟只適用於微小的變動:$\delta = \dfrac{dpm}{dp}$。通常 δ 以標的商品價格變動的百分比表示。如標的商品價格變動 1.00,而權利金變動 0.50 時,δ 為 0.50 或 50%,簡寫 50。

2. δ 指賣出一個選擇權，必須買入多少標的商品來規避風險。如賣出 Call 的 δ 為 0.5，則買入一半標的商品即可避險。

3. δ 的特性：

(1) δ 為標的商品價格、行使價格、時間、波動性及利率的函數。這些因素變動，δ 也隨之變動。

(2) δ 介於 0 與 1 之間，ATM 選擇權為 0.5。高度 OTM 選擇權接近 0 時，δ 表示標的商品價格微小的變動，對權利金沒有影響；高度 ITM 選擇權時，δ 接近 1，表示標的商品價格變動多少，權利金也變動多少。

(3) 選擇權由 OTM 往 ITM 變動時，δ 增加；由 ITM 往 OTM 變動時，δ 減少。

(4) 契約月相同時，比較 δ，ITM δ > AMT δ > OTM δ。選擇權期間愈長，OTM 選擇權愈有機會變成 ITM 選擇權，所以 δ 愈大。反之，時間愈短，ITM 選擇權變成 OTM 選擇權的機率愈小，δ 愈小。

(5) δ 與行使價格及現行市價的關係：市價一定，對 δ 而言，Call 行使價格遠低於市價時（為 ITM），δ 接近 1；兩者相等時，δ 為 0.5；Call 行使價格遠高於市價（為 OTM）時，δ 接近零，對 Put 而言，兩者關係相反。

(6) δ 為正號，表示看漲；負號則看跌。買入期貨、買入買權及賣出賣權，均為正 δ；賣出期貨、賣出買權及買入賣權，均為負 δ。在風險管理上，投資人可將選擇權部位與現（期）貨部位合併計算，也可相互沖銷。

◆ 表 7-5　δ 與多頭及空頭關係

	多 頭	空 頭
期　貨	+1 (100)	−1 (100)
買　權	+（0 至 +1）	−（0 至 −1）
賣　權	−（0 至 −1）	+（0 至 +1）

(三) Gamma, γ

1. 意　義：

指標的商品價格每變動一單位時，δ 的變動量，即：

$$\gamma = \frac{d\delta}{dp} = \frac{\delta \text{ 變動量}}{\text{標的商品價格變動量}}$$

可用以測量 δ 的波動性，惟只適用於標的商品價格微小的變動。較高的 γ 表示 δ 不穩定。γ 是標的商品價格、行使價格、波動性、時間及利率的函數，這些因數變動，γ 也隨之變動。

因為 δ 在風險管理上非常重要，所以在 δ 快速變動時，可以測量 δ 變動的 γ 也很重要。

2. γ 特性

(1)買入 Call 及買入 Put，γ 為正值，賣出 Call 及賣出 Put，γ 為負值；期貨沒有正負符號。

(2) ATM 選擇權，γ 最大，ITM 及 OTM 選擇權程度愈深，γ 值愈小。

(3)時間愈長，γ 值愈小；在接近滿期時，δ 變動很大，γ 值也最大。

(4) γ 值愈高，風險愈大。

㈣時間導函數

1.意　義

θ 為時間導函數 (Time Derivative)。指時間變動時選擇權價格相應的變動，可用以測量時間價值蛻變 (Decay) 的大小，亦稱 Time Delta 或 Time Decay。時間波動性、標的商品價格及利率的變動對 θ 均有影響。

2.性　質

(1)滿期日愈長，權利金愈高，但平均支付的權利金卻愈低，此種現象稱為時間蛻變。時間對近期權利金的影響較遠期大。

(2)賣出 Put 及賣出 Call，θ 為正值，因時間消失時賣方有利；買入 Call 及買入 Put，θ 為負。期貨沒有正負符號。

(3)較高的 θ 值表示較高的收入來源。

㈤ Vega, Ω

亦稱 Ω、Kappa 及 Epsion，為測量波動性變動時，選擇權價格的變動量，即 $\Omega = \dfrac{\Delta pm}{\Delta g}$，是標的商品價格、行使價格、至滿期時間及利率的函數，任一個變動，Ω 也隨之變動。

表 7-6　各導函數對權利金之影響

	δ	γ	θ	Vega
買入買權	+	+	−	+
賣出買權	−	−	+	−
買入賣權	−	+	−	+
賣出賣權	+	−	+	−
買入期貨	+	0	0	0
賣出期貨	−	0	0	0

㈥選擇權之價格彈性

選擇權之價格彈性 (Price Elasticity) 指標的商品價格每變動 1% 時，選擇權價格變動的百分比。與 δ 功能相似，但不是測量絕對價格的變動，而是百分比或相對價格的變動。

$$Price\ Elasticity = \delta \times \left(\frac{標的商品價格}{pm} \right)$$

㈦ Lambda 及 Rho

1. Lambda 指波動性每增加 0.01 時權利金的變動，可用以測量選擇權的槓桿效果。
2. Rho 為測量利率變動 1% 時，選擇權價格的變動。

第五節 選擇權之公平價值

$ 一、選擇權之公平價值

㈠意 義

指將會影響選擇權價格的有關資料如時間、波動性等輸入電腦，由數學程式導出的選擇權理論價值，1972 年芝加哥大學教授 Fisher Black 與 Myron Scholes 發表之 *"Pricing of Options and Corporate Liabilities"* 一文，創立歐式股票 Call 選擇權價格的計價模式，簡稱 B-S Pricing Model。其後，若干學者先後分別創立出各項對匯率利率及分紅股票等的計價樣式，供選擇權交易人參考。

選擇權契約的價格，係由市場供需決定，惟公平價格可視為一個客觀標準，如果兩者差異過大，經由裁定套利交易可使其恢復合理水平。如市價過高或過低，可賣出選擇權並模擬一個無風險的投資組合，並賣出或買入選擇權套利。

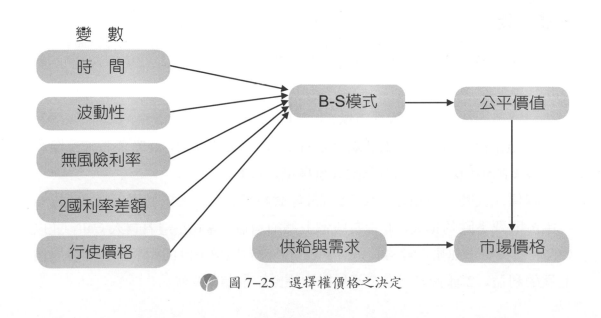

圖 7-25　選擇權價格之決定

㈡ B-S 模式

$$c = SN(d_1) - ke^{-rt}N(d_2)$$

公式中 $d_1 = \dfrac{\ln(S/k) - (r + \sigma^2/2)t}{\sigma\sqrt{t}}$，$d_2 = d_1 - \sigma\sqrt{t}$，$S$ 為股票現行價格，K 為 Call 的行使價格，t 為至滿期年數，σ 為標準差，σ^2 為股票價格的變異數，ln 為自然對數，$N( )$ 為累積常態分配函數，$N(d_1)$ 代表在滿期時 Call 的價內機率，r 為無風險利率，e 等於 1.718281828。此公式有若干前提，主要用於歐式買賣股票選擇權，股票沒有紅利，且只能於滿期時行使權利。

B-S 模式右邊第一項 $SN(d_1)$ 代表至滿期時股票價格高於行使價格機率的現值，第二項 $ke^{-rt}N(d_2)$ 代表至滿期時行使價格乘以機率的現值，兩者的差額，即為 Call 的價值。

本式如改寫為 $SN(d_1) = c + ke^{-rt}N(d_2)$，等式左邊代表買入股票投資，右邊代表買入 Call 投資，為 2 個可以取代的投資組合。

二、賣權買權平價

㈠意 義

賣權買權平價 (Put-Call Parity) 指在沒有裁定機會的均衡狀況下，Put 與 Call 有等價關係，其式為：$c + ke^{-rt} = p + s$。式中，p 為 Put 價格，c 為 Call 價格在期貸市場，s 為標的股票市價，k 為 Put 與 Call 的行使價格，r 為無風險利率，t 為至滿期年數，e^{-rt} 為貼現因素 (Discounting Factor)，ke^{-rt} 為按無風險利率計算 k 的現值。限制條件為歐式選擇權，沒有紅利。

關係式代表 2 個相等的投資組合，等式右邊為買入股票並買入賣權 p，$p+s$ 可免於股票下跌的損失，並保有股價上漲的利益；等式左邊為買入 Call，並以 k 的現值投資於無風險證券，即 $c + ke^{-rt}$，沒有股票下跌的損失，並取得股價上漲的利益，2 種投資組合，不論股票漲跌，價值都相等。

表 7-7　Put 與 Call 的等價關係式

投資組合	$V_1 = c + ke^{-rt}$	$V_2 = p + s$	結　果
屆期時股價下跌 $s^* < k$	$0 + k$	$(k - s^*) + s^*$	$V_1 = V_2 = k$
屆期時股價上漲 $s^* > k$	$(s^* - k) + k$	$0 + s^*$	$V_1 = V_2 = s^*$

㈡期貨選擇權之賣權買權平價式

$c + ke^{-rt} = p + Fe^{-rt}$，$F$ 為期貨價格❸。如採用最近一期不超過 3 個月，t 值很小，所以 e^{-rt} 接近 1，上式可簡化為：$c + k = p + F$。

例：1990 年 11 月 1 日，S&P500 12 月期貨選擇權行使價格 310 美元 Call 價格為 11.40，12 月 S&P500 期貨市價 308.45 美元，求 310 美元 Put 價格：

$$p = c + k - F = 11.40 + 310.00 - 308.45 = 12.95$$

第六節　我國之選擇權市場

一、市場類別

我國之選擇權市場有：

1. 銀行做成的店頭市場

⑴對匯率的上限、下限及上下限的選擇權契約；⑵對利率的上限、下限及上下限的選擇權契約；⑶對遠期利率的選擇權契約。銀行間交易，報價多係以波動性為基準，成交後利利用訂價模式可算出權利金，銀行與顧客間交易，報價時採用基本點方式計算權利金。

2. 證券商做成的權證市場

包括上市股票個股的認購權證 (Call Warrant) 及認售權證 (Put Warrant) 在臺灣證券市場所上市，詳見第四章第五節「權證市場」。

---

❸ *Futures & Options*, Franklin R. Edwards & Cindy W. Ma 著，McGraw-Hill, p. 543。

3.臺灣期貨交易所上市的臺指選擇權契約

臺股股價指數選擇權、電子類股選擇權、金融保險類股指數選擇權、未含金融電子類股股價指數選擇權、櫃檯買賣中心股價指數選擇權、以美元計價黃金選擇權、以新臺幣計價黃金選擇權、利率選擇權、公債選擇權以及股票選擇權等，內中以臺股指數選擇權交易量最大。

二、臺灣證券交易所股價指數選擇權契約

㈠契約內容

1.交易標的為臺證所發行量加權股價指數，簡稱臺指選擇權，包括買權及賣權，代碼 TXO，選擇權為歐式，只能在到期日行使權利。

2.指數價值每點為新臺幣 50 元，每個契約價值為臺股指數乘新臺幣 50 元。

3.交易月份為 3、6、9 及 12 月，另加交易當日起連續 3 個月，共計 5 個月份。

4.行使價格：⑴行使價格未達 3,000 點時，近月契約為 50 點，季月契約為 100 點；⑵行使價格 3,000 點以上，未達 8,000 點，近月契約為 100 點，季月契約為 200 點；⑶行使價格 8,000 點以上，未達 12,000 點，近月契約 200 點，季月契約為 400 點；⑷行使價格 12,000 點以上，近月契約為 400 點，季月契約為 800 點。

5.權利金報價：⑴報價未滿 10 點：0.1 點（5 元）；⑵報價 10 點以上，未滿 50 點：0.5 點（25 元）；⑶報價 50 點以上，未滿 500 點：1 點（50 元）；⑷報價 500 點以上，未滿 1000 點：5 點（250 元）；⑸報價 1000 點以上：10 點（500 元）。

6.每日漲跌幅：7%。

7.部位限制：自然人為 3 萬個契約；法人為 6 萬 5 千個契約。

8.到期日及最後交易日：該契約交割月份第三個星期三。

9.交割方式：滿期日未沖銷價內部位，契約價格與最後結算價之差額以現金支付。

㈡交易行情

2010 年 6 月 15 日交易狀況，臺指現貨收盤價 7,454.06 點。買權契約共計 80 個行使價格，自 6,600 點至 9,200 點賣權契約共計 54 個，行使價格自 6,600 點至 7,000 點。茲就成交量在 1 萬以上列表如下：

◆ 表 7–8　臺灣期貨交易所臺指選擇權行情簡表　2010 年 6 月 15 日

類別	月份	行使價格	最高	最低	最後價	結算價	漲跌	成交量	未平倉	未平倉增減
買權	6	7,200	299.0	174.0	256.0	256.0	△ 59.0	10,381	15,694	3,189
	6	7,300	203.0	92.0	164.0	164.0	△ 54.0	28,106	18,965	−5,645
	6	7,400	112.0	32.0	75.0	75.0	△ 29.0	58,620	27,641	−6,609
	6	7,500	40.5	6.1	22.0	22.0	△ 9.0	62,398	37,806	−772
	6	7,600	10.0	0.7	5.4	5.4	△ 1.7	24,830	35,653	−1,267
	6	7,700	4.0	0.5	2.6	2.6	△ 1.0	14,130	42,140	−1,598
	買權成交量合計							277,594	592,016	−12,358
賣權	6	7,100	3.6	0.5	0.6	0.6	X 3.6	15,435	28,347	−1,633
	6	7,200	9.8	0.7	1.0	1.0	X 9.5	31,402	32,669	335
	6	7,300	28.0	3.1	3.7	3.7	X22.3	50,702	33,195	5,879
	6	7,400	69.0	13.0	16.0	16.0	X46.0	63,483	29,640	8,737
	6	7,500	142.0	43.0	63.0	63.0	X64.0	34,799	17,226	4,136
	賣權成交量合計							276,751	483,877	23,473
	總成交量合計							554,345	1,075,893	11,115

1. 6 月 15 日臺指是多頭市場，各個行使價格的成交價均在上漲，所以買權的買方都賺，賣權的買方都虧；相對是買權的賣方都虧，賣權的賣方都賺。

2. 就整體來說，買權與賣權成交量相近，顯示投資人對臺指未來走勢，多空看法相近。

3. 6 月 15 日臺指現貨收盤價為 7,454.06 點，買權行使價格在 7,400 點以下者都成為價內，對買方而言都沒有槓桿效果，所以成交量不多，大半是為了了結先前的多頭部位而買進，所以未平倉部位大幅下降；反之，賣權行使價格在 7,400 點以下者都成為價外，買方有槓桿效果，新投資人進場，所以未平倉數量增加。

本章習題

一、選擇題

( ) 1. CME 上市日圓契約，日圓數量為 12,500,000 日圓，設某月份 Call 權利金為 1.50 美分，則 1 個契約權利金為：　(A) 2,000 美元　(B) 1,825 美元　(C) 1,500 美元　(D) 1,000 美元

( ) 2. CME 上市 3 個月歐洲美元期貨契約，契約數量為 100 萬美元，設某月份 Call 權利金為 0.50 美分，則 1 個契約權利金為：　(A) 1,500 美元　(B) 1,250 美元　(C) 1,000 美元　(D) 500 美元

( ) 3. CBOT 上市美國 T-Bond 契約，契約面值為 100,000 美元，一檔變動，契約價值為 100,000 / 100 × 1 / 64 = 15.625 美元。設某月份 Call 權利金為 1.58，等於 122 檔，1 個契約權利金為：　(A) 2,000 美元　(B) 1,800 美元　(C) 1,906.25 美元　(D) 1,500 美元

( ) 4. CME 上市 S&P500 Stock index，設某月份 Call 權利金為 10.25 美元，則契約價值為：　(A) 6,000 美元　(B) 5,125 美元　(C) 5,000 美元　(D) 4,000 美元

( ) 5. Call Spread 的操作指：　(A)買入 Call, 賣出 Call　(B)買入 Call, 買入 Put　(C)賣出 Call, 賣出 Put　(D)買入 Call, 賣出 Put

( ) 6.利多垂直 Call 價差指：　(A)以較低行使價格買入 Call，再以較高行使價格賣出 Call　(B)以較高行使價格買入 Call，再以較低行使價格賣出 Call　(C)以較高行使價格買入 Put，再以較低行使價格賣出 Put　(D)以較低行使價格買入 Put，再以較高價格賣出 Put

( ) 7.蝶形價差可由下列選擇權組合，下列何者有誤？　(A) 4 個 Call　(B) 4 個 Put　(C) 1 個 Call 價差與 1 個 Put 價差　(D) 1 個買入異價對敲與 1 個賣出異價對敲

( ) 8.金融業與選擇權的關係，下列何者有誤？　(A)金融業是店頭市場的 Maker　(B)是集中市場的 Hedger　(C)是 2 個市場間的 Arbitrageurs　(D)金融業與選擇權無關

( ) 9.下列何者不是選擇權的功能？　(A)保險功能　(B)槓桿價值　(C)降低成本　(D)改善投資報酬

( ) 10.下列何者不是交易所選擇權契約特性？　(A)集中交易市場　(B)信用風險由清算所負責　(C)實施保證金制度　(D)選擇權賣方風險以權利金為限

( ) 11.在標的商品看漲時，下列交易中賣方何者風險最高：　(A)賣出等價對敲　(B)

賣出買權　(C)賣出賣權　(D)賣出異價對敲

(　　) 12. 下列何者不是影響選擇權的因素？　(A)至滿期時間　(B)市場波動性　(C)現行市場價格與行使價格的關係　(D)以上皆是

(　　) 13. 下列關於 δ 的特性,何者有誤？　(A)時間愈長,OTM 選擇權愈有機會變成 ITM　(B) ATM 選擇權 δ 為 0.5,如果賣出 Call 的選擇權,需要買入 2 個標的商品來避險　(C)高度 OTM 選擇權的 δ 接近零,表示標的商品價格微小的變動,對權利金沒有影響　(D)契約月相同時,比較 δ： ITM>ATM>OTM

二、名詞解釋

1. Exercise, Strike Price
2. ATM, ITM, OTM
3. Covered Call Writing
4. Synthetic Trading
5. Spread Trading
6. Butterfly Spread
7. Collar
8. Compound Option
9. Exotic Options
10. Time Value
11. Intrinsic Value
12. Volatility

三、問答題

1. 說明選擇權契約的意義及其功能。
2. 說明選擇權契約與期貨契約的異同。
3. 說明金融業與選擇權市場的關係。
4. 說明影響選擇權價格之因素。
5. 說明 δ 之意義及其特性。
6. 說明賣權買權平價之意義。
7. 請擇一繪製價差圖： (1)利多垂直 Put 價差圖; (2)利空垂直 Call 價差圖; (3)利空垂直 Put 價差圖。
8. 請繪製賣權蝶形價差圖。

四、計算題

1. 某公司股票股價 50 元,3 個月 Call 行使價格 50 元,權利金 5 元。某甲投資金額 5,000 元, 可投資股票 100 股或購買 Call 或 Put 10 個契約, 每個契約為 100 股, 設滿期時股價為 40、50、60 元,其投資結果如何？
2. 買進股票、融資買進股票及購買權證 3 種方式之比較。

假設 2009 年 10/27 買進，11/13 賣出：股票名稱兆豐金控，履約價格 366.45 元，到期日 2010 年 3 月 10 日，買入股價 334 元，賣出股價 364 元，買入權證價 3.23 元，賣出權證價 4.12 元，買入股票一張（1,000 股）334,000 元，融資買進一張，買入權證 23 張，權證的實質槓桿為 4.5 倍，所以投入金額僅需 334,000÷4.5=74,222 元，買入張數＝74,222÷3,230=22.9 張（買賣股票手續費 0.1425%，交易稅 0.3%，購買權證手續費 0.1425%，交易稅 0.1%，每張股票 1,000 股），請比較 3 種投資方式之交易成本與投資報酬率：

⑴買進股票。

⑵融資買進股票（自備款四成）。

⑶購買權證。

（資料來源：兆豐證券金融商品部提供，刊載於《工商時報》2009 年 12 月 9 日。）

3. 某甲持有某公司股票 100 股，成本 40 元，目前市價 60 元，7 月 60 Call 權利金為 6 元，7 月 60 Put 權利金為 7 元。

⑴比較股價為 55 元、60 元、65 元時，買入 Put 與賣出 Call 之損益狀況。

⑵某甲如在證交所下 58 元之停止委託，設股價由 60 元下跌至 55 元，然後再上升至 65 元，試求在股價 55 元、60 元及 64 元時之損益。

4. 某證券商發行個股股價連結的選擇權契約，其內容：⑴認股權證為 20 萬股；⑵契約期間為 3 個月；⑶選擇權型態為歐式買權；⑷目前市價為 50 元；⑸履約價格為價外 10%，即 50 × 110%=55 元；⑹權利金為 1.5 元，客戶支付權利金 200,000 × 1.5=300,000 元。求：⑴損益平衡點；⑵在標的股票股價 50、60 及 70 元時，投資人的報酬率。

5. 某出口商出貨價 100 萬美元，目前匯率為 32 元，收款時間為 6 個月，出口商可採取避險方式：⑴賣出遠期外匯，匯率為 31 元；⑵買入美元 put，行使價格為 32 元，支付權利金 1 元；⑶賣出美元 call，行使價格 32 元，權利金 0.5 元，請比較各種狀況。

6. 某公司向銀行借款 10,000,000 元為期 3 年，利率為 LIBOR+3/4%，每季付息 1 次，目前 LIBOR 為 4% p.a.，為免利率大幅上升，自銀行買入 1 個利率上限協議，上限利率為 5% p.a.，權利金為 1/4%，設某日結算時，LIBOR 為 5.5% p.a.。求：⑴未避險時，該公司應支付之利息；⑵避險後該公司實際支付之利息；⑶銀行應對該公司之補償。

$ 一、金融交換市場之產生

(一)平行貸款與背對背貸款

　　1970 年代英國的國際收支 (International Balance of Payments) 呈現逆差，英國政府為了保護英鎊而管制資金外流，其管制對象包括對外投資在內。因此，有國外投資或欲投資國外的企業及銀行如需匯出匯款，必須自投資美元市場 (Investment Dollar Market) 購買美元。一些英國企業為了規避管制，遂與外國企業進行協議，發展出平行貸款 (Parallel Loan)。例如英國 A 公司（以下簡稱 A）與美國 B 公司（以下簡稱 B）協議，A 對 B 在英國的分公司貸予英鎊，同時 B 對 A 在美國的分公司貸予美元，兩者貸借期間相同、金額相當，如此一來 A 便無須透過投資美元市場取得美元。平行貸款日後演變為背對背貸款 (Back-to-Back Loan)，為 2 個企業總公司間的借貸。

　　平行貸款與背對背貸款有 2 個缺點：

　　1. 由於 2 個契約各自獨立、不能沖銷，所以一方違約將會使另一方蒙受損失。

　　2. 兩筆貸款使資產負債表膨脹，虛增數字。因此，在 1970 年代末產生通貨交換 (Currency Swap) 契約，是一個帳外交易 (Off-Balance-Sheet Transaction)，不列入資產負債表。而且，如果一方違約，他方必然沒有付款的義務。

㈡交換產生之原因——比較利益法則

比較利益法則是解釋國際貿易發生的基本學說。以甲、乙 2 國為例，乙國生產力樣樣不如甲國，且各個產品的生產力差異程度不同。如 A 產品相差很多，B 產品相差不多，表示乙國生產 B 產品有比較利益，甲國生產 A 產品有比較利益，因此甲國生產 A 產品，乙國生產 B 產品，2 國相互交換，形成國際貿易。

同一國家金融市場上，2 個信用評等不同的企業，貸款時所適用的固定利率與浮動利率也不相同，其信用評等較佳者可獲得之利率較低，信用評等較差者則較高。因此，這 2 個企業適用的固定利率與浮動利率各會有 1 個價差，當這 2 個價差不相等時即有比較利益存在。通常固定利率的價差比較大，因為信用評等較低之借款人較不易獲得固定利率貸款。以下舉例說明。

㈢舉 例

假設 A 公司為信用評等較佳者，則其對對固定利率借款有比較利益，B 公司為信用評等較差者，則其對對浮動利率借款有比較利益，兩者各自適用的利率如表 8–1。

◆ 表 8–1 資金市場狀況

資金成本	固定利率	浮動利率
A 公司	12%	LIBOR
B 公司	14%	LIBOR + 1%
價 差	2%	1%

1.交換交易

儘管 A 公司對固定利率借款有比較利益，B 公司對浮動利率借款有比較利益，但 A 公司因為某些原因（例如財務結構）而偏愛浮動利率，B 公司則偏愛固定利率，因此兩公司做成先借款再交換的交易。其作法如下：A 公司先以 12% 的固定利率借款，B 公司則以 LIBOR + 1% 的浮動利率借款，然後兩者作交換交易。A 公司對 B 公司支付 LIBOR 的浮動利率，換取 B 公司對 A 公司支付 12.5% 的固定利率（參見圖 8-1）。

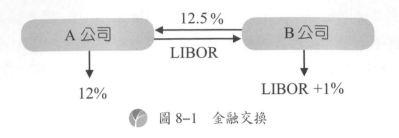

圖 8-1　金融交換

2.交換過程

配合表 8-2，逐一說明如下：

(1) A 公司借款固定利率為 12%，加上負擔 B 公司的浮動利率 LIBOR，總計資金成本為 (LIBOR + 12%)。不過 B 公司同時也替 A 公司負擔 12.5% 的固定利率，因此 A 公司借款的淨成本為 (LIBOR + 12%) − 12.5% = LIBOR − 0.5%，比起直接以浮動利率借款，成本降低 0.5%。

(2) B 公司借入浮動利率 (LIBOR + 1%)，加上負擔 A 公司的固定利率 12.5%，總計資金成本為 (LIBOR + 13.5%)。不過 A 公司會替 B 公司負擔浮動利率 LIBOR，所以 B 公司借款的淨成本為 (LIBOR + 13.5%) − LIBOR = 13.5%，比起直接以固定利率借款，成本降低 0.5%。

表 8-2　交換交易

交換後淨部位	A 公司	B 公司
資金成本	12%	LIBOR+1%
加交換	LIBOR	12.5%
減交換	12.5%	LIBOR
淨成本	LIBOR−0.5%	13.5%
與交換前比較	降低 0.5%	降低 0.5%

3.國際金融交換產生之原因

在國際金融市場上，信用評等不同的企業，借款利率也不同，但其間也有比較利益優勢存在，例如 C 國甲企業在 C 國借款有比較利益，D 國乙企業在

D 國借款有比較利益，甲乙分別在本國借入本國貨幣，然後再相互交換，滿足雙方對他國貨幣的需要，這也是國際上金融交換業務興起原因之一。

$ 二、金融交換市場之發展

㈠世界銀行之金融交換業務

比較利益法則在 1980 年前後即為金融交換市場利用，但直到 1981 年 8 月世界銀行 (World Bank)，成立金融交換交易後，金融交換市場才開始迅速成長。

世界銀行與 IBM 的交換交易是對不同貨幣債務的交換。其產生背景是：⑴世界銀行的政策是在多個國家舉債，促進各國資本市場之發展；⑵ IBM 先前發行的西德馬克及瑞士法郎的債券，在 1981 美元強勢狀況下，如果將這些債券轉換成美元債務，對該公司資金的調度非常有利。因此，在證券商 Salomon Brothers 仲介之下，做成美元債券與西德馬克及瑞士法郎債務的交換。

㈡金融交換市場發展

1982 年發展出固定利率與浮動利率的交換。1985 年 2 月，國際交換交易員協會 (International Swap Dealers Association, ISDA) 成立，統一交易用語及利率定價方式、契約書標準化及規則 (Code) 等，對交換交易之發展甚有幫助。

第二節 金融交換之意義與功能

$ 一、意 義

㈠金融交換

金融交換 (Financial Swap) 簡稱交換 (Swap)，指雙方約定在一定期間內作

一系列付款的交換 (Exchange)，是一個資產間或負債間的交換，與平行貸款的差異在於，平行貸款必須簽訂 2 種貨幣的 2 個借貸契約，交換契約卻只要簽訂 1 個契約就好，信用風險因此大幅降低。

因契約標準化、商品同質性高，因此以投資銀行為主的大型銀行積極參與，建立類似部位的倉儲 (Warehousing)，承擔市場造市者的地位；它們同時用 T-Note 利率期貨來避險，交換的報價採 T-Note 加碼的方式，以提高流動性。

交換交易也是一個附買回或附賣回協議的貨幣交易，因而交易熱絡，買賣價差在 1982 年初期曾為 200 基本點，不過之後也曾下降為 5 至 10 個基本點。

㈡交換交易用語

1. 交易稱為買賣，Buy 及 Sell，交換即為即期與遠期的一買一賣。買入即期加上賣出遠期，稱為賣出 Swap (Swap is Sold)；賣出即期加上買入遠期，稱為買入 Swap (Swap is Bought)。

2. 買入美元賣出新臺幣時，稱為 Swap in Dollar 及 Swap out TWD。

3. 換匯點 (Swap Point) = 遠期匯率 − 即期匯率；如為正值，稱為升水；如為負值，稱為貼水。

換匯點亦稱換匯匯率 (Swap Rate)，但不是真正的匯率，只是 2 個匯率的差額。

4. Swap 報價，如 40 / 44，前低後高，美元為升水；如我方以新臺幣換入美元，以後再以美元換回新臺幣時，多收回 5 個基本點的新臺幣，我方為換匯利得 (Gain)，對方為換匯損失 (Lost)。

5. O/N 為隔夜 (Overnight) 交易，指當日換出，次日換回。

S/N 為 Spot against Next，指即期交割日換出，次日換回。

S/W 為 Spot against One Week，指即期交易日換出，1 週後換回。

以上報價均以即期匯率為準，如美元為升水，即期匯率加上 S/N 或 S/W 的基本點數，即可算出 S/N 或 S/W 的匯率；即期匯率減去 O/N 的基本點數，即可算出 O/N 的匯率。

㈢交換之類別

1. 通貨（外幣）交換：亦稱換匯交易，指不同貨幣但均為固定利率的交換。

2.利率交換 (Interest Rate Swap, IRS)：亦稱換利交易，指同一貨幣但計息利率不同的交換。

(1)息票交換 (Coupon Swap)：指固定利率對浮動利率的交換中，固定利率為債券票息加上浮動利率。

(2)基本交換 (Basic Swap)：指 2 個指標或期間不同的利率交換，其期間相同但指標不同者，如 3 個月的 LIBOR 與 3 個月的 T-Bill。

(3)指標交換 (Index Swap)：指 2 個指標或期間不同的利率交換，其指標相同但期間不同者，如 6 個月的 LIBOR 與 3 個月的 LIBOR。

(4)定期交換 (Term Swap)：指計息期間在 2 年以上的交換，如 3 年期或 5 年期債券的利率的交換。

3.交叉通貨利率交換 (Cross Currency Interest Rate Swap)：又稱換匯換利交易，指通貨及計息利率均不相同的交換。

4.股權（權益）交換 (Equity Swap)：指以股票或股價指數為標的固定價格與浮動價格的交換。

5.商品交換 (Commodity Swap)：指一定名目數量的某一商品固定價格與浮動價格的交換。

6.特殊交換：

(1)信用違約交換 (Credit Default Swap, CDS)：指信用保障買方 (Protection Buyer) 定期支付相當於權利金的一定金額，換取在標的債務人違約時，由信用保障賣方 (Protection Seller) 補償損失的交易。

(2)指數攤還交換 (Indcx Amortizing Swap)：指名目本金不固定，定率攤還本金之交換。

(3)利率上限交換 (Rate Capped Swap)：指利息有上限的交換；反之，則為利率有下限的交換 (Rate Floored Swap)。

(4)賣回利率交換 (Puttable Swap) 又稱為可延長契約的交換。另有可提前終止契約期限的交換，稱為買回利率交換 (Callable Swap)。

㈣交換之功能

1.降低借款成本：雙方利用比較利益借入資金再做交換，交易雙方均可獲益。

2.消除價格風險：包括匯率、利率及商品價格，利用交換作固定價格與浮動價格的交換，可規避價格變動之風險，增加收益或減輕負荷。

3.交換可取代買賣，規避外匯或投資之管制。

4.交換可作為資金調度之工具，而不變更既有的多空部位。

 二、交換與遠期、期貨及選擇權之比較

1.四者均為衍生工具，均為資產負債表帳外項目 (Off-Balance-Sheet Item)，均可作為避險工具，亦均可作為投資工具。

2.損益狀況四者不盡相同：期貨、遠期利率協議與選擇權大多以一個相反交易了結，損益明顯，為一種零和賽局 (Zero-Sum Game)，一方盈，他方虧。遠期外匯交易大多履行交割，雖有盈虧，但可隱含在交割的收入或成本內。交換如作為投資工具，則亦為零和賽局。

3.交換、遠期與期貨信用風險相似，但違約風險不同。其中以遠期（外匯）風險最大，違約時期等於滿期日；交換因每期付息，違約期縮短至持續期。期貨及集中市場交易的選擇權，因每日辦理結算，信用風險只有一日，且有保證金。所以只有一日變動超過保證金的風險。

4.遠期、期貨及交換均有定價的功能，選擇權交易有公平價值可參考，選擇權買方及信用違約交換的買方，均有保險的功能。

5.遠期（外匯）、期貨及集中市場之選擇權交易均為一期契約；交換交易、遠期利率協議 (FRA) 為多期契約，有多次行使機會。

6.交換契約及店頭市場之選擇權契約，可視為一連串的遠期契約；遠期及期貨加無風險證券，可複製一個選擇權交易；反之，選擇權亦可複製一個期貨或標的證券，如買入買權加上賣出賣權，可合成一個遠期多頭。

第三節 長期交換

一、長期交換之交換過程

交換係雙方做付款的交換，期間可長可短，在 1 年以內者為短期交換 (詳見後文)；超過 1 年者，為長期交換 (Long-Term Swap)。在金融市場上，這是2 個不同的市場，其差異在利息之支付，短期交換視為貨幣市場交易，利息併在本金內償還，所以沒有期中交換；長期交換 1 年付息 1 次或 2 次，遵從市場慣例。

(一)全程交換

金融交換的全程包括：

1. 期初交換：指本金的交換，依亞洲開發銀行 (Asian Development Bank, ADB) 在臺發行 1 億美元相當於新臺幣 27 億元之固定利率債券，為期 7 年，固定利率為 6.28%，交通銀行在國外發行 1 億美元浮動利率債券，為期 7 年，兩者相互作負債交換，亞銀將募得之新臺幣 27 億元交付交銀；交銀將募得的1 億美元交付亞銀。

2. 期中交換：亞銀依浮動利率支付美元利息，每半年 1 次，共計 14 次；交銀按 6.28% 支付新臺幣利息，每半年 1 次，共計 14 次。

3. 期末交換：指本金的交換與期初本金交換的方向相反。到期時亞銀對交銀支付 1 億美元，交銀用以償付美元債券投資人；交銀對亞銀支付新臺幣 27億元，亞銀用以償付新臺幣債券投資人。

圖 8-2　亞洲開發銀行與交通銀行交換全部過程圖

此項交換相當於亞銀直接在歐洲美元市場發行債券，以亞銀的國際聲望，在臺灣發行債券，將對臺灣資本市場及發展甚有幫助。

㈡沒有期初交換之交換

如世界銀行與 IBM 的交換是負債與負債的交換。經此交換後，世界銀行的負債由美元轉變為馬克與瑞士法郎，IBM 的負債由馬克及瑞士法郎轉變為美元。

㈢沒有期中交換之交換

為通貨交換，亦稱換匯交易，與外匯市場的換匯交易相同，由一個大小相等方向相反的即期交易，與一個遠期交易構成。只是兩者為期長短不同，換匯交易期間不超過 1 年，交換交易在 1 年以上，此一市場並不活絡。

因為期中不付息，所以 2 國利率差異係併在償還本金中計算。通貨交換不會變更交易人的部位狀況，如係美元多頭，現需歐元，則會將美元交換為歐元使用，但仍維持美元多頭部位，因期末交換後美元又恢復多頭部位。

㈣沒有期初及期末交換之交換

只有期中交換利息，此即利率交換，交易雙方通常是同一國家用不同方式支付利息，本金不交換，只作為計算利息使用，稱為名目本金 (Nominal Principal)。

利率交換可分為：

(1)票息交換：指固定利率與浮動利率的交換。其收取固定利率支付浮動利率者，稱為交換買方；支付固定利率收取浮動利率者，稱交換賣方。

(2)基本交換：指浮動利率參考不同利率基礎間的交換，如一方付款為 LIBOR，他方付款為商業本票或 T-Bill。

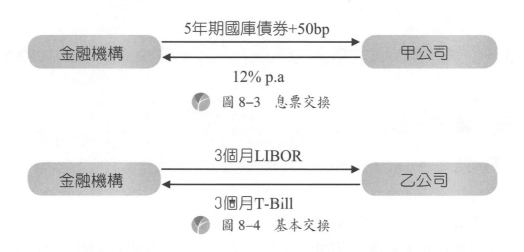

圖 8–3　息票交換

圖 8–4　基本交換

利率交換之本金通常為一定金額，但也有例外，如指數攤還交換，本金隨指數變動金額遞減；此外，還有本金遞增交換 (Accreting Swap)、起伏型交換 (Roller-Coaster Swap)。

二、交換市場報價

交換的店頭市場是由銀行做成。對美元貸款報價係以美國國庫中期債券為基準加碼。

表 8–3　交換市場之報價

滿期年	銀行支付固定利率	銀行收入固定利率	現行美國中期債券利率	價差（加碼）
2	2yrTWD+31bps	2yrTWD+36bps	6.79	5
3	3yrTWD+32bps	3yrTWD+43bps	6.86	11
5	5yrTWD+41bps	5yrTWD+50bps	7.06	9
7	7yrTWD+48bps	7yrTWD+60bps	7.10	12
10	10yrTWD+57bps	10yrTWD+71bps	7.22	14

計算固定利率收付利率，以 2 年期為例，收付差價只有 5 個基本點。顯示市場流動性已很高。至於浮動利率，通常依 LIBOR 加碼計算。

第四節 短期交換

$ 一、短期交換之意義

(一)意 義

短期交換 (Short-Term Swap) 又稱換匯交易，指交換期間在 1 年內者，很早即是外匯市場的交易。買入即期並賣出遠期，或賣出即期並買入遠期的外匯操作。其賣出遠期者稱賣出換匯，買入遠期者稱買入換匯。

銀行間市場上直接買賣遠期外匯者不多，大多以換匯交易取代。例如，國際市場上美元看貶，出口商賣出遠期外匯避險。因此銀行在顧客市場上成為遠期多頭。為規避美元貶值的風險，該銀行在銀行間市場上做賣出換匯，即賣出遠期、買入即期。再於即期市場上賣出即期，消除美元看貶的風險。

銀行對顧客買入遠期外匯後，也可以在即期市場賣出即期外匯，構成一個換匯部位，成為拼湊的換匯交易 (Engineering Swap)，排除美元看貶的風險。

換匯交易是一個外匯交易，也是一個有抵押品的外幣借貸交易。換入美元 (Swap in USD) 者，相當於借入美元；同時換出新臺幣 (Swap out TWD)，相當於貸出新臺幣，也是以新臺幣抵押借入美元。因為是借貸交易，換匯匯率 (Swap Rate) 可由兩國貨幣利率求出。

(二)換匯匯率

換匯匯率指換匯交易之價格，即遠期匯率與即期匯率之差額：遠期匯率 − 即期匯率 = 換匯匯率 = 遠期差點。因為換匯匯率是差額而非比率，所以不是真正的匯率。事實上，換匯匯率即是遠期匯率的升水或貼水。

換匯交易本質上係雙方相互質借不同的貨幣。在償還時，基礎貨幣（美元）

金額不變，相對貨幣（如日圓）的數量取決於美元利率與日圓利率的差額。如美元利率比日圓利率高，借入日圓貸出美元者利息收支上吃了虧，所以償還日圓時，可支付比即期匯率數量少的日圓以求補償。其對手借入美元貸出日圓，利息收支上佔了便宜，收回日圓時以少收一點作為補償；反之，如日圓利率比美元高，在償還時支付日圓的數量會比即期匯率多。

二、換匯交易報價

㈠買價與賣價

報價分買價與賣價，前者為報價銀行在換匯交易中，買入遠期基礎通貨願意收入（或支出）的差額；後者為報價銀行在換匯交易中，賣出遠期基礎通貨願意收入（或支出）的差額。基本原則為：報價銀行要支付時，匯率適用較小的數字；對手要支付時，匯率適用較大的數字。

由於銀行間遠期外匯市場交易事實上為換匯交易，所以遠期外匯市場中，遠期匯率升水或貼水的識別原則，也就是換匯交易得失的原則。如換匯匯率為 40 / 45 前低後高，美元為升水，報價貨幣為貼水；如換匯匯率為 45 / 40，前高後低，則美元為貼水，報價貨幣為升水。

㈡換匯交易之報價順序

換匯匯率報價通常依下列順序：⑴隔夜 (Overnight, O/N)；⑵即期對次日 (Spot Next, S/N)；⑶即期對 1 週 (Spot against One Week, S/W)；⑷ 1、2、3、6、9 及 12 個月。其中隔夜係在即期之前，如為升水時，應以即期匯率減換匯匯率；如為貼水時，應以即期匯率加換匯匯率。此與即期以後的 1、2、3 月等計算不同，後者是升水時相加，貼水時相減。

三、交換操作

出進口廠商可利用遠期契約避險，但遠期契約到期日與外匯市場需要結售或結購外匯之時間不一定能完全配合。如有差異，可以一個交換契約將原本的遠期契約予以提前或延後。茲就瑞士聯合銀行 (Union Bank of Switzerland, UBS) 在 "Hedging Instrument for Foreign Exchange, Money Market and Precious Metals" 所刊載兩則實例轉介於此 ❶。

㈠遠期外匯交易之延期交易

遠期外匯的延期交易 (Historical Rate Rollover Transaction)：瑞士某出口商預售外匯 10 萬美元，為期 6 個月，遠期匯率 121.51。至交割日前 2 日，出口商決定將遠期契約延長 2 個月。

假設即期匯率 1.5055 / 65，2 個月期交換匯率（價格）0.0060 / 55，換匯點 60 / 55，前高後低，顯示美元利率高於瑞士法郎利率 (2.25%)，60 點為銀行買入美元的折價；55 點為銀行賣出美元的折價，本案出口商賣出遠期外匯，銀行買入遠期外匯，適用 60 點。

出口商以 1.5060 瑞士法郎的中間匯率買入 10 萬美元，該筆交易的交割日訂在遠期外匯的交割日。同時，出口商再以 1,500 瑞士法郎匯率預售 10 萬美元期限為 2 個月。

對於避險成本的計算，即期匯率是否準確並不重要，只要在目前的即期匯率的水準上即可。茲計算：

原訂遠期外匯匯率 1.5313，出口商可收進	153,130 瑞士法郎
因為延期買入匯率為 1.5060 瑞士法郎	150,600
出口商的利潤	2,530 瑞士法郎
預售 2 個月遠期匯率為 1.5060 − 0.0060 = 1.5000	150,000
加遠期交易的利潤 2,530	2,530
出口商出口收入加利潤	152,530

延期 2 個月的遠期匯率為 152.530 / 100,000 = 1.5253

對出口商而言為換匯利得，對銀行而言為換匯成本，係由於第一次預售外匯後美元貶值所產生。

---

❶ 《外匯貨幣市場與貴金屬的避險工具》，李麗譯，三民出版。

㈡遠期外匯交易之提前交易

遠期外匯的提前交易 (Historical Rate Rollback Transaction)：瑞士某公司出口商品至德國，該公司採全球性貨幣避險。該年預售 300 萬馬克，匯率 84.10，交割日為 6 月底。至 5 月底該公司已收 100 萬馬克，擬予部份提前了結。

該 DM/SF 即期匯率為 83.70/80，1 個月換匯匯率為 −0.01/+0.04，係由 2 個貨幣利率差額 0.25% p.a. 計算而來，瑞士法郎略低。換匯點為每 100 馬克折 0.04 瑞士法郎。

該公司以 83.70 瑞士法郎的即期匯率，賣出 100 萬馬克，再以 83.70 + 0.04 = 83.74 的遠期支票匯率買回 100 萬馬克，交割日與原來的遠期交易相同。提前交割的成本為 0.0004 × 1,000,000 = 400 瑞士法郎；或者遠期買回 100 萬馬克，即期交易賣出 100 萬馬克，兩者差價為 837,400 − 837,000 = 400 瑞士法郎，因為預售外匯匯率為 84.10，提前交割成本 400 瑞士法郎，其實際所得為 841,000 − 400 = 840,600 瑞士法郎，實際匯率為 84.06 瑞士法郎。雖然提前了結發生成本 400 瑞士法郎，但仍比即期匯率高。因馬克相對瑞士法郎貶值，預售外匯有利。

第五節 交換之選擇權

💲 一、交換選擇權之類型❷ ▶▶▶

交換的選擇權 (Option on Swap)：許多形式的交換都有選擇權，包括利率、通貨、權益及實體商品。

---

❷ *Swaps Series* 第 4 冊，IFR, p. 99.。

◆ 表 8-2　選擇權類別

選擇權類別	其他名稱	持有人權益	
交換選擇權	Call Swaption Receiver Swaption Contingent Swap	To Enter Swap	To Pay Fixed
可延期交換	Put Swaption Payer Swaption		To Receive Fixed
買回利率交換		To Extend Swap	
賣回利率交換	Terminable Swap Cancellable Swap	To Terminate Swap	

💲 二、交換選擇權

交換選擇權 (Swaption) 指對一個遠期交換，可行使選擇權且支付固定利率。選擇權買方於支付權利金時取得行使權利，但並非義務，如行使沒有好處，可放棄行使。賣方為選擇權承作人，如買方行使選擇權，賣方就有義務履行交換。最常見的交換選擇權是固定利率與浮動利率的交換 (Option on Fixed-to-Floating Swap)，基於一定名目本金交換利息，本金不交換。

💲 三、延伸交換選擇權

依固定利率（或價格）為標準：

1.收方交換選擇權 (Receiver/Call Swaption)：指買方可於一未來日或期間收進預定的固定利率（或價格），並付出浮動利率（或價格）的選擇權，在利率下降時有利。

2.付方交換選擇權 (Payer/Put Swaption)：指買方可於一未來日或期間，支付預定的固定利率（或價格），並收進浮動利率（或價格）的選擇權，在利率上漲時有利。

$ 四、歐式交換選擇權、美式交換選擇權及改良美式交換選擇權 >>>>

交換選擇權只能於一個日期（滿期日）行使者，為歐式交換選擇權 (European Swaption)；可於一定日期或其前任一日行使者，為美式交換選擇權 (American Swaption)；可於多個指定日行使者，為改良美式交換選擇權 (Modified American Swaption)。

$ 五、交換選擇權之特性 >>>>

交換選擇權具有選擇權之各種特性：⑴買方風險有限，損失以權利金為限，利益無限；⑵賣方旨在謀取權利金收入，利益以權利金為限，損失無限。惟如賣方為浮動利率債務者，可賣出收方交換選擇權；⑶具有浮動利率資產者，可賣出付方交換選擇權。賣出選擇權可降低成本增加收益。在美國，交換選擇權主要是與發行固定利率可收回債券 (Fixed Rate Callable Bond) 有關。

 例一

某公司於 2008 年 1 月發行固定利率可收回債券 8%，換匯匯率為 11 / 16，利率為 8%，可收回日期為 2011 年 1 月，債券到期日為 2016 年，該公司為降低成本，賣出 1 個 8 / 3 收方交換選擇權。選擇權期間自 2008 年 1 月起 3 至 8 年（2011 至 2016 年），行使固定利率 7%，對浮動利率為 LIBOR 的選擇權，在該 5 年內，如 LIBOR 上升超過 8%，該公司不會收回已發行債券，交換選擇權買方也不會行使選擇權。該公司債券成本為息票利率 8% 減攤提權利金收入。如 LIBOR 下降至 7%，交換選擇權買方會行使選擇權，以浮動利率交換固定利率，該公司也可發行浮動利率債券並收回原發行的固定利率債券。對該公司的債券成本是固定利率 7% 減攤提權利金收入，加或減浮動利率差額。LIBOR 利率介於 7 至 8% 之間時，交換選擇權買方不會行使選擇權，該公司可發行浮動利率或較低之固定利率債券，並收回已發行的債券，其債券成本為浮動利率減攤提權利金收入。

本章習題

一、選擇題

( ) 1. 銀行間 Swap 市場報價以 Spot 價格為準，如 Spot 價格為升水，則以下何者有誤？ (A) O/N 匯率應相減 (B) S/N 匯率應相加 (C) S/W 匯率應相加 (D) O/N, S/N, S/W 均應相加

( ) 2. 下列何者不是交換的功能？ (A)降低債款成本 (B)可消除匯率風險 (C)可避免價格風險 (D)有保險的功能

( ) 3. 下列關於交換、期貨、遠期與選擇權的敘述，何者有誤？ (A)都是衍生金融工具 (B)均可作為避險工具 (C)均可作投資工具 (D)均有定價的功能

( ) 4. 全程交換不包括下列那一項？ (A)期初交換 (B)期中交換 (C)期末交換 (D)短期交換

( ) 5. 下列各項敘述，何者有誤？ (A)換匯匯率是換匯交易的價格 (B)換匯匯率是遠期匯率與即期匯率的差額 (C)真正的匯率 (D)遠期差點

( ) 6. 下列各項操作，何者有誤？ (A)收方交換選擇權 (Call Swaption)，買方可以未來行使選擇權收進固定利率，付出浮動利率 (B)付方交換選擇權 (Put Swaption)，買方可於未來行使選擇權收進浮動利率，付出固定利率 (C)某公司已發行固定利率可收回債券，為提高收益，該公司賣出一個收方交換選擇權 (D)浮動利率投資人，可賣出收方交換選擇權

二、名詞解釋

1. International Swap Dealers Association, ISDA
2. Swap Rate
3. Credit Default Swap, CDS
4. Rate Capped Swap, Rate Floored Swap
5. Puttable Swap, Callable Swap
6. Swap is Sold
7. Swap is Bought

三、問答題

1. 比較遠期、期貨、選擇權與交換之異同。
2. 說明交換之意義、類別及其功能。
3. 說明長期交換與短期交換之差異。

金融市場

4. 說明交換選擇權 (Swaption) 的意義、類別及其功能。

 四、計算題

1. 甲公司信評為 2A，乙公司信評為 1A，以目前金融市場狀況，2A 借款人固定利率為 8%，浮動利率為 LIBOR + 1%；1A 借款人固定利率為 10%，浮動利率為 LIBOR + 2%，兩者固定利率差距為 2%，浮動利率差距為 1%，試問：可否利用 Swap 減輕負擔？

2. 甲公司與證券商簽訂股權交換契約 (Equity Swap)，內容如下：⑴契約之間為 2 年；⑵每半年交割 1 次；⑶A 公司股票 1 萬股，目前股價 50 元，名目本金為 50 萬元；⑷甲公司對證券商支付股價漲跌報酬；⑸證券商對甲公司支付浮動利率利息 LIBOR + 1%，設半年後股價為 60 元，LIBOR 為 3% p.a.，說明第一次交換狀況。

3. 設甲乙兩公司的借款成本如下表：

	固定利率	浮動利率
甲公司	7.00%	LIBOR+25bp
乙公司	8.00%	LIBOR+75bp

試問：

⑴甲乙兩公司的比較利益是什麼？

⑵如果利用比較利益作交換交易，要有什麼條件？

⑶如果借款金額為 1,000 萬元，為期 5 年，中間媒介銀行的仲介費用為 5 萬元，請試求交換交易。

9 CHAPTER

結構型證券市場

第一節 結構型證券之意義

$ 一、意義

(一)結構型證券

結構型證券 (Structured Note/Structured Security) 指還本付息與衍生金融商品連結的證券。因為它的價值隨連結標的價格變動而變動，所以又稱連動債。

結構型證券創始於 1980 年代，因衍生金融商品的創新發展而發達，至 1994 年已達 1,000 億美元，至 2008 年金融危機發生前，據說金額已達 50 兆美元。

(二)發行人

早期發行人主要為美國政府贊助機構 (Government Sponsored Enterprises, GSE)、房利美 (Finnie Mae)、房地美 (Freddie Mac) 及聯邦住宅貸款銀行 (Federal Home Loan Banks)。以住宅房貸 (Residential Mortgage) 為擔保發行房貸擔保證券，募集資金以發展住宅房貸次級市場。至 1990 年代後期，有 2 個重要發展：一方面美國投資銀行 (Investment Bank) 積極參與房貸市場，建立標售利率證券 (Auction-Rate Security) 市場，提供房貸市場資金之融通，並創造了頗受市場歡迎的

小百科

投資銀行

為證券發行、包銷及分配的金融機構。因 1933 年的 Glass-Steaqall Act 禁止商業銀行從事證券銷售業務，而使投資銀行壯大。其後由於投資銀行忽視風險，無節制擴張業務，槓桿倍數高達 20 至 40 倍，遂導致 2008 年金融風暴時，五大投資銀行全部覆沒。

CDO 及 CDS 等投資工具；另一方面，各國銀行也應投資人的需要，紛紛發行結構型證券，特別是與股市連結的連動債，並投資美國的股市及結構型證券市場。

㈢投資人

結構型證券的投資人可分為 2 類：⑴專業投資人：包括養老基金、共同基金、避險基金、各學校、機關團體設立的基金，以及銀行保險及證券業等，都有積極參與結構型證券市場；⑵非專業投資人：包括個人及企業，主要是經由銀行或證券業投資結構型證券市場。

$ 二、結構型證券之性質與功能

㈠結構型證券之性質

結構型證券兼具美女與野獸 (Beauty vs. Beast) 之雙重性格，特別是它隱含的槓桿作用，在市場變動符合預期時，可獲可觀的利益；但如果市場反向變動，損失會非常大，投資人大多是糊裡糊塗地承擔了超過自己可以負擔的風險。一旦市場變動很不利時，美女變成野獸，企業甚至銀行會在一夕間遭逢破產之命運。

結構型證券結構複雜，風險評估非常困難，必須利用高深的數學模式及電腦來分析，不是一般人所能做的。通常只能依賴信評機構的信用評等，而信用評等也不一定可靠，所以投資人投資於結構型證券，必須審慎從事。

㈡結構型證券之類別

依照本金是否有保障，可分為：

1.保本型債券 (Principal Protected Note, PPN)：指投資人於滿期時可收回全部本金。在實務上，如可收回本金之 90% 或 80% 者，亦視同保本型債券。

2.非保本型債券 (Principal Not-Protected Note)：又稱提高收益率型債券 (Yield Enhanced Note, YEN)，旨在提高債券之收益率，風險較高，不一定能收回全部本金。

㈢結構型證券之功能

1.結構型證券係由現貨工具、遠期、期貨、選擇權及交換契約等積木 (Building Block) 構成，這些積木可以規避對匯率、利率、商品價格，以及債務人的信用發生變動的風險，或可提高操作的收益。

2.結構型證券買賣因係櫃檯交易，銀行可依投資人的需要量身訂做。

3.結構型證券可配合投資人的預期，如積極謀利或採取規避風險的態度，提供槓桿或反槓桿的操作工具。

4.結構型證券可利用新生代選擇權及交換，提供投資人在一般金融市場上得不到的投資工具。

第二節 變化多端之結構型證券

$ 一、積木眾多

包括現貨工具、遠期契約、期貨契約、金融交換、選擇權、交換選擇權及信用違約交換等。

㈠現貨工具

包括外國貨幣、政府及企業發行的債券、商業本票、銀行承兌匯票，以及各種商品即期交割契約。

㈡遠期契約

指在交易商櫃檯買賣的遠期交割契約。依照外匯市場的慣例，成交後一週內交割者為即期交易，超過一週交割者為遠期交易。遠期契約是交易商的櫃檯交易，契約規定完全由雙方議定，投資人可用以規避匯率、利率、商品價格及債券人違約的風險，也可用以謀取價格變動的利益。遠期市場係由金融機構做成，為避免信用風險，金融機構會對投資人訂定信用額度，投資人可在信用額度內辦理遠期交易。

(三)期貨契約

指在交易所買賣的遠期契約，其規格標準化，交易雙方都要繳付保證金以確保履約，每日並按市價結算。產生虧損者應追加保證金，稱為變動保證金 (Variable Margin)，以使保證金餘額不低於維持保證金 (Maintenance Margin) 的水準。如果保證金金額是契約價值的 5%，對表示投資人的槓桿功能為 20 倍。期貨與遠期兩者均是投資人避險及謀利的工具，但比較說來，遠期用以避險者多，期貨用以謀利者多。

(四)金融交換

指交易雙方約定在一定期間內，做一系列現金流量 (Cash Flow) 的交換，可說是一連串的遠期契約。在訂約時，雙方的淨現值 (Net Present Value, NPV) 均為零。但若匯率、利率、商品價格或債務人信用發生變動，契約的雙方將會產生正或負的淨現值，也就是一方賺、他方虧。交換契約的類別可分為：

1.利率交換

通常為同一貨幣對不同方式支付利息的交換，本金不交換。可為固定利率與浮動利率的交換，稱為息票交換，其收取固定利率、支付浮動利率者，為交換的買方，對方則為賣方。雙方都為浮動利率，但利率指標不同，如 LIBOR 與 Prime Rate 間之交換，稱為基本交換。

2.通貨交換

係由大小相等、方向相反的一個即期外匯交易與一個遠期外匯交易做成。全程的通貨交換，包括利率交換在內，稱為交叉通貨利率交換，即換匯也換利。此種交換含有 3 個階段，包括期初雙方互換貨幣，期中互換利息，及期末換回原來的貨幣，所以相當於一個雙方相互借貸不同貨幣的交易。以美元與英鎊的交易為例，期初一方借入美元貸出英鎊，期中支出美元利息，收入英鎊利息，期末則收回英鎊付出美元，他方則相反。

3.商品交換

指特定商品固定價格與市場（浮動）價格的交換。例如，某一石油生產者為了謀取穩定收入或排除油價下跌影響營運之風險，願以每桶石油 60 美元的價格賣出；另一方面，某一石油消費者擔心油價上漲影響成本，願以每桶 60 美元的價格買進石油，此時雙方可作定期的石油交換，等於簽訂了 1 個一連串固定價格買賣的遠期契約。

4.權益交換

指一方支付固定利率或金額，他方按某一股價指數或總報酬支付。例如，某銀行 Swap 報價為 LIBOR Flat，每半年付款 1 次，S&P500 總報酬為 5%，名目本金為 1 億元。如首期 LIBOR 利率為 8%，則 S&P 總報酬為 \$100,000,000 × 5% = \$5,000,000，LIBOR 付款為 \$100,000,000 × 180/360 × 8% = \$4,000,000，所以銀行對投資人應支付 1,000,000 元。

經常作為 Swap 交易的股價指數，美國為 S&P500，日本為 Nikkei225，德國為 DAX，法國為 CAC，英國為 FTSE，香港為恆生指數。可作為地區或世界股價指數者，如亞洲 EAFE、歐洲 EAPE、Morgan World Bond、Solomon World Bond 等。

(五)選擇權

可分為買權與賣權，買入選擇權者，要支付權利金，如買入買權，其標的物價格上漲時，買方可獲利；如買入賣權，在標的物價格下跌時，買方可獲利。如果無利可圖，買方可放棄行使權利，損失以權利金為限。如果買方行使買權時，賣方有義務以行使價格賣出標的物；如果買方行使賣權時，賣方有義務以行使價格買入標的物。賣方賺取的權利金有限，但風險無限。因為權利金佔商品價格的比例不高，特別是深度價外選擇權槓桿倍數很高。在價格劇烈變動時，買方可獲若干倍的利潤。

上限與下限為選擇權，在選擇權有效期間內可多次適用。如利率上限 (Caption)，通常為浮動利率借款人，為避免利率大幅上揚，而與貸款銀行所做的避險措施。在利率上升超過上限時，其超過部分由貸款銀行負擔。利率下限

(Floortion) 通常為浮動利率投資人（或存款人），為獲得最低收入的保障，可買入利率下限，在利率低於下限時，其差額部分由賣方負擔。

利率上下限 (Collar) 為上限加下限的選擇權，在外匯市場上稱 Range Forward 或 Forward Bond。浮動利率借款人為規避利率大幅上揚的風險而買入利率上限，但為降低成本而賣出一個下限，即構成一個 Collar。利率變動在上下限之間時為浮動利率；超過上限或低於下限時成為固定利率。如果買入上限與賣出下限的權利金相等，稱為零成本上下限 (Zero Cost Collar)。

至 1990 年代，新生代選擇權出現，其中的門檻選擇權 (Barrier Option) 或敲進選擇權 (Trigger Option) 在結構型證券市場最為常見。其因指標利率、指數或商品價格碰到或跨越特定門檻時，其原生效之契約失去效力者，稱為觸及失效選擇權 (Knock-Out Option)；其尚未生效的選擇權契約開始生效者，稱為觸及生效選擇權 (Knock-In Option)。

㈥交換選擇權

交換選擇權 (Swaption) 為選擇權與金融交換的結合，指買方於支付權利金後，有權選擇一個交換契約。依固定利率為準，買方有權在一未來日期或其以前，選擇收進固定利率、付出浮動利率者，稱為收方交換選擇權；其可支付固定利率、收進浮動利率者，稱為付方交換選擇權。

㈦信用違約交換

1.意 義

信用違約交換 (Credit Default Swap) 指在資產保留前提下，以發行債券或債務人的信用風險作為買賣交易的標的。交易買方定期支付費用，信用風險移轉給承擔風險的投資人。信用違約交換與以往的金融交換不同，在實體資產移轉時，債務人的信用風險也一併移轉。信用違約交換則是債務人的信用風險脫離實體資產而單獨移轉。

信用違約風險 (Credit Default Risk) 指因債務人（包括政府及民間企業）破產、未能付款或債務重整等信用事件 (Default Event) 發生的風險。信用違約交換即是將此項風險由信用保障買方 (Protection Buyer)，移轉給信用保障賣方

(Protection Seller)。買方定期對賣方支付約定報酬，相當於選擇權交易的權利金 (Premium)，通常以 LIBOR 加碼表示；賣方則在信用事件發生時，承擔債務人的違約損失 (Contingent Payment)。雙方關係如圖 9-1：

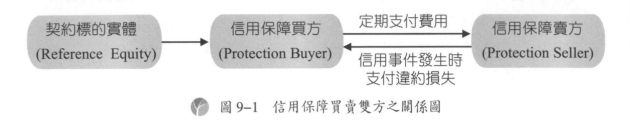

圖 9-1　信用保障買賣雙方之關係圖

契約標的實體 (Reference Equity) 亦稱契約標的債務 (Default Obligation)，本身不是實體資產，而是信用違約支付所連結或參考的資產。

2.類　別

信用違約交換連結的標的實體可以是單一實體，如發行公司債的公司；也可以是多個實體，如多個發行公司債的公司；也可以包括不同類資產的債務人。多個債務人的信用違約交換契約，稱為一籃子信用違約交換 (Basket Default Swap, BDS)。一籃子信用違約交換信用事件之發生有不同的狀況，其中以 Kth-to-Default 最為重要，其意思是指籃中 N 個標的實體中，第一個標的實體發生違約事件，稱為一籃子首個違約交換 (First-to-Default, FTD Swap)。由於一籃子信用違約交換中的標的實體有多個，其違約發生機率比單一個體者高，所以定期支付的費用也高；而且實體個數愈多，定期支付費用愈高。

$ 二、變化多端之操作方式　》》》》

㈠固定利率與浮動利率之操作

浮動利率有多個指標：

1. LIBOR：為最重要的浮動利率參考指標，適用於歐洲美元市場，亦為國際間交易最常採用者。在幣別方面，除美元外尚有歐元、日圓及瑞士法郎等。期別主要為 1、3、6 及 12 個月。國際浮動利率報價大多採 LIBOR 加碼或減碼若干點表示。此外,倫敦銀行間借款利率 (London Interbank Bid Rate, LIBID) 及倫敦銀行間借貸平均利率 (London Interbank Median Average Rate, LIMEN) 均不常用。

2.基本利率: 為美日等國銀行對工商業貸款所採用的利率指標,適用於最優良客戶,其他客戶則要加碼。

3.聯邦資金利率: 為美國銀行間市場借貸聯邦資金的利率,通常為隔夜資金, 為貨幣市場最敏感的利率。

4.銀行承兌匯票利率 (Banker's Acceptance Rate, B/A Rate): 為 30 天至 180 天銀行承兌匯票的利率。

5.國庫債券平均收益率 (Constant Maturity Treasury, CMT): 為美國聯準會編製的國庫債券平均收益率,為浮動利率債券息票利率最常使用的利率指標,其滿期可分為 1、2、3、5、10 及 30 年期。

6.國庫券利率: 為中央銀行發行短期票券借款的利率,可分 1、3、6 及 12 個月票券利率。

7.商業本票利率: 為大企業發行商業本票的次級市場利率,可分為 30、60、90 及 180 天。

8.資金成本指標 (Cost of Fund Index, COFI): 為美國房貸銀行放款資金平均成本。很多結構型證券是依據美國聯準會編製的第 12 區(舊金山)資金成本 (Twelfth District Cost of Funds)。

1960 年以前,國際間通行的是固定利率與低利率。但至 1970 年代後,通行的是浮動利率與大幅波動的利率。浮動利率是結構型證券最重要的一個積木。幾乎所有的操作,都含有浮動利率或變動的商品價格。最簡單的操作是預期利率會上升,投資 1 個浮動利率債券,以謀取利率上升的好處。但如市場發生變動,利率趨於下降,投資人可與銀行做 2 個收進固定利率支付浮動利率的交換,這樣正反操作的結果, 投資人投資的是固定利率債券。

㈡正向與反向之操作

正向 (Normal) 操作利率上升時有利,反向 (Reverse/Inverse) 操作利率下降時有利。參見下例,其中 AB 均為常數:

正向操作: Floating Rate – A

反向操作：B – Floating Rate

　　茲以遠東紡織公司發行的第 62 期公司債為例說明之。發行當時背景：長期固定利率為 7.5% p.a.，短期浮動利率為 6.9% p.a.；市場對利率走勢，多空看法兩極。該公司委託大華證券公司同時發行多空 2 種證券 (Bull-Bear Structured Note) 各新臺幣 1 億元，甲券為多頭證券，票息為 7.5% +（指標利率 – 6.9%）；乙券為空頭證券，票息為 7.5% +（6.9% – 指標利率）。多頭投資人可購買甲券，空頭投資人可購買乙券；偏愛固定利率者，可等量購買甲乙兩券，其投資利率為：[7.5% +（指標利率 – 6.9%）+ 7.5% +（6.9% – 指標利率）] / 2 = 7.5%。對遠東公司而言，不論利率如何變動，其借款成本為 7.5%。

㈢槓桿與反槓桿之操作

　　槓桿操作指指標利率變動 1 個基本點時，其影響的損益變動為 2 個或 3 個以上基本點的變動，亦即槓桿為 2 或 3 以上倍數；反槓桿操作則指指標利率變動 1 個基本點時，其影響損益的變動為 1/2 或 1/3。如下：

　　槓桿操作：$2 \times$ Floating Rate – A, $3 \times$ Floating Rate – $2 \times$ A …

　　反向槓桿操作：$2 \times$ A – Floating Rate, $3 \times$ A – $2 \times$ Floating Rate …

　　反槓桿操作：$0.5 \times$ Floating Rate – A

　　反向反槓桿操作：A – $0.5 \times$ Floating Rate

㈣利用混合、配合與連結之操作

　　各種積木可以做變化多端的操作，也可以相互混合 (Mix)、配合 (Match) 或與各種衍生金融商品連結 (Link)。例如，一個擁有美國權益組合投資的英國經理人，每逢買入 IBM 股票，他就暴露於 3 個風險下：美國權益證券市場的變化、IBM 股票及美元匯率之變化。這位英國經理人可利用衍生金融商品消除各個風險，如果他對近期美元匯率及整體美國權益證券市場都不看好，但對 IBM 股票較有信心時，他可以外幣期貨市場對美元之匯率避險，並賣出美國股票指數期貨消除美國證券市場風險，而只保留 IBM 價格的部位。此外，他也可以與銀行做量子權益交換 (Quanto Equity Swap)，對銀行支付 LIBOR 加碼，收進 IBM 股票價格與本國貨幣的績效，這是將很多積木混合在一起的交易。

第三節 結構型證券市場之發展

一、第一代結構型證券

通常是一個浮動利率證券在息票利率上加上一點變化，如：

1. 以指標利率加碼或減碼：例如息票利率為 LIBOR ＋ 0.25%，或 Prime Rate － 2.00%。

2. 正向操作：例如息票利率為 LIBOR － 0.25%。

3. 槓桿操作：例如息票利率為 2 × 1 個月 LIBOR － 5.5%，首期息票利率為 5.5%，LIBOR 每變動 1 個 bp，息票利率變動為 2 個 bp。

4. 反向槓桿操作：例如 16.5% － 2 × LIBOR，首期息票利率為 5.5%，其後 LIBOR 每增減 1 個 bp，息票利率減或增 2 個 bp。

5. 反槓桿操作：例如 0.5 × 1 個月 LIBOR ＋ 2.75%，首期息票利率為 5.5%，其後 LIBOR 每增減 1 個 bp，息票利率增減 1/2 個 bp。

6. 反向反槓桿操作：例如 8.25% － 1/2 LIBOR，首期息票利率為 5.5%，其後 LIBOR 每增減 1 個 bp，息票利率減或增 1/2 個 bp。

7. 浮動利率加上下限操作：

例一

1. 息票利率為 LIBOR ＋ 0.625%，下限為 4.25%，可寫作 Min [LIBOR ＋ 0.625%, 4.25%]。

2. 息票利率為 1 個月 LIBOR ＋ 0.07%，18.82% － 1 個月 LIBOR × 4，兩者以低者為準，可寫作 Min [(LIM ＋ 0.07%), (18.82% － 4 × LIM)]，其中 LIM 為 1 個月 LIBOR。本案為反向高槓桿操作的 9 個月商業本票，為期雖短，但風險很高。在 1 個月 LIBOR 為 2%，息票利率為 2.07%；在 LIBOR 上升至 3.755% 時，息票利率達到高峰 3.8%；自此時起，LIBOR 上升，息票利率快速減少，在 LIBOR 達到 4.705% 時，息票利率降為零。

3. 息票利率為 6 個月 LIBOR － 0.25%，上限為 8.25%，下限為 5.00%，這是信評

最高級的世界銀行 (World Bank) 發行 10 年期債券的息票利率，等於投資人自世銀買入一個上限，並賣出一個下限，兩者權利金抵消，為零成本的附上下限的浮動利率債券 (Zero Cost Collared Floater)。

8.每年浮動基礎不同的反向浮動利率證券。例如息票利率為首半年 10% – 6 個月 LIBOR，其後 3 年分別為（11% – 6 個月 LIBOR）、（12% – 6 個月 LIBOR）及（13% – 6 個月 LIBOR），息票利率下限為零。本案雖為反向浮動，但每年浮動基礎提高 1%，對投資人相當有利。

9.如果槓桿倍數為 2 倍或 3 倍以上，可視為超級浮動利率證券 (Super-Floater)。例如息票利率為 3 個月 LIBOR × 2 – 7.00%，首期息票利率為 2.65%。顯示發行時 3 個月 LIBOR 利率為 4.825%，因為是二倍槓桿，LIBOR 每增減 1 個 bp，息票利率減增 2 個 bp。當 LIBOR 降至 3.5% 後，投資人的收益為零。

$ 二、第二代結構型證券 ▶▶▶▶

第二代結構型證券有以下特點:

㈠指標滿期日與重訂週期不相配

例如息票利率為 5 年期 CMT – 1.90%，則每季重訂並結算。

又如息票利率為 0.5 × 10 年期 CMT + 1.5%，下限為 4.5%，即 Min [0.5 × CMT + 1.5%, 4.50%]，每季重訂並付款，本案為反槓桿操作，係對保守型投資人發行。

㈡指標為複數

息票利率係基於 2 個指標之和或 2 個指標之差。

例如息票利率首年為 5%，第 2、3 年為 10 年期 CMT – 3 個月 LIBOR + 1.6%，每季重訂並付款，本案 CMT 為長期利率，比 LIBOR 高。但 LIBOR 波動性高，本案風險是 2 個指標利率差距的變化，短期利率上升時對投資人不利，短期利率下降時對投資人有利。

又如息票利率為 4.6875% +（6 個月 LIBOR － 6 個月美元 LIBOR），下限
為 0.00%，以美元付息，稱為 LIBOR Differential (Quanto) Note。本案債券發行
是在兩德統一後、歐元尚未實施前，德國利率高於美國，投資人可獲得德國高
利率的好處，且不需負擔馬克的匯率風險。

㈢息票利率有下限之限制

但每期重訂時上增幅度也有限制，稱為 One-Way Collared Note，或
Ratchet/Sticky Floater。

例如息票利率為 LIBOR + 0.655%，上限為前期息票利率 + 0.25%，下限為
前期息票利率，首期息票利率為 4.655%。

㈣對可收回債券之特別規定

可收回債券如未被收回時，則支付較低利率。

例如息票利率在前 9 個月內（閉鎖期）為 LIBOR + 1.4%，其後如未被收
回，息票利率為 1.00%，收回之條件是在閉鎖期過後，3 個月 LIBOR 等於或低
於 5.00%。

㈤美國市場利用非本地利率指標

在美國市場利用非本地利率指標 (Non-Native Interest Rate Index)，但仍以
美元計值。投資可謀取外國利率變動的好處，但不需負擔匯率風險。

例如息票利率為 9.11% － 6 個月英鎊 LIBOR，付款為美元。

㈥強力反向操作債券 (Power Note)

例如息票利率為 $25.00\% - (3 \text{ 個月 LIBOR})^2$，最低 0.00%，發行時 LIBOR
為 3.75%，首期息票利率為 10.94%，對投資人有利，惟如利率上升，投資人收
益會快速下降。當 LIBOR 升至 5.00% 時，息票利率降為零，如果利率平方改
為立方，其槓桿效果更大。對反向高槓桿操作投資風險很大，投資人應謹慎從
事。

$ 三、第三代結構型證券

第三代結構型證券為跨類連結證券 (Cross-Category Note)。跨類連結使結構型證券發行的空間擴大,特別是在金融市場一片繁榮的環境下,各國金融機構紛紛發行連動債,迎合投資人需要。

㈠通貨指數證券

通貨指數證券 (Currency Index Note) 指投資人可經由結構型證券參與外匯市場交易,謀取匯率變動的利益。通貨指數證券可分為 2 類:

1. 由通貨指標決定本金償還金額的證券 (Principal Currency Indexed Note),亦稱 PERLN (Principal Exchange Rate Lined Note)。

 例二

息票利率為零,以英鎊支付。如果 1 英鎊兌美元匯率,本年內大於 1.9233 時,屆期贖回本金為 108%,否則按下列公式計算: 100% × [1 + 1.5 × (滿期時匯率 − 1.6925) / 滿期時匯率],還本上限為 17.9934%,下限為 90%。本案沒有利息也不保本。當美元匯率降至 1.58 時,還本為下限 90%;當美元匯率上升未達到 1.9233,還本金額可達上限 17.9934%;升達 1.9233 後,還本金額只有 108%。

2. 由通貨指標決定利息金額的證券 (Coupon Currency Indexed Note)。

例如息票利率為 11.6% − 3 個月加元銀行承兌匯票利率,滿期時償還本金 100% 發行時加元 B/A Rate 為 5.8%,息票利率為 5.8%,利率下降時對投資人有利;利率上升則不利,上升至 11.6% 時,投資人收益為零。本案債券稱為 Inverse C$ BA Note。

㈡商品連結證券

商品連結證券 (Commodity-Linked Note) 之投資人旨在取得或規避單一商品價格或一籃商品指數的風險。可作為結構證券連結的商品,計有黃金、白銀、其他貴金屬、石油、天然氣及農產品,其中以黃金、石油及天然氣最為重要。黃金係以 100 金盎斯 (Troy oz) 為買賣單位,一般認為物價與金價為正相關,買進黃金可用以對抗通貨膨脹。

此外，商品綜合指數 (Composite Index) 也是結構型證券連結的標的，如 KR-CRB Index，係 Knight-Ridder Commodity Research Bureau 編製的 21 種商品的物價綜合指數。其他如高盛 (Golden Sachs) 所編的 GSC1、美林 (Merrill Lynch) 所編能源與金屬指數 (ENMET)、信孚銀行 (Bankers Trust) 所編 BSC1，以及摩根 (JP Morgan) 所編 JPMC1，也都是重要的指標。

 例三

息票利率為零，屆期時還本金額為：100% + 10%(Goldpx – $350) / $10，Goldpx 為滿期時每 100 金盎斯黃金價格，上限為 120%，下限為 60%。發行時金價為 350 美元。依計算公式，當金價上升至 390 美元時，還本金額可達上限 120%；當金價下跌至 310 美元時，還本金額會降至下限 60%。

㈢權益連結證券

權益連結證券 (Equity-Linked Note, ELN) 指與個股股價、一籃股票股價或股價指數連結的證券，投資人旨在謀取股價上漲的利益。重要的股價指數為美國的 S&P500，日本的 Nikkei225、英國的 PTSE100、香港的恆生指數、德國的 DAX 及法國的 CAC。

1.以股價指數為連結標的

 例四

息票利率為零，以美元付款，屆期贖回金額為：屆期贖回金額 = 100% + 1.2 × （滿期時 S&P500 指數 – 現在 S&P500 指數）

　　　　　　現在 S&P500 指數

式中 [（滿期時指數 – 現在指數)/現在指數]，代表上漲或下跌的比例，以 X 表示，如 100% + 1.2 X=80%，X = –16.67%，表示指數下跌 16.67% 後，還本金額只有 80%。如 100% + 1.2X = 120%，X = 16.67%，表示指數上漲 16.67% 時，還本金額為 120%。本案最低贖回金額為 80%；最高贖回金額為 120%。

2. 以一籃科技股票價格為標的之結構型證券

舉例如下:

(1)連結標的為谷歌 (Google)、任天堂 (Nintendo) 及蘋果 (Apple) 分別在 NASDAQ 及大阪交易所上市的三大個股的股票選擇權,S&P 標的的債券評等為 2A 級。

(2)期初評價日為 2007 年 11 月 20 日起為期 4 日,其後每 3 個月重評 1 次,為期 4 日。

(3)本債券不保本: (a)若未發生下限觸及事件,滿期日還款金額:單位面額 × 110%; (b)若發生下限觸及事件,單位面額 × 期末評價期間最差連結標的之表現。

(4)下限觸及價格 (Knock-In Strike Price) 為期初價格之 50%。下觸事件指每一評價期間若最差連結標的之 4 日平均收益價小於期初價格之 50%,即視為發生下限觸及事件。

(5)第四次評價期間 2008 年 11 月 20、21、25 及 26 日,其平均收益價格如下:

◆ 表 9–1 三大標的個股之表現

公司名	期初價格	期貨價格之 50%	平均收益價	與期初價格比較
谷 歌	662.1575 美元	331.0875 美元	274.0325 美元	−58.62%
任天堂	61,300,000 日圓	30,650,000 日圓	27,837,500 日圓	−54.59%
蘋 果	171.625 美元	85.58125 美元	87.275 美元	−49.04%

由於發生金融危機的影響,股票價格均大幅下落,其中尤以谷歌最為嚴重,2008 年 11 月 4 日平均價格已跌至期初價格之 41.38%,已跨過下限觸及價格 (50%)。已發生下限觸及事件,投資人只能收回投資本金之 41.38%。

(四)債券指數連結之結構型證券

債券指數連結之結構型證券 (Bond Index Note),為 2007 年某銀行發行與債券指數連動 CMS 目標累息的證券。其發行機構及標的債券的 S&P 債信評等為 AA−，Moody's 債信評等為 Aa3。以下為該證券之內容。

1.償還本金：證券於發行提前出場 (Early Redemption) 或到期時，償還 100% 美元原始投資本金。

2.配息方式：每半年配息，配息比價連結標的為 CMS30 − CMS10。CMS30 及 CMS10，分別為 30 年期及 10 年期美國國際交易及衍生商品協會交換利率報價 (USD ISDA Swap Rate)。

3.配息率計算方式如下（參見表 9–2）：

表 9–2 配息條件表

	配息條件	配息率（年息，30 / 360）
第 1 年	CMS30 − CMS10 ≥ 0.00%	$12.25\% \times n/N$
第 2 至 15 年	最大值 [0.00%, 14.6 × (CMS30 − CMS10)]	

(1) n 代表每半年配息區間中，配息比價連結標的皆符合配息條件的日曆天數，N 為該配息區間之總日曆天數。表 9–2 括號中的「年息，30 / 360」表示本結構型證券採年息計算，1 個月與 1 年分別以 30 天與 360 天計。

(2) 第 1 年的配息條件為 CMS30 − CMS10 大於或等於 0.00%，只要符合本條件的天數便予以配息，配息率以 12.25% 計算。第 2 至 15 年的配息條件為 14.6 × (CMS30 − CMS10) 的數值大於或等於 0.00%，符合此條件之天數，適用 14.6 × (CMS30 − CMS10) 的配息率。所有未符合配息條件之天數，當日配息率為 0.00%。

(3) 總配息上限為原始投資本金的 13.25%，當債券累積配息達此數額時，發行機構將自動使投資人提前出場，並返還 100% 美元原始投資本金。

㈤不動產投資信託連動債

不動產投資信託連動債 (Real Estate Investment Trusts, REITs) 係一種不動產證券化 (Securitization) 後的金融商品，指向不特定人募集發行，或向特定人私募交付不動產投資信託受益證券，以投資不動產、不動產相關權利、不動產相關有價證券及其他經主管機關核准的投資標的。

過去投資人若想要投資不動產，只能直接購買或投資不動產相關類股，

REITs 發展出來以後，投資人多了一種新的選擇。此外，REITs 將價值高昂的不動產分成價格較為低廉的證券，讓小額投資人也可以參與投資。

以下為某銀行發行之 REITs 的內容；

1. 發行機構及標的債券的信用評等，均為優良投資級。

2. 連結標的為 Link REITs 等 7 家亞洲不動產投資信託的股票選擇權。

3. 配息：固定配息 12.5%，配息上限 12.6%，累積配息達配息上限時，提前出場，投資人可收回 100% 投資本金。

4. 下限觸及事件：若任一股的收盤價任一日低於下限價格，視為下限觸及事件成立。

5. 到期返還金額：若未發生下限觸及事件，到期日返還 100% 投資金額；若曾發生下限觸及事件，則到期日返還金額為 Sulm/Som，其中 Sulm 為期末評價日表現最差個股之收盤價，Som 為期末評價日表現最差個股之期初價格。

㈥資產連結證券

資產連結證券 (Asset-Linked Note) 可分為 3 類：

1. 商業抵押貸款擔保證券 (Commercial Mortgage-Backed Security, CMBS)

興建辦公大樓、購物中心及觀光旅館等大規模建築，需大量資金融通，通常係以土地及建築物等不動產為抵押擔保融資，稱為商業抵押貸款 (Commercial Mortgage)。1990 年代採取證券化有 2 個方式：

　(1)擁有不動產的機構，以不動產及其收益為擔保發行不動產抵押擔保證券 (Real Estate-Backed Securities Mortgage)。

　(2)利用不動產投資信託或不動產資產信託 (Real Estate Asset Trusts, REATs) 成立基金，發行收益憑證對投資人出售。

2. 住宅房貸擔保證券 (Residential Mortgage-Backed Security, RMBS)

美國為發展住宅房貸次級市場，先後設立了 12 個房貸銀行及 3 個房貸機構，即房利美 (Finnie Mae)、房地美 (Freddie Mac) 及吉利美 (Ginnie Mae)，吉利美於 1968 年創造過手證券 (Pass-Through Security)，將多個金額不大、條件相近的住宅房貸匯集起來，發行住宅房貸擔保證券，所有投資人共同負擔提前還款風險；房地美於 1983 年發行抵押擔保憑證 (Collateralized Mortgage Obligation, CMO)，將過手證券分成幾大類 (Tranche)，即依房貸借款人提前還款及違約的風險分成不同等級，由不同的投資人承擔。

3.資產擔保證券 (Asset-Backed Securities, ABS)

指以汽車貸款、信用卡應收帳款、學生貸款，以及電腦及機器設備租金等為擔保發行的證券。

㈦信用連結證券

信用連結證券 (Credit-Linked Security) 有很多種，最重要的為擔保債務憑證 (Collateralized Debt Obligation, CDO)，茲就 CDO 的發展簡介如下。

1. CDO 係由 CMO 演進而來。CMO 係政府贊助機構 (GSE) 創造並發展成功的房貸擔保證券 (MBS)，其結構如下：

🌱 圖 9-2　CMO 結構圖

自 1990 年代，投資銀行積極參與房貸次級市場，投資銀行創造了 CDO，擴大了抵押擔保資產的範圍，頗受市場歡迎，也壯大了次級房貸市場。其結構圖如下：

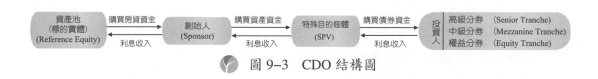

🌱 圖 9-3　CDO 結構圖

CDO 與 CMO 不同：

⑴房貸池擴大為資產池，即標的實體 (Reference Equity)，包括住宅房貸、商業房貸、應收帳款及公司債等。

(2)總計整體交易者稱為創始人 (Sponsor)，他不直接發行債券，排除債券的信用風險，增加一個重要關係人，稱為特殊目的個體或機構 (Special Purpose Vehicle, SPV)，由其發行債券，它通常是登記在海外的機構。

(3) SPV 發行的債券分為 3 類，分別為高級分券 (Senior Tranche)、中級分券 (Mezzanine Tranche) 及權益分券 (Equity Tranche)。高級分券通常可獲得 2 A 以上優級信用評等，中級分券通常可獲得 3 B 以上投資級信用評等；權益分券屬於次順位證券 (Subordinated Debenture)，在債務人違約時，首先由它來承擔風險，所以又稱為 First Loss Tranche。發行人保留持有，但因利息較高，也是很有吸引力的投資工具。

2. 至 1970 年代後期，信用違約交換興起後，投資銀行將 CDO 與 CDS 結合，做成合成 CDO (Synthetic CDO)，亦稱現金 CDO (Cash CDO)，以別於傳統的 CDO，其關係圖如下：

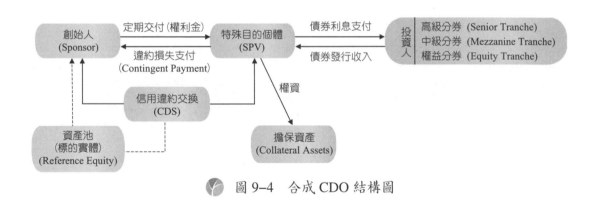

圖 9–4　合成 CDO 結構圖

(1)上項安排中，創始人與 SPV 間之關係為信用違約交換，創始人為信用保障買方，對 SPV 定期支付費用（相當權利金），換取在標的實體發生違約時，由 SPV 賠償違約損失；SPV 為信用保障賣方承擔債務人違約的風險。債務人稱契約標的債務 (Reference Portfolio/Obligation)，其違約時，稱債務事件 (Reference Event) 發生。

(2)創始人若擁有標的實體的資產池，則信用違約交換是避險交易；創使人也可擁有無標的實體的資產池，則信用違約交換是投機交易，創使人只要找一個虛擬的標的實體，憑以計算標的實體價值的變動產生違約損失即可。

(3)若創始人沒有標的實體時也可做成合成 CDO，因此合成 CDO 可以無限創造。2000 年代因為金融市場資金充沛，有大量投資需求，創始人因而製造太多合成 CDO，市場泛濫，使得 2008 年金融危機發生後造成金融市場重大災難。

(4)因為發行債券的金額，不必與標的實體的金額相同，所以 100 元標的實體的違約風險，可以發行由 50 元的債券承擔，發揮二倍槓桿的功效。投資人可以小搏大，創始人增加手續費收入。

(5)為確保交易安全性，SPV 發行債券的現金收入用以投資擔保資產 (Collateral Asset)，由金融機構保管。擔保資產的收益，加 CDS 契約下定期收入（權利金），SPV 用以支付債券投資人的利息。

　3. CDO 平方 (CDO Squarred, CDO²)：為 CDO 的 CDO，指資產池係由 CDO 構成。由於結構複雜，風險評估困難，不是良好的投資標的。但由於報酬較高，頗受投資人歡迎，也因此在 2008 年金融危機中，使投資人損失慘重。

㈧臺灣證券商發行之保本型結構型證券❶

　臺灣某一證券商於 2008 年 1 月 25 日發行之臺灣起飛保本型結構商品，其契約主要內容：

　1.投資期間 1 年，於 2009 年 1 月 24 日滿期。閉鎖期為 3 個月。

　2.投資幣別為新臺幣，最低金額為新臺幣 10 萬元，增減金額以新臺幣 10 萬元為單位。

　3.保本率為 80%，損失以本金之 20% 為限（依規定保本率低於 80% 者，不稱為保本型商品）。

　4.參與率為 175%，指投資人參與標的資產獲利的比率。

　5.發行價格為 100%，即以平價發行。連結標的為 3 家國內大企業統一、長榮航空及國泰金控股價。

　6.股價報酬率：（標的股票到期收盤價 ÷ 標的股票期初收盤價）−1。

　7.到期收益：名目本金 × Max {（100%+175% × 最弱勢股票到期報酬率），80%}，參與率乘最弱勢股票到期報酬率，為投資人可領回報酬率，茲對到期時投資之可能結果分析如次：

---

❶　《證券市場理論與實務》，邱靖博等著，證券暨期貨市場發展基金會，p. 332。

⑴最弱勢股票到期收盤價等於期初收盤價時，股價報酬率零，到期收益為投資本金 100%。

⑵最弱勢股票到期收盤價高於期初收盤價時，投資人到期收益按參與率 175% 比例增加。如最弱勢股票報酬率為 30%，投資人可得報酬率為 175%×30%=52.5%。亦即投資 10 萬元，可獲得 152,500 元。

⑶最弱勢股票之到期股價低於期初股價 11.43% 以上時，投資人只能獲得投資本金之 80%。

$ 四、盛極而衰之市場

㈠市場高峰

　　結構型證券市場發展至 2007 年達到高峰，據估計發行金額已達 50 兆美元，促使結構型證券市場過度發展的原因如下：

　　1.美國國內自由化氣氛濃厚，幾度修訂法令放寬對金融市場的限制。如 1982 年通過房貸公平交易平等法 (Alternative Mortgage Transaction Parity Act)，放寬金融機構對房貸還本付息及可調整利率等條件；1984 年實施次級房貸市場增強法 (Secondary Mortgage Market Enhancement)，規定銀行可投資 2A 房貸證券；1999 年實施金融服務法 (Financial Services Act)，又稱 Gramm-Leach-Billey Act)，廢除商業銀行兼營證券業務的限制，促使銀行業積極擴張業務而忽略營運風險；而在自由化氣氛下，政府又疏於管理。

　　2.為了拯救因網路股市泡沫帶來的經濟衰退，美國聯準會，自 2001 年 2 月起降息，並實施貨幣寬鬆政策，至 2003 年 7 月，連降 13 次，聯邦資金利率由 6.5% 降至歷史最低水準 1%。房貸業者大施招攬貸款業務，對於沒有還款能力的借款人，沒有收入、沒有工作、沒有資產者 (no income, no job, no asset, NINJNA)，給予期初低利率及延遲還本的優惠條件。其後，大量發行高利率次級貸款的擔保證券，投資銀行更將高風險的次級房貸，包裝成高品質高收益的擔保債務憑證 (CDO)，並利用信用違約交換 (CDS)，銷售給投資人。

　　3.適逢國際資金充裕，投資人到處尋求投資機會，對於包裝後取得投資評等等級的證券，不瞭解風險狀況也進行投資。由於國際金融市場一片景氣，股市、房市持續上漲，金融機構紛紛發行與股價連結的結構型證券行銷各國。由於結構型證券大多結構複雜，信評機構疏於評估，給予偏高之信用評級。甚至著名的避險基金為了追求高報酬，也無視風險的存在。

(二)市場崩潰

至 2004 年，國際油價及農產品價格陸續高漲，美國聯準會為對抗通貨膨脹，自 7 月起開始調升利率；至 2006 年 7 月，連續調升 14 次，將聯邦資金利率由 1% 調高至 5.25%，次級房貸借款人違約率開始上升。房貸機構開始倒閉，至 2007 年 8 月，大型金融機構倒閉，次級房貸危機暴發，投資人逃離房貸市場，房貸市場流動性緊縮。至 2007 年 12 月，房價及股價大幅下滑，CDO 及 CDS 變成金融機構的有毒資產。2008 年 9 月 15 日，大型投資銀行雷曼兄弟 (Lehman Brothers) 申請破產，金融機構發行的結構型證券出現要求贖回浪潮，結構型證券價格直直落，結構型證券市場跌入谷底。

(三)榮景不再

結構型證券投資人在這次金融風暴中，損失慘重。其中尤以投資於雷曼兄弟發行的結構型證券者，欲售無門。至 2010 年金融市場已逐漸恢復平靜，但結構型證券市場已不可能恢復舊日盛況。原因為：

1.依照 2008 年美國房貸法案，美國將對房貸仲介者及創始人實施認證制度，美國金融市場將不會再創造那麼多次級房貸。

2.美國將加強對信評機構之管理，美國證管會 (SEC) 將促進信用評等過程更加透明化，提高可信度。

3.結構型證券之投資人可分為專業投資人與非專業投資人，專業投資人會更謹慎從事投資之選擇。對非專業投資人銷售的結構型證券，各國的金融管理機構將會加強管制，以保護消費者。

依照我國規定，專業投資人包括銀行、保險公司及證券商，以及具一定規模之法人、基金等，其符合下列條件者，得直接向銀行、保險或證券商購買連動債：(1)能提供新臺幣 3,000 萬元以上的財力證明，或單筆投資超過新臺幣 300 萬元的等值外幣；其在銀行存款及投資往來總資產超過新臺幣 1,500 萬元；(2)投資人要具備充分的金融商品專業知識或交易經驗。

非專業投資人可購買的連動債，須先經信用評等機構評等，再交由金融總會商品審查小組審查後，銀行才能買賣。

本章習題

一、選擇題

(　　) 1. 下列何者不是早期結構型證券的發行人： (A) Finnie Mae　(B) Freddie Mac　(C) Federal Home Loan Banks　(D) Investing Banks

(　　) 2. 投資銀行在結構債市場所擔負的角色，不包括下列那一項： (A)發行人　(B)建立標售利率證券市場　(C)創造了頗受投資人歡迎的 CDO 及 CDS 證券　(D)設立共同基金

(　　) 3. 下列何者不是做成普通結構型證券的積木： (A) FRN　(B) CDO　(C) Option　(D) Swap

(　　) 4. 結構型證券使用變化多端的操作方式，不包括下列何者： (A) Fixed vs. Floating　(B) Normal vs. Reverse　(C) Leverage vs. Deleverage　(D)以上都包括在內

(　　) 5. 下列何者是很特別的結構型證券： (A) Equity-Linked Note　(B) Bond Index Note　(C) Residential Mortgage-Backed Note　(D) CDO

(　　) 6. 結構型證券可對下列何者有避險的功能： (A)匯率及利率　(B)商品價格　(C)信用違約事件　(D)以上皆是

二、名詞解釋

1. Government Sponsored Enterprise, GSE
2. Mortgage-Backed Security, MBS
3. Investment Bank
4. Leverage
5. Building Block
6. Knock-Out Options, Knock-In Option
7. Basket Default Swap, BDS
8. Kth-to-Default, First-to-Default, FTD Swap
9. Cross-Category Note
10. Residential Mortgage-Backed Securities, RMBS
11. Credit-Linked Security
12. Synthetic CDO

三、問答題

1. 說明結構型證券的意義、類別及其功能。
2. 做成結構型證券之積木有那些？

3. 說明結構型證券變化多端的原因。

4. 在 2008 年金融危機中，結構型證券扮演什麼角色？

5. 說明結構型證券市場的前景。

四、計算題

某銀行推出美元定存與歐元匯率連結的雙元組合商品。其商品條件為：

⑴美元定存金額 100,000 美元，為期 1 個月 (30/360)，利率 5% p.a.。

⑵美元為計價貨幣，歐元為連結貨幣：目前匯率為 EUR1=USD1.2700。

⑶總收益率為 10%。

⑷本金轉換美元的轉換匯率為 EUR1=USD1.2500。

請解答下列問題：

⑴歐元匯率在下跌至 1.25 美元以前，投資人的報酬。

⑵求投資人報酬率為 5% 的匯率。

⑶求投資人損益兩平時的匯率。

⑷求投資人在匯率為 1.2 以上時損益狀況。

參考書目

1. 《外匯貨幣市場與貴金屬的避險工具》，李麗譯，三民書局。

2. 〈全球金融危機〉，中時副刊編印。

3. 《衍生性金融商品》，李麗著，三民書局。

4. 《結構型商品理論與實務——金融測驗》，金融研訓中心編輯委員會編著，金融研訓中心。

5. 《國際匯兌》，于政長著，三民書局。

6. 《證券市場——理論與實務》，邱靖博等著，證券暨期貨市場發展基金會。

7. *Derivative Financial Products*, Susan Ross Marki (Harper Business).

8. *The Handbook of Financial Engineering*, Clifford W. Smiths, Jr. & Charles W. Smithson (Harper Business).

9. *Finanical Engineering*, Lawrence C. Galitz (Irwin).

10. *Foreign Exchange and Money Markets: Managing Foreign and Domestic Currency Operations*, Heinz Riehl & Rita M. Rodriguez (McGraw-Hill).

11. *Using the Futures, Forwards and Options Markets*, John Heywood (Adam and Charles Black).

12. *A Manual of Foreign Exchange*, H. E. Evitt (Sir Isaac Pitman & Sons).

13. *The Foreign Exchange Handbook: A User's Guide*, Julian Walmsley (Wiley).

14. *The Foreign Exchange Manual*, Rudi Weisweiller (Woodhead-Faulkner).

15. *Foreign Exchange Handbook: Managing Risk and Opportunity in Global Currency Markets*, Paul Bishop & Don Dixon (McGraw-Hill).

16. *Managing Derivative Risks*, Lillian Chew (Wiley).

17. *Barings Bankruptcy and Financial Derivatives*, Peter G. Zhang (World Scientific).

18. *Swaps*, Sherree DeCovny (Woodhead-Faulkner).

19. *The Swaps Handbook: Swaps and Related Risk Management Instruments*, Kenneth R. Kapner & John F. Marshall (New York Institute of Finance).

20. *Swaps Series*, Coopers & Lybrand (McGraw-Hill).

21. *The Options Manual*, Gary L. Gastineau (McGraw-Hill).

22. *Financial Futures*, M. Desmond Fitzgerald (Euromoney Institutional Investor PLC).

23. *International Finance*, Keith Pilbeam (Macmillan).

24. *Risk Management with Derivatives*, Sandy McKenzie (Macmillan).

25. *Currency and Interest Rate Hedging: A User's Guide to Options, Futures, Swaps, and Forward Contracts*, Torben Juul Anderson (New York Institute of Finance).

26. *Options and Futures in International Portfolio Management*, Terry J. Watsham (Chapman & Hall).

27. *Managing Risk with Financial Futures: Hedging, Pricing, and Arbitrage*, Robert T. Daigler (Probus).

28. *The Handbook of Interest Rate Risk Management*, Jack Clark Francis & Avner Simon Wolf (Irwin).

29. *The Equity Derivatives Handbook*, John Watson (Euromoney Institutional Investor PLC).

30. *The Handbook of Derivatives and Synthetics*, Robert A. Klein & Jess Lederman (Probus).

31. *The Financial Engineer*, Naru Parekh (Euromoney Institutional Investor PLC).

32. *Convertibles and Warrants*, Peregrine Aldred (Euromoney Institutional Investor PLC).

33. *Complex Derivatives*, Erik Banks (Probus).

34. *Mutual Funds*, Donald D. Rugg & Norman B. Hale (Dow Jones-Irwin).

35. *Interest Rate and Currency Swaps*, Ravi E. Dattatreya , Raj E. S. Venkatesh & Vijaya E. Venkatesh h (Probus).

36. *Cross Currency Swaps*, Cart R. Beidlcman (McGraw-Hill).

37. *Hedging Strategies*, Sherree DeCovny & Christine Tacchi (Woodhead-Faulkner).

38. *Options: A Personal Seminar*, Scott H. Fullman (New York Institute of Finance).

39. *Financial Risk Management*, Keith Redhead & Stewart Hughes (Gower).

40. *The Futures Markets*, Daniel Siegel & Diane F. Siegel (Probus).

41. *Options: Theory, Strategy and Applications*, Peter H. Ritchken (Scott Foresman & Co).

42. *Trading in Futures*, T. H. Stewart (Wookhead-Faulkner).

43. *Trading in Options on Futures*, James T. Colburn (New York Institute of Finance).

44. *Option Valuation: Analyzing and Pricing Standardized Option Contracts*, Rajna Gibson (McGraw-Hill).

45. *Inside the Financial Futures Markets*, Mark J. Powers & Mark G. Castelino (Wiley).

參考書目

46. *The Futures Game: Who Wins, Who Loses, & Why*, Richard J. Teweles & Frank J. Jones (McGraw-Hill).

47. *Investment*, William F. Sharpe, Gordon J. Alexander & Jeffery V. Bailey (Prentice-Hall).

48. *The Handbook of Financial Futures*, Nancy H. Rothstein, ed. (McGraw-Hill).

49. *Option Market Making: Trading and Risk Analysis for the Financial and Commodity Option Markets*, Allen Jan Baird (Wiley).

50. *The Money Market*, Marcia Stigum (Irwin).

51. *Introduction to Financial Management*, Lawrence D. Schall & Charles W. Haley (McGraw-Hill).

52. *International Banking*, Peter K. Oppenheim (American Institute of Banking).

53. *Foreign Exchange Trading Techniques and Controls*, Donald Mandich (American Bankers Association).

54. *Fundamentals of International Finance*, John E. Pippenger (Prentice-Hall).

55. *International Finance*, Maurice D. Levi (McGraw-Hill).

56. *Bank Credits and Acceptances*, Henry Harfield (Ronald).

57. *A Guide for Using the Foreign Exchange Markets*, Townsend Walker (Ronald).

58. *A Textbook on Foreign Exchange*, Babara Einzig & Paul Einzig (Macmillan).

59. *Finance of Foreign Trade and Foreign Exchange*, D. P. Whiting (McDonald & Evans).

60. *Foreign Exchange Today*, Raymond G. F. Coninx (Woodhead-Faulkner).

61. *A Primer on Foreign Exchange*, Jon Gregory Taylor & John F. Mathis (Robert Morris Associates).

62. *Swap Finance*, Boris Antl, ed. (Euromoney Institutional Investor PLC).

63. *Recent Innovations in International Banking*, (Bank for International Settlements).

64. *The Concise Handbook of Futures Market*, Parry J. Kaufman (Wiley).

65. *Management of Interest Rate Risk*, Boris Antl (Euromoney Institutional Investor PLC).

66. *A Handbook for Professional Futures and Options Traders*, Joseph D. Koziol (Wiley).

67. *Options Market*, John C. Cox & Mark Rubinstein (Prentice-Hall).

金融市場

國際金融——全球金融市場觀點　何瓊芳／著

　　本書以全球金融市場之觀點，經由金融歷史及文化之起源，穿越金融地理之國際疆界，進入國際化之金融世界作一全面分析。特色著重國際金融理論之史地背景和應用之分析工具的紮根，並全面涵蓋金融市場層面。2008 年金融海嘯橫掃全球，本書將金融海嘯興起之始末以及紓困方案之理論依據納入當代國際金融議題之內，俾能提供大專學生最新的國際金融視野，並對金融現況作全盤瞭解。

國際金融——理論與實際　康信鴻／著

　　本書主要介紹國際金融的理論、制度與實際情形。在寫作上除了強調理論與實際並重，文字敘述力求深入淺出、明瞭易懂外，並在資料取材及舉例方面，力求本土化。每章最後均附有內容摘要及習題，以利讀者複習與自我測試。此外，書末的附錄，則提供臺灣外匯管理制度、國際金融與匯兌之相關法規。

　　本書敘述詳實，適合修習過經濟學原理而初學國際金融之課程者，也適合欲瞭解國際金融之企業界人士，深入研讀或隨時查閱之用。

統計學　張光昭、莊瑞珠、黃必祥、廖本煌、齊學平／著

　　本書適合初學者閱讀。全書共十一章，每章皆附習題。第一章介紹統計學的預備知識。第二章介紹基本概念與重要名詞術語。第三至五章，介紹隨機變數之概念及統計學常用的機率分布。第六章介紹抽樣分布之概念及中央極限定理。第七、八章為統計學的主軸，分別介紹估計理論與假設檢定。第九、十章分別討論迴歸分析、實驗設計與變異數分析。第十一章介紹統計軟體 EXCEL 的應用，以期讀者能將統計理論與方法付諸實際的計算。